BASTEI
LÜBBE
TASCHENBUCH

Nina Katrin Straßner

KEINE Kinder sind auch keine LÖSUNG

Schützenhilfe von der Juramama

BASTEI LÜBBE TASCHENBUCH

BASTEI LÜBBE TASCHENBUCH
Band 60935

Dieses Buch enthält viele rechtliche Hinweise, Meinungen, Sarkasmus und Ironie. Es soll helfen und Orientierung geben, aufregen oder beruhigen. Es ersetzt jedoch keinesfalls einen juristischen Beistand in persönlichen Rechtsfragen. Jedes Problem ist so individuell wie das Leben, so dass sich ein jeder an den Experten seines Vertrauens wenden möge, wenn er Rechtsrat benötigt. Der Verlag und auch die Autorin schließen eine Haftung hiermit aus.

MIX
Papier aus verantwortungsvollen Quellen
FSC® C014496
www.fsc.org

Dieser Titel ist auch als Hörbuch und E-Book erschienen.

Originalausgabe

Copyright © 2017 by Bastei Lübbe AG, Köln
Umschlaggestaltung: ZERO Werbeagentur, München unter Verwendung von Motiven von © mauritius images/Tetra Images/Jessica Peterson
Satz: hanseatenSatz-bremen, Bremen
Gesetzt aus der DTL Documente
Druck und Verarbeitung: GGP Media GmbH, Pößneck
Printed in Germany
ISBN 978-3-404-60935-2

2   4   5   3   1

Sie finden uns im Internet unter
www.luebbe.de
Bitte beachten Sie auch: www.lesejury.de

Ein verlagsneues Buch kostet in Deutschland und Österreich jeweils überall dasselbe. Damit die kulturelle Vielfalt erhalten und für die Leser bezahlbar bleibt, gibt es die gesetzliche Buchpreisbindung. Ob im Internet, in der Großbuchhandlung, beim lokalen Buchhändler, im Dorf oder in der Großstadt – überall bekommen Sie Ihre verlagsneuen Bücher zum selben Preis.

INHALT

Für meinen Vater, der immer findet,
ich sollte mich etwas abregen.

Für meine Mutter, die immer findet,
ich sollte mich etwas mehr aufregen.

Für meinen Mann, der immer weiß, wie es richtig ist.

Für meine Brüder, an die dieser Titel gerichtet ist.

Für meine Freundin, die Lösung allen Übels und

für meine Kinder, ohne die dieses Buch
schon vor zwei Jahren fertig gewesen wäre.

PROLOG IM BIERGARTEN

Sie finden, ich übertreibe, wenn ich mich aufrege?
Tintenfische essen sich selbst auf, wenn sie sich aufregen.
Das ist übertrieben.

Ich sitze an einem lauen Sommerabend in einem Biergarten. Um mich rum tummeln sich Freundinnen und Freunde und der kleine Karl. Vor mir steht ein beeindruckendes Weizenbier mit Grapefruitgeschmack. Ich rauche eine halbe Zigarette und trage dabei einen Sonnenhut im Sonnenuntergang. So schmeckt die Freiheit. Ich bin die Marlboro-Mann-Werbung ohne Pferd. Mir ist herrlich schwindelig. Der Bürotag war lang bisher, nun soll er bitte noch ein bisschen länger dauern. Nur bitte ohne Büro.

Ich mache ein optimal ausgeleuchtetes Selfie mit No-Falten-Filter und schicke es an meine Mutter. Meine Kinder liegen heute mal bei Oma und Opa im Bett, trinken Apfelsaft pur und hören die zwölfte Gute-Nacht-Geschichte. Meine Mutter macht sofort ein komplett verwackeltes Selfie von sich und den Kindern und schickt es fünfmal hintereinander an meinen Mann. Der ist im Fußballstadion, trinkt Bier pur und fällt fremden Männern in die Arme, sobald ein anderer fremder Mann ein Tor schießt. Mein Mann macht ein Foto von seiner Bratwurst und schickt es an mich. Alle sechs Familienmitglieder sind in diesem Moment sehr zufrieden, und zumindest zwei von ihnen etwas betrunken.

What a wonderful world.

Da schiebt sich ein Schatten vor die Sonne. Ein Herr mit ergrautem Haupthaar erhebt sich von der Bierbank und gleichzeitig seine sonore Stimme. Er spricht zu mir. Glaube ich zumindest.

Was, zum Teufel, stimmt eigentlich nicht mit Ihnen?

Vermutlich geht's euch jungen Frauen einfach zu gut. Im Ernst, ihr jungen Leute habt doch genug Geld, mit euren Smartphones und euren Fitnessarmbändern. Ihr seid die Erbengeneration. Ihr habt einen Abschluss. Ihr habt einen Job. Ihr Frauen werdet sogar bei »gleicher Eignung bevorzugt eingestellt«, und niemand darf euch »jung« oder »naiv« oder »dick« oder »doof« nennen. Das ist doch geradezu ideal, oder nicht? Und was macht ihr? Ihr tretet in einen beleidigten Gebärstreik!

Ihr könnt euch im Internet durch die Parameter eurer Elitepartner tindern und »Matches« ausloten, bevor ihr eure virtuellen Herzchen verteilt. Heutzutage könnt ihr sogar heiraten, wen und wann ihr wollt. Frauen können Frauen und Männer können Männer lebenspartnern. Zwar fehlen denen die Spermien oder wahlweise die Gebärmütter für die einzig sinnvolle Folge des Treueschwurs, der Fortpflanzung, aber ihr dürft es eben trotzdem.

Meine Freundin Klara gegenüber lässt verschämt ihr Handy sinken. Gerade hatten wir übereinstimmend einem Simon (36) aus Hamburg, der über einen niedlichen Welpen und einen Hundeblick verfügt, ein fettes *Superlike* auf Tinder gegeben. Er hat einem Date zugesagt. Morgen hat Klara einen »freien« Tag mit ihrem Baby. Wie übrigens jeden Tag derzeit. Sie sucht verzweifelt einen Job. Der Mann ramentert weiter.

Vor der Geburt bekommt ihr Kündigungsschutz, nach der Geburt bekommt ihr wochenlang euer altes Gehalt, die Papas ein paar lässige Vätermonate, und dann gibt's monatelang steuerfinanziertes Elterngeld noch obendrauf. Tausende von Euro. Ganz ohne Arbeit. Geschenkt. Vom Steuerzahler. Den Antrag stellt ihr bequem online von der Couch aus. Natürlich nachdem ihr euer von der Krankenkasse gesponsertes Reagenzglaskind in einem hochtechnisierten Kreißsaal geboren und euch im Anschluss im Familienzimmer der Wöchnerinnenstation mit einem Exemplar der »neuen Vätergeneration« von den Strapazen der gemeinsamen Wassergeburt erholt habt. Euer Chef muss euch sogar den Arbeitsplatz freihalten, bis ihr aufgehört habt, in der Öffentlichkeit wild herumzustillen und daheim Bio-Pastinake einzukochen und laut herumzujammern, wie wenig »Wertschätzung« ihr bekommt.

Langweilig geworden? Ganz spontan könnt ihr dann bei eurem Chef anrufen und verkünden, dass ihr endlich wieder was Richtiges arbeiten wollt. Aber zu kinderfreundlichen Zeiten, bitteschön. Vollzeit ist euch unangenehm? Ihr könnt euch eine befristete Teilzeitstelle vor dem Arbeitsgericht einklagen, egal ob es der Firma schadet oder nicht. »Eltern First« – das habt ihr kapiert. Falls der passende, steuerfinanzierte Krippenplatz nicht da ist, klagt ihr den vor dem Verwaltungsgericht auch noch ein und fordert zusätzlich, dass er kostenlos ist. Ja klar! Sollen die anderen zahlen, eure Kinderlein. Ach ja, das Ganze gespickt mit einem Schadenersatzanspruch gegen Vater Staat, weil's alles so lange gedauert hat und ihr nicht arbeiten konntet. Darf es sonst noch was sein? Homeoffice vielleicht? Ein Spaziergang durch alle Instanzen und dabei schreit ihr ganz laut »Diskriminierung!«. Ihr seid doch selbst Schuld. Kein Gesetz diskriminiert euch, und jetzt ist auch langsam mal gut. Leistet mal was. Wir haben uns auch nicht so angestellt. Früher ging es auch.

Ein leises, aber schrilles Klingeln macht sich in meinem Ohr breit. Ich hatte einen langen Tag voller solcher schönen Spaziergänge durch verschiedene Instanzen. Mir tun die Füße weh.

Ihr habt ein Recht auf wochenlangen Mutterschutz, Kleinkindbetreuung und diskriminierungsfreie Arbeitsplätze. Ihr bekommt auf Wunsch ein eigenes Familienabteil im ICE mit extra Stellplatz für euren Bugaboo-Kinderwagen-Porsche und drei-

eckige Buntstifte für den ergonomischen Griff der kleinen Lieblingsfingerchen. Auf dem Weg ins Familienhotel in Oberösterreich bestellt ihr im Speisewagen einen »Piratenteller« mit glutenfreier Kinderkartoffel, die natürlich auf den Boden fällt. Die kleinen Lieblinge müssen sich frei entfalten, nicht wahr? Auch in Restaurants.

Der Kellner bringt das Biene-Maja-Schnitzel vom kleinen Karl, der mit dem Handy seines Vaters seit einer halben Stunde ein Tiergeräusche-Memory am Tisch spielt. Bis gerade eben war »Wie macht die Grille?« noch das unangenehmste Hintergrundgeräusch.

Herrgott noch mal, da träumen die jungen Leute in anderen Ländern doch davon. Die sind nicht so privilegiert wie ihr hier in Deutschland. Und was machen die?

Die. Kriegen. Kinder.

Ihr nicht. Ihr bedroht unseren Wohlstand, ihr Egozocker. Die jungen Deutschen bekommen die wenigsten Kinder. Weltweit! Ich hab jetzt fünfunddreißig Jahre lang in Vollzeit durchgebuckelt. Ich hab mir meine Rente erarbeitet. Ich habe was geleistet im Leben. Hört auf zu heulen, wir haben auch nicht geheult, sondern einfach gemacht. Was, zum Teufel, stimmt eigentlich nicht mit euch?

Ob seiner harschen Worte senkt sich unweigerlich mein Blick, und ich schaue verlegen und verunsichert auf meine Füße.

Sie stecken in zwei klumpigen blauen Plastiksäcken mit Gummizug. Seit fünf Stunden trage ich offenbar noch die Schmutzüberzieher aus dem Kindergarten über meinen Pumps, und keiner hat es mir gesagt.

Ich atme ein und aus. Ein und aus. Fassungslos starre ich den Mann an, der so viel Meinung bei so wenig Ahnung zu haben scheint. Ich trauere um meinen feierabendlichen Seelenfrieden im Sonnenuntergang. Der Typ hat mir meinen rosawolkigen Geschmack von Freiheit kaputtgeschimpft. Ungebeten und laut. Da beginnt mein Mittelfinger zu zucken, bleibt aber ganz ladylike dort, wo er ist. Ich kenne den Mann! Er ist das, was passiert, wenn Kommentarspalten aus dem Internet plötzlich lebendig werden.

Noch an diesem Abend klappe ich meinen Computer auf und mache mich bereit zu der längsten Replik, die jemand mit Mülltütenfüßen jemals geschrieben hat, und sie beginnt mit

F*** YOU VERY MUCH

NEULICH VORM KÜHLREGAL

»Sind wir bald fertig? Ist bald Wochenende?
Ist wenigstens gleich Freitag? Warum ist Montag?
Wie lange dauert der noch? Ich muss mal.«

Deutschland ist schön. Der Blick aus dem Autofenster lässt keine andere Feststellung zu. Während wollige Schafe und wogende Birken an mir vorbeiziehen und die Kinder auf dem Rücksitz aus Versehen eingeschlafen sind, nicke auch ich ein und träume von unserem vergangenen Urlaub.

Schirmchencocktails mit Zuckerrand am Strand unter Palmen, kredenzt von einem höflichen All-inclusive-Hotelangestellten mit entzückendem Akzent. Vertieft in einen 1200-Seiten-Roman muss ich mich nur vom hauseigenen Fitnesstrainer unterbrechen lassen, der immer wieder mal vorbeigemuskelt kommt, um mich zu einem Einsteiger-Tai-Chi-Kurs vor dem zweiten Obstgartenfrühstück zu überreden. Formvollendeter Sex vor und nach dem in ehelicher Zweisamkeit servierten Dinner bei Kerzenschein in sündhaft teuren und am Po nicht einschneidenden Dessous mit Blick auf den Ozean durch weiße, wehende Vorhänge. Das Leben, wie es sein sollte.

Mein Tagtraum wurde leider jäh durch einen ohrenbetäubenden Freudenschrei beendet. Die Kinder haben das goldene M entdeckt und fordern energisch ein »Käsebrötchen«. Das ist unser Codewort für Cheeseburger. Ein Code war notwendig, damit unsere Kinder im Waldorfkindergarten-Morgenkreis nicht unangenehm auffallen, wenn sie von ihrem Lieblingsessen berichten.

Während mein Mann unsere Bestellung in den Lautsprecher hineinschreit, erinnere ich mich wieder. Ich bin weder gerade aus einem Ferienbomber gestiegen noch habe ich einen einzigen Bikinistreifen oder Ahnung von Tai-Chi. Ich habe massive Augenringe, sitze auf dem Beifahrersitz eines Kleinbusses und kehre gerade aus dem fünftägigen Dänemarkurlaub und somit auch von dem obligatorischen Legolandbesuch zurück. Statt eines Cocktails von Pedro in der Abendsonne servierte mir ein bleicher Däne zum Dinner nach zwanzig Minuten Wartezeit in der Imbissschlange überteuerte Wiener Würstchen, die »Pölser« heißen, und auch so aussehen, in einem geschmacksneutralen Wattebrötchen. In der Hatha-Yoga-Position »Würgender Schakal« erbrach ich schon am ersten Urlaubstag den schwarzen Frühstückskaffee vollkommen reizüberflutet am Ausgang der Stroboskop-Achterbahn auf meinen Regenmantel und schlief abends schneller ein, als man Sex überhaupt hätte buchstabieren können. Ich will meinen Tagtraum zurück!

Noch während meine Tränen trocknen, kommen wir endlich zu Hause an. Hier ist seit unserer Abreise nicht mal ein Tag vergangen. Sagt die Ofen-Uhr und lügt wie gedruckt. Der Strom war tagelang ausgefallen, und der Kühlschrank bildet eine müffelnde Insel inmitten eines Meers aus geschmolzenem Tiefkühleis. Die Kinder haben sich ihre Gummistiefel angezogen und möchten ausschließlich in der Küche *Findet Nemo* spielen. Mein Mann muss spontan ins Büro und hat irgendeine Erklärung für seinen überstürzten Aufbruch, die im Freudengeheul der Kinder untergeht.

Die Folge dieser Situation kennt jede Mutter, die sich einem Wochenende ohne Milch und Brot und deutschen Ladenöffnungszeiten gegenübersieht: Einkaufen mit Kindern. Der wahre Tough-Mudder-Contest, nur ohne Schlamm, ohne heroische Schwitze-Poser-Fotos mit 200 Facebook-Likes und ohne Siegersause am Abend. Die Koffer sind noch nicht mal ausgepackt, da sitzen alle schon wieder im Auto.

Bereits auf der Fahrt zum Supermarkt tritt der Fünfjährige in eine präpubertäre Punk-Phase ein: »Haste mal 'n Euro?«, bettelt er mich an. Er will den trötenden und blinkenden Polizeihubschrauber vor dem Eingang des Geschäfts in Bewegung setzen. Allein das Vorhandensein dieses Folterinstruments verlängert jeden Einkauf mit Kindern bereits um mehrere Minuten, bevor er überhaupt begonnen hat. Routiniert verweigere ich meinem Sohn eine Geldspende, was er ebenso routiniert scheiße findet und verkündet, mich nicht zu seinem anstehenden Kindergeburtstag einzuladen.

Angekommen auf dem halbvollen Parkplatz, möchte die Zweijährige nicht so gerne aus dem Auto aussteigen. Sie klammert sich an ihren Sitz und tritt aus wie ein Esel. Sie hat ihre Handtasche zu Hause vergessen und möchte außerdem ihre Gummistiefel nicht wieder anziehen. Als ich meine mehrfach preis- und erfolggekrönte One-Woman-Show: »Dann musst du eben im Auto bleiben, dann geht die Mama jetzt ohne dich einkaufen, und dann bekommst du auch keine Scheibe Gelbwurst von dem netten Fleischmann!« gerade effektvoll mit Autotürschließen beenden möchte, erklärt mir ein Passant, dass man Kinder keinesfalls alleine im Auto belassen dürfe. Dies stehe im Grundgesetz. Was für ein beeindruckender Weitblick unserer Gründerväter von 1949, finde ich, und verzichte auf ein Fachgespräch. Der Mann bleibt vor meinem Auto stehen und kontrolliert selbstzufrieden, wie ich das tobende Kind aus dem Kindersitz ziehe, ohne mit der Seitentür das nebenstehende Auto zu zerbeulen. Die vorhandenen Eltern-Kind-Parkplätze haben übrigens aus diesem Grund eine Überbreite, sind aber grundsätzlich von Fahrzeugen ohne Kindersitz besetzt.

Der Fünfjährige ist zwischenzeitlich geflohen. Die Zweijährige findet ihn im Hubschrauber und ist darüber so stolz, dass sie vergisst, dass sie nicht aussteigen wollte. Ihr Bruder reißt unkoordiniert am Steuerknüppel und wirft sich wie in einer Gummizelle darin hin und her, um irgendeine Bewegung zu erzeugen. Mein neuer Freund, der Hüter des Grundgesetzes, weiß erneut Rat und teilt meinem Sohn freundlich, aber bestimmt mit, dass seine Mama da einen Euro reinwerfen müsse, sonst gehe das Spielzeug doch kaputt.

Er ist so ein kluger Mann.

Ich wiederstehe dem Impuls, ihn mit zu meinem Sohn in den Hubschrauber zu falten und 100 Euro reinzuwerfen.

Mein Sohn lässt sich von dem Versprechen aus dem Hubschrauber locken, dass er einen eigenen Einkaufswagen haben dürfe und die Milch alleine an die Kasse fahren und bezahlen könne. Die Zweijährige möchte nun natürlich auch einen eigenen Einkaufswagen haben, und natürlich ist nur noch einer da. Sie bricht schreiend zusammen und liegt mit dem Gesicht nach unten in der Lichtschranke der Automatiktür. Ich erwäge einen Exorzisten zur Hilfe zu rufen, als sie sich nicht mal von den schließenden Glastüren an ihrem Windelhintern beeindruckt zeigt und einfach weiterbrüllt. Um seinen Triumph voll auszukosten, umkreist der Fünfjährige seine Schwester noch zweimal mit seinem Einkaufswagen und beginnt dann ein Gespräch mit dem Tageszeitungs-Abo-Mann an seinem Stand. Ja, er wolle durchaus sehr gerne eine Zeitung abonnieren, aber nur wenn dort Bilder von Autounfällen oder Flugzeugabstürzen abgebildet seien. Dem Abo-Mann ist sein Mitleid mit dem offensichtlich traumatisierten Kind ins Gesicht geschrieben, und er schenkt ihm eine Fernsehzeitung mit Brüsten auf dem Cover und ein Feuerzeug. Meine Tochter möchte auch ein Feuerzeug haben. Ich möchte diese Brüste haben. Ich gebe beide Feuerzeuge dankend zurück, die Brüste behalten wir.

Aus den Lautsprechern des Supermarkts tönt »Stayin' Alive« von den Bee Gees. Meine Kinder hassen mich jetzt schon – und wir sind noch nicht mal in der Nähe der Pixi-Buch-Schüssel des Spielwarenregals.

Unter Gewaltanwendung stopfe ich die störrische Zweijährige in den Kindersitz des großen Einkaufswagens. Eine ältere Miteinkäuferin missbilligt mein ruppiges Vorgehen und schlägt vermutlich so etwas Zielführendes wie »Kommunikation« vor. Meine Tochter schreit so laut, dass ich die Dame mit den Trekkingsandalen und dem praktischen Haarschnitt leider nicht gut hören kann. Jedoch kann ich sehr gut Lippen lesen, seit Benjamin Blümchen täglich im Kinderzimmer den Dezibelwert eines startenden Düsenjets überschreitet. Ich lächle und nicke, lächle und nicke – und hoffe, sie erwischt die Schale mit den schimmeligen Erdbeeren.

Meine Tochter trägt noch immer keine Schuhe, akzeptiert aber gönnerhaft ein Limettennetz als Handtaschenersatz. Sie schaltet ihr Temperament zwei Stufen runter, ich entlasse sie aus ihrem Sitzgefängnis, und sie catwalked fröhlich mit den Limetten lässig in der Armbeuge durch die Gemüseabteilung. Der Fünfjährige hat zwischenzeitlich die Milch gefunden und stellt sie mittig auf die Packung Eier, die er bereits in den Wagen gelegt hat. Recht zivil erreichen wir das Kühlregal, wo unsere Beziehung erneut auf eine harte Probe gestellt wird.

Nicht nur in Sicht-, sondern sogar in optimaler Griffhöhe für dicke Kleinkindärmchen hat der Konsumberater des Supermarkts die Fruchtzwerge und Kinder-Schoko-Puddings platziert. Das sind sehr teure Lebensmittel, die Eltern nicht kaufen möchten. Deswegen sind Disneymäuse oder glubschäugige Kühe auf den Deckeln aufgedruckt. Meine Kinder schalten sofort auf Angriff. Der Fünfjährige und ich nehmen konzentriert unsere Kampfhaltungen ein. Die Playlist spielt uns als Einmarschmusik »The Heat Is On«. Ich bin Favorit, denn meine Brüder verpassten seinerzeit nicht einen einzigen WrestleMania-Kampf von Hulk Hogan, und ich dachte »Hauptsache fernsehen«. Mein entschlossener »Bear Hug« hebt den Fünfjährigen dann auch erst mal von den Füßen, aber als ich zu einer »Crossed Hand of God« ansetzen möchte, kontert der Kleine geschickt mit einem »Crossface Chickenwing« und bringt mich schließlich mit einem perfekten »Side Slam« aus dem Gleichgewicht. Er legt den Fruchtzwerg in den Einkaufswagen. Ich ziehe meine Trumpfkarte, den »Mommy War Hammer«. Hierbei handelt es sich um eine hocheffektive und populäre Psychokampftaktik, die aus verzerrtem Gesicht und zwischen den Zähnen hervorgepressten Drohungen besteht. In diesem Fall stelle ich ihm zischend in Aussicht, den Fernseher nur noch anzumachen, wenn er schon schläft.

Geschlagen legt er die Zuckerzwerge zurück und lädt mich konsequent von allen Kindergeburtstagen aus, die er jemals haben wird, und zwar bis ich endlich tot bin. Ich packe griechischen Joghurt ohne Bilder ein. Die Zweijährige kann noch nicht gut sprechen, mag aber Kinderpudding mit bunten Kühen auch lieber als den Griechenjoghurt und dreht wieder zwei Stufen hoch. Sie muss zurück in ihr Sitzgefängnis.

An der Fleischtheke kaufen wir ein Pfund Hackfleisch und acht Scheiben Gesichterwurst. Die kostet zwar mehr als der getrüffelte Serrano-Schinken, aber ich befinde mich noch in der Regenerationsphase des Kühlregalkampfs und muss mit meinen Kräften haushalten. Es schauen schon wieder alle komisch. Die Zweijährige möchte die Gesichterwurst gerne jetzt sofort essen. Ich schüttele meinen Kopf, sie schüttelt ihren Körper. Die Dame neben mir kommt argumentativ zur Hilfe: »Ach du kleine Süße, man muss immer erst bezahlen, bevor man etwas essen darf!«, erklärt sie ihr liebevoll und nimmt sich den zweiten Zahnstocher mit Probierkäse von der Theke.

Wir erreichen die lange Kassenschlange. Ich muss meinen Einkaufswagen samt Kleinkind kurz allein lassen, da der Fünfjährige einen »Kindercomic« mit eingeschweißtem Plastikmüllspielzeug für 4,99 Euro im alleruntersten Regal neben den Kassen entdeckt hat. Diese pädagogisch wertvolle und zudem unschlagbar preiswerte Zeitschrift ist eingerahmt von dringend notwendigem SpongeBob-Schwammkopf- und Prinzessin-Lillifee-Make-up für Vierjährige. Der ältere Herr mit rostrotem Hackenporsche, der eben noch hinter mir anstand, stellt sich kurzerhand vor meinen Einkaufswagen, als sich eine kleine Lücke zum Vordermann bildet. »Selbst schuld«, sagt sein starr nach vorne gerichteter Blick.

Kaum ist die Diskussion mit dem Fünfjährigen per Machtwort beendet, muss ich sie wieder aufgreifen, als wir in der Schlange an der Eistruhe direkt vor dem Kassenband angelangt sind. Boah nö! Wo kommt die denn auf einmal her? Sie ist randvoll mit neongrünem Calippo-Fizz, Kaugummi-im-Stiel-BumBum und weiteren traditionell bei Erwachsenen beliebten Eissorten. Ich lenke die Augen meines Sohns von der sehr weit unten an der Truhe angebrachten Eiskarte geübt in eine andere Richtung: »Schau mal, da! Ein Altglasautomat!« Doch dort steht in seinem Blickwinkel nur der Überraschungseierturm. Fuck, ey!

Ich lege die Milch auf das Kassenband und entwende der Zweijährigen einen Minnie-Maus-Lutscher, den sie im Regal an der Kasse gefunden hat. Ich lege die zermatschten Eier auf das Kassenband und pule der Zweijährigen Jelly Beans aus den Fingern. Die angebissenen Limetten kommen hinterher. Sie protestiert. Ich fordere die Zweijährige auf, das Fläschchen Mariacron sofort wieder zurückzustellen. Der Fünfjährige taucht wieder auf, hat ein aufgeweichtes Überraschungsei in der Hand und blickt mich flehend mit nassen Seehundbabyaugen an. Ich ergebe mich und lege zwei der Schokoeier auf das Kassenband. Der Drängel-Rentner hat seinen Einkauf beendet und zählt der Kassiererin passend das Kleingeld in die Hand. Das dauert eine Weile, so dass die Kommunikationsmanagerin von vorhin die Gelegenheit nutzt, mich und die Umstehenden wissen zu lassen, dass sie es nicht gut findet, wenn man Kinder für so ein Verhalten auch noch mit Süßigkeiten belohnt. Der Rentner nickt eifrig zustimmend und verzählt sich. Er fängt nochmal von vorne an, und ich habe das Brot vergessen.

Meine Kinder sind mit den Nerven komplett am Ende. So viele Verlockungen bei so vielen Verboten. So muss sich ein geschlechtsreifer Mann fühlen, der in eine Striptease-Bar eingeladen wird. Jedes Mal, wenn er den Ladys auf die in Augenhöhe umherhopsenden Möpse schaut, liest ihm ein Fremder einen Artikel aus dem Grundgesetz vor. Lenkt ein wackelnder Hintern seine Aufmerksamkeit auf sich, beginnt der Ladenbesitzer eine Debatte über sein offenbar gestörtes Sozialverhalten, und wenn er einen Euro in den blinkenden und tutenden Slip wirft, unterstützt er Prostitution. Einfach schlecht erzogen, respektlos und frauenfeindlich. Pfui.

Meine Kinder und ich waren absolut chancenlos und sahen uns bei jedem Schritt, vom Parkplatz bis zur Kasse, dem gezielt angebotenen Zuckerbrot der Supermärkte gegenüber. Jedes Mal, wenn sie ihre gewollte kindliche Begeisterung in ihren vielfältigsten Formen zeigten, knallte entweder meine erzieherische Peitsche auf sie nieder, oder der Ochsenschwanz der Umstehenden traf mich und warf mir als Mutter mangelnde Kompetenz mit gestörten Kindern vor. »Früher waren die Kinder noch nicht so verwöhnt« vor sich hin murmelnd rangieren sie selbstzufrieden und bequem den gestaubsaugten Audi A8 aus dem Eltern-Kind-Parkplatz.

Als ich alle Kinder und Einkäufe im Auto hatte, wünschte ich, ich hätte meine Tochter die Flasche Mariacron kaufen lassen. Ich hätte sie mir noch auf dem Parkplatz hinter die Binde gekippt, und keine Verkehrskontrolle der Welt hätte sich für meinen absolvierten Tough-Mudder-Contest interessiert. Ich war den Tränen nahe. Dann lieber noch mal in die Achterbahn kotzen im Legoland.

Revuepassierend suchte ich meinen Fehler und fand ihn eine Woche früher. Ich hätte H-Milch einkaufen und meine zur Geburt des ersten Kindes automatisch mitgelieferte Kristallkugel befragen sollen: Welche Eventualitäten könnten an einem Wochenende auftreten, und welche davon erledige ich, ohne andere Menschen mit meinen Kindern belästigen zu müssen?

Oder ist das alles vielleicht gar nicht meine Schuld?

Abends postete die *Brigitte MOM* ein Interview mit einer Hamburger Mutter auf Facebook. Sie wurde von dem Ladendetektiv eines Drogeriemarkts vor die Tür gesetzt, weil ihre Tochter als schreiender Trotzklumpen vor einem Regal mit Dinkelkeksen liegen geblieben war. Die Mutter hatte angeblich Tampons kaufen wollen, meine ich mich zu erinnern. Der Detektiv jedenfalls hielt die beiden für ein Sicherheitsrisiko und warf sie raus. Niemand setzte sich für die Mutter ein. Keiner stand ihr bei. Eine ältere Dame murmelte angeblich: »Es ist eine Zumutung«, als die eingeschüchterte Mutter das weinende Kind hinaustrug. Die entzückende Lady meinte damit aber leider nicht den Ladendetektiv. Die Mutter konnte ihren Einkauf nicht beenden und überlegte vermutlich, wo sie in der Nähe ein Schaf scheren könnte, damit sie in den nächsten Tagen ohne Tampons keine Bluthunde anlockt.

Gelassen lehnte ich mich zurück und tat etwas, was man eigentlich genauso wenig tun sollte, wie die eigenen Krankheitssymptome googeln: Ich öffnete die Kommentarspalte des Online-Artikels. Ich war mir sicher, mit meiner Empörung bei dem Müttermagazin in guter Gesellschaft zu sein. Ich erwartete empathische Wut auf den Detektiv und die kinderunfreundliche Gesellschaft. Ich rechnete mit absoluter Einigkeit unter Müttern, wie man sie von Debatten wie »Tun Wehen weh?« und »Brauchen Kinder Zuwendung?« kennt. Nach zwei sehr beliebten und solidarischen Kommentaren folgte ein bitterböses Theater, das mich fast so schockierte wie einst der Schattenmann im Biergarten:

Melinda B.: »Ich (Mutter mit Vollzeitjob) gehe meistens ohne Kind einkaufen. Ich habe immer Hygieneprodukte zu Hause. So versuche ich solche Situationen zu vermeiden.«

Katharina M.: »Na ja, kommt ja drauf an. Es gibt genug Muttis, die einfach auf taub schalten und ihr schreiendes Kind ignorieren, statt mal zu erziehen. Da ist es doch schön, wenn die mal vor der Tür bleiben müssen.«

Kerstin H.: »Ich hätte auch ohne Tampons den Laden mit dem Kind so nicht betreten! Sorry, aber das muss man sich und dem Kind doch nicht antun. Ich hätte es vor der Tür beruhigt und zum Beispiel gesagt, dass es sich drin was aussuchen darf. Das schont die Nerven aller Beteiligten.«

Anne S.: »Sorry, aber wer mit einem müden Kind den Laden betritt, braucht sich nicht wundern, wenn er unangenehme Reaktionen bekommt. Man beruhigt es vorher. Ich finde, gerade solche Eltern, die ihr Kind angeblich soooo gut kennen, sollten doch genau diese Situationen vermeiden wollen/können??!«

Em S.: »Ich würde den Wagen stehen lassen und den Laden sofort verlassen, um mir die Peinlichkeit zu ersparen und um meine Nerven und die der anderen Menschen dort zu schonen.«

Nicht ernsthaft? Da sind sie ja, die gemeinen Internet-Fingerzeiger. Die selbstgerechten Supermoms hinter der Anonymität des heimischen Rechners. Was für eine unnötige Hybris an einer Stelle, an der Zusammenhalten so einfach gewesen wäre. Kinder, und zwar jedes einzelne Kind der Welt, sind überraschend argumentationsfest und erfrischend unberechenbar. Dinge, die gestern noch tipptopp funktionierten, sind heute undenkbar und morgen vergessen. Es eint uns alle, die wir welche haben oder selbst mal eins waren.

Stattdessen freut sich hier eine Mutter, deren Kind vielleicht mit acht Jahren zur Sicherheit noch eine Nachtwindel trägt, dass sie jetzt auch mal austeilen kann. Die verständnislosen Ratschläge ihrer Schwiegereltern für einen geregelten Toilettengang bringen sie nämlich regelmäßig fast um den Verstand. Die überlastete Vollzeitjobmutter mit dem beeindruckenden Organisationstalent für Zykluszwischenfälle kann sich nun selbst endlich mal davon ablenken, dass ihr ältester Sohn momentan wegen Marihuanakonsums in der Turnhalle eine schulische Zwangspause einlegen muss und mit niemandem mehr spricht. Ach ja, und die Mutter, deren Kind nach vier Monaten Eingewöhnungszeit im Kindergarten immer noch drei Stunden weint, hat endlich ein Ventil für ihre Selbstzweifel und Sorgen gefunden, die sich aus den Blicken der anderen Eltern speisen und »Bindungsstörung« sagen. Diese Supermoms haben alle etwas gemeinsam: individuelle Probleme und Sorgen mit oder wegen ihrer Kinder. Aber immerhin sind die beim Shoppen immer gut drauf.

Gift und Galle spritzen in Kommentarspalten, das sind die neuen Stammtische der Republik. Kein einziger Mann hat dort etwas kommentiert. Kein einziger Mensch ohne Kinder. Alles Mütter. Alles Frauen. Alles Freundinnen, Töchter und Schwestern. Wir leben in einer kinderfeindlichen Gesellschaft? Ja. Und Nein. Vor allem leben wir in einer Gesellschaft aus selbstgefälligen Arschgeigen, die sich diebisch freuen, wenn das Loch im Boot mal nicht auf ihrer Seite ist. Wenn schon die eigene Kavallerie bei der erstbesten Gelegenheit desertiert, kann das nichts werden mit der notwendigen Toleranz für Kinder.

Hier sind die All-Time-Classics des Supermarktbesuchs vom Parkplatz bis zur Kassenschlange aus rechtlicher Sicht:

Im Studium habe ich gelernt, dass man alle Protagonisten eines Falls durchprüfen muss. Nur nicht die Toten. Gott sei Dank sind Tote beim Einkaufen selten, es sei denn, mich ereilt dabei der Fluch eines frühen Todes, mit dem mein wütender Sohn mich belegt hat.

Eltern-Kind-Parkplätze sind straßenverkehrsrechtlich nicht den Behindertenparkplätzen gleichgestellt. Es gibt kein elterliches Pendant zum Behindertenparkausweis, ohne den man nicht auf einem Behindertenparkplatz parken darf. Auch dann nicht, wenn man ein gebrochenes Bein hat.

Die Idee eines »Elternparkausweises« ist gar nicht so übel, allerdings derzeit sinnlos, da es rechtlich keine Eltern-Kind-Parkplätze im öffentlichen Parkraum geben muss. Keine Gemeinde oder Stadt muss so etwas in die Parkraumplanung einbeziehen. Eltern-Kind-Parkplätze sind lediglich ein Servicegedanke der Supermärkte und Parkhausbetreiber, um Eltern das Tetris-Spielen mit einem Maxi-Cosi aus der Autotür bei engem Parkraum zu ersparen. Aus diesem Grund sind Eltern-Kind-Parkplätze auch nicht im Bußgeldkatalog der StVO aufgenommen. Wer dort parkt und kein Kind im Auto hat, ist zwar ein ignoranter Blödmann, hat aber keine Abschleppkosten und ein Bußgeld von 35 Euro zu befürchten. Ihm droht nur soziale Ächtung in leider sehr begrenztem Maß. Die Mutter, die neulich statt mir dort einparkte, rechtfertigte sich, dass der fünfunddreißigjährige bärtige Mann auf dem Beifahrersitz schließlich auch ihr Sohn sei. Touché! Als Anwältin musste ich da den Argumentationshut ziehen – und spendierte ihrem Sohnemann einen Euro für den Polizeihubschrauber am Eingang.

Mein Sohn kann keine Zeitungen abonnieren. Das kann er erst dann alleine tun, wenn er am Tag seines achtzehnten Geburtstags voll geschäftsfähig wird. Zwischen seinem siebten und dem achtzehnten Geburtstag kann er lediglich rechtlich vorteilhafte Rechtsgeschäfte mit anderen Menschen abschließen. Das sind in der Regel Geschenke, die juristisch nichts anderes sind als ein abgeschlossener Schenkungsvertrag ohne

25

damit verbundene Verpflichtungen. Man kann sich ein Weihnachtsfest in einer Juristenfamilie gar nicht herzlich genug vorstellen, oder? Ein Sechzehnjähriger hält mit Sicherheit eine Fernsehzeitung mit tollen Coverbrüsten für einen enormen Vorteil für seine körperliche und geistige Entwicklung. Da er aber bei Vertragsschluss zugleich verpflichtet wird, das Abo monatlich zu bezahlen, und sei es auch noch so ein Schnäppchen, ist das ein rechtlicher Nachteil und der Vertrag nur wirksam, wenn seine Erziehungsberechtigten einverstanden sind oder ihn nachträglich genehmigen. Im Falle meines Sohnes reichte meine freundliche Ablehnung des Abos und die Rückgabe der Feuerzeuge, um seinen (eventuell auch mündlich) geschlossenen Vertrag unwirksam werden zu lassen.

Schwieriger, aber auch an das Alter der Kinder gebunden, stellt sich die Lage vor dem Kühlregal dar. Öffnet mein Kind einen Glubschaugen-Joghurt oder zermatscht es ein Überraschungsei an der Kasse, ist ein Schaden entstanden. Das gilt auch für die eingeschweißten Comics aus dem untersten Zeitschriftenregal, die zerrissenen Pixi-Bücher aus der Schüssel und das Fläschchen Mariacron aus dem Regal neben dem Kopf meiner Tochter im Einkaufswagen. Schäden muss man ersetzen. Habe ich ihn bezahlt, darf ich das beschädigte Produkt natürlich auch mitnehmen. Ich möchte gar nicht wissen, wie viele Produkte täglich über die Kassenbänder gehen, obwohl kein Elternteil sie jemals haben wollte. Und da liegt auch der juristische Knackpunkt der Sache. Kinder unter sieben Jahren haften nicht für das, was sie tun. Sie sind deliktsunfähig. Schäden, die sie verursachen, müssen nur bezahlt werden, wenn man die Eltern dafür auch tatsächlich haftbar machen kann. Eltern haften in diesen Fällen nämlich nur, wenn sie ihre Aufsichtspflicht verletzt haben. Schäden, die auch ohne eine Verletzung der Aufsichtspflicht eingetreten wären, müssen die Eltern auch nicht bezahlen.

Wer also einen Überraschungseistapel in genau kalkulierter Sichthöhe der geschäftsunfähigen Zielgruppe aufstellt, bunten Kinderjoghurt nicht nur in Sicht-, sondern auch in einfacher Griffweite von Kleinstkindern platziert und Kindercomics sogar so hinlegt, dass ein Erwachsener sie kaum sehen, geschweige denn ohne drohenden Hexenschuss aus dem untersten Regal friemeln kann, provoziert den Schadenseintritt. Wer es den Eltern also besonders schwermacht, ihre elterlichen Aufsichtspflichten zu erfüllen, kann sich hinterher nicht pauschal auf eine Pflichtverletzung berufen. Klingt für jeden Bereich des zwischenmenschlichen Lebens logisch und schlägt sich an unzähligen Stellen im Recht nieder, egal ob Kinder beteiligt sind oder nicht. Wer einen Blumenkübel so aufstellt, dass man beim Ausparken nur dagegenfahren kann, wird sich mit dem Schadenersatz für den Kübel schwertun. Im Gegenteil, er muss sogar unter Umständen den Schaden am Auto bezahlen. Auf Eltern und all die Hindernisse übersetzt gilt das Prinzip, je nach Einzelfall, ganz genauso.

Eine Haftpflichtversicherung, der man zermatschte Überraschungseier oder einen kaputten Hubschrauber-Steuerungsknüppel genauso melden kann wie versehentlich zerbrochene Ming-Vasen bei der Nachbarin, stellt genau dieselbe Schuld-und-Sühne Prüfung an. Hat der Versicherungsnehmer, also das Elternteil, keine Schuld am Schadenseintritt, zahlt die Versicherung logischerweise auch nicht. Weil das Elternteil nicht haftet. Das führt aber nicht dazu, dass die Eltern den Schaden aus eigener Tasche zahlen müssen, sondern eben gar nicht. Logisch.

Wer dagegen mit der Trekkingsandalenfrau ein minutenlanges Streitgespräch führt, sein kleines Kind aus den Augen lässt und es dann zehn Minuten später unter einem Berg aus Tampons wiederfindet, der wird sich vermutlich eine Aufsichtspflichtverletzung ankreiden lassen müssen und einen Schaden, den man hätte vermeiden können. Zumindest in diesem Ausmaß. Hier springt dann aber die eigene Haftpflichtversicherung in der Regel ein und »haftet« für unser mütter- und väterliches Versagen bei der Aufsichtspflicht.

Das nächste Mal sollte die Hamburger Mutter, die von dem Ladendetektiv aus der Drogerie geworfen wurde, ihr tobendes Kind am besten strategisch klug zum Tamponregal lotsen und dann erst den Streit mit dem Detektiv aufnehmen. Dann hat sie zwar trotzdem die unfehlbaren Supermoms und die ruhesuchenden Miteinkäufer am Hals, aber zumindest für die nächsten drei Jahre genügend Hygieneprodukte zu Hause.

Zu hoffen wäre allerdings, dass sie das nächste Mal mit ihrem kreischenden Minimonster an der Hand zur Kasse gehen kann, begleitet von verständnisvollem Lächeln, seufzendem Augenzwinkern und stillen Dankesgebeten der Anwesenden, dass die eigenen Kinder aus dieser Phase raus sind. Ich nehme mir fest vor, das ab jetzt viel öfter und offensiv so zu machen. Oder ich werfe mich gleich neben das kreischende Kind. Das baut bestimmt mehr Spannungen ab als Tai-Chi vor dem Frühstück.

DICKE PINGUINE

Dicke Pinguine fallen öfter um als dünne. Das haben Forscher jüngst herausgefunden. Schlagzeilen wie diese bringen mich regelmäßig unheimlich ins Grübeln. Dann lehne ich mich zurück und sinniere über die zielorientierte Verwendung von Forschungsgeldern. Solange man »Was tun gegen Herpes?« googeln muss und die beste Antwort im World Wide Web dazu lautet »Trage blickdichte Kleidung im Gesicht!«, möchte ich diese Gelder sinnvoll investiert wissen. In der Herpesbranche beispielsweise.

Da ich aber keine Expertin für Forschungsgeldvergabe bin und ich den Wissenschaftlern kein Unrecht tun möchte, habe ich mich informiert. Über Königspinguinforschungen im Allgemeinen und im Speziellen. Forscher am Crozinet-Archipel haben Pinguine mit Übergewicht auf ein Laufband gestellt und sie gefilmt, während sie darauf joggten. Und tatsächlich: Die dicken Pinguine fielen häufiger um als die dünnen, weil sie ihre Schritte nicht an ihren neuen Umfang anpassten. Ich erfuhr außerdem, dass die Pinguinweibchen nach der Eiergeburt erstmal die Ernährerinnen der Familie sind und die Väter das Ausbrüten der Eier übernehmen. Dafür brauchen die Männchen natürlich große Energiereserven. Aus diesem Grund essen sie ganz furchtbar viel und nehmen dadurch unheimlich zu. Ich selbst habe das während der Schwangerschaften ganz genauso gemacht und hing brütend und fressend auf der Couch. Manchmal watschelte ich auch ins Wasser, um bei etwas Aquarobic mit anderen brütenden Weibchen zu planschen. Für alle Beteiligten ist dieses Brütverhalten und seine Folgen nicht immer schön, aber Eltern müssen eben tun, was getan werden muss, auch wenn das mit Ungemach einhergeht.

Ich glaube, ich bin damit auf den eigentlichen Kern dieser Forschungsarbeit gestoßen. Es handelt sich hierbei um bahnbrechende Basis-Familienforschung. Nach der Lektüre über dicke Pinguineltern jedenfalls wünsche ich mir das Forscherfazit: »Do-it-like-a-penguin-and-shut-the-fuck-up.«

Was soll nämlich das ganze Brimborium um den »modernen Vater«? Warum ist ein Mann, der dazu bereit ist, »vorübergehend auf seine Karriere zu verzichten« und zwei Monate Elternzeit nimmt, der Protagonist einer WDR-Reportage mit dem Titel *Väter – die neuen Helden*, während noch immer rund 80 Prozent aller arbeitenden Frauen der Kinder wegen in Teilzeit arbeiten? Warum ist es bei so vielen gut ausgebildeten Eltern noch immer so schwierig, einfach in Ruhe zu brüten und sich die Arbeit aufzuteilen oder das Familienmodell zu wählen, das am besten zur Familie passt?

Schauen wir uns mal gemeinsam in der medialen Berichterstattung zum Thema der brütenden und erziehenden Menschen in Deutschland um. Wie ist es denn um unsere Männchen derzeit bestellt? Turnen uns diese possierlichen, flugunfähigen Vögel am Südpol tatsächlich einen vor, wenn es um emanzipierte Familienmodelle geht?

Jan Hofer, *Tagesschau*-Sprecher und mittsechzigjähriger Neuvater würde sich unter den Pinguinvätern beispielsweise recht schwertun. Er wäre eher ein Randgruppenpinguin. Die Herde würde seine Einstellungen in Bezug auf die Kinderaufzucht befremdlich finden und ihm wohl ein Nest im Außenbereich der Kolonie zuweisen. Denn: Herr Hofer wurde kurz nach der Geburt seines vierten Kindes Anfang 2016 von der *Bunten* zitiert als jemand, der seinem Schlafbedürfnis trotz neugeborenem Mitbewohner ungestört nachkommen kann, weil seine

Frau mit dem Säugling in »einem anderen Trakt der Wohnung« schläft. Windeln wechseln war auch nicht so seine Sache. »Jan und Windeln wechseln? Das mache nur ich«, verpetzte ihn seine siebenunddreißigjährige Freundin Phong Lan mit verstörend stolzem Unterton. Elternzeit nehmen, die extra dafür eingerichtet wurde, damit Eltern weniger arbeiten müssen und mehr von ihren Kindern haben? Das kam für den schlanken Senior nicht in Frage. Das lasse die viele Arbeit nicht zu, erklärte er. Der brütende Pinguinvater erkennt den logischen Bruch sofort und hebt konsterniert die Augenbraue. Haben Pinguine Augenbrauen? Jan Hofer zumindest ist kein bisschen dicklich, er muss keine Schrittgrößen anpassen. Wer jedoch nicht Schritt hält, wird abgehängt, und so ist Pinguin-Jan viel eher Dinosaurier-Jan. Die Pinguine sind jedenfalls nicht vom Aussterben bedroht, geschweige denn ausgestorben. Das sollte man bedenken, wenn man im Land der modernen Väter noch mal von vorne anfängt.

Do it like a penguin? Vizekanzler Sigmar Gabriel macht das nur teilweise richtig. Er hat die Körperform eines hochbrütenden Pinguins angenommen und ein Kind mit einer berufstätigen Frau gezeugt. Das verschafft ihm zunächst einen Platz in der Mitte der Kolonie. Da er aber wiederholt Pressemitteilungen herausgibt, wenn er ordinäre Brutaufzuchtaufgaben wie »Kindergartenabholungen« übernimmt, sind ihm abschätzige Blicke aus den umliegenden Nestern sicher. Spätestens seit er während der angeblichen Kinderbetreuung in der Wochenmitte aber auf Fotos beim Fischfang zu sehen war, steht ihm ein Umzug in den Randgruppen-Kiez bevor, in dem jetzt schon Jan Hofer wohnt.

Ganz das Image eines modernen Vaters polierend ließ Sigmar dann wenig später verkünden, dass er spontan drei Tage lang auf seine scharlachkranke Tochter daheim in Goslar aufpasst und deswegen seine Berufstätigkeit kurz unterbricht. In den drei Tagen konnte seine Gattin in Ruhe ihre Fischbrötchen verdienen, musste dafür aber eine ungebührliche Menge Applaus für den modernen Kindsvater verkraften.

Die mediale Wahrnehmung ist tatsächlich erstaunlich. So war die schwangere Spitzenpolitikerin Manuela Schwesig ausweislich eines *Spiegels*-Artikels im Februar 2016 mutterschaftsbedingt »nicht erreichbar« und ließ sogar ihr Ministerium im Stich, so der Grundtenor des Berichts. Zeitgleich geht aber Spitzenpolitikerkollege Sigmar laut *Spiegel Online* »offensiv mit seiner Vaterschaft um«, wenn er mittwochs seine Tochter aus dem Kindergarten abholt oder drei Tage lang Kinderkotze wegwischt. Das Ganze erreichte seinen vorläufigen Höhepunkt, als Sigmar Gabriel ein halbes Jahr später im November 2016 die Geburt seines zweiten Kindes ankündigte und gleichzeitig seinen Entschluss, trotzdem für die SPD vollumfänglich und kinderpausenfrei als Kanzlerkandidat zur Verfügung zu stehen. Auch das bekam Applaus. Bemerkenswert. Die Medien sehen offenbar im Jahre 2016 ein ausreichendes Vorbild für die Vereinbarkeit von Beruf und Familie darin, die eigene Frau zu schwängern. Die pure Mitteilung einer anstehenden Neuvaterschaft beschrieb *Spiegel Online* erneut als »offensiven Umgang mit der Vaterschaft«, der seinem »Image zumindest nicht schaden dürfte«.

Angesichts solcher Rückschritte ist zu befürchten, dass der Randgruppenkiez zum Problemviertel verkommt. Hier braucht es noch eine Menge Sozialarbeit. So viel ist sicher.

Nun, ein Königspinguin-Papa macht da nicht so ein Gewese. Auch der Vize-Kanzlerkönig der Kolonie findet das alles vollkommen normal und brütet eben, wenn es die Umstände erfordern. Würden die Pinguin-Medien ein riesengroßes Geschnatter um das »moderne Männchen« machen, wäre das dem gemeinen KöPi allenfalls ein gelangweiltes Flügelwinken wert. Er brütet. Sie arbeitet. Sie brütet. Er arbeitet. Beide brüten. Beide arbeiten. So what?

Komplett abgedreht wird das Vaterbild der Medien aber erst, wenn man dem Autor Frank Jöricke in der Februarausgabe 2016 des *Playboys* glauben möchte. Ich lese den *Playboy* regelmäßig. Der vielen schönen Brüste und der teilweise echt guten Witze wegen. Frank Jöricke hat zwischen zwei hübschen Nackedeis einen Artikel über den Zeitgeist der modernen Väter platzieren dürfen und beschäftigt sich, wie die Pinguinforscher am Crozet-Archipel, offenbar auch mit Väterforschung. Der Autor titelt nicht etwa »Mann oder Memme«. Er ist viel kreativer: »Mann oder Mama«. Was ist da los? Ich erwartete einen Essay über stillende Väter in der Öffentlichkeit oder die erste Penisgeburt. Leider wurde ich enttäuscht. Die Mutter in mir wurde angesichts der Ratschläge des Autors nun doch etwas unruhig, wenn sie auf die derzeit brütenden Männchen und deren Selbstwahrnehmung blickt. Jörickes Forderungen klingen, als sollte der Randgruppenkiez zum neuen Szeneviertel erhoben werden und Jan und Sigmar als Rudelführer voranschreiten. Ob das von den Vätern wirklich so gewollt ist?

Wäre ich nicht nur *Playboy*-Leserin, sondern auch noch ein zielgruppenentsprechender Kerl, würde ich mich fragen, ob der gute Frank den weisen Satz kennt: »Sei vorsichtig mit deinen Wünschen. Sie könnten wahr werden.«

Jöricke wendet sich in seinem Pamphlet gegen die »überdrehte Vaterrolle«. Der Ansatz ließe sich durchaus hören, wenn er diejenigen Väter humorvoll durch den Kakao gezogen hätte, die am Spielfeldrand eines G-Jugend-Fußballturniers den Linienrichter mit der Eckfahne vermöbeln, und die eine DSDS-Karriere der Tochter mit in die Hausfinanzierung einkalkuliert haben. Macht der *Playboy*-Schreiber aber nicht. Stattdessen zählt er eine Menge seltsamer Beispiele auf, die allesamt auf seiner Annahme fußen, dass echte Männer in Wahrheit nämlich keinen Bock auf ihre Kinder haben und sich derzeit fremdbestimmt und ferngesteuert nur noch zum Affen machen. Lediglich einem schlechten Gewissen sei es geschuldet, dass diese »Helikopterväter« in die gleiche Hysterie und Aufgabenverteilung einfallen, die eigentlich evolutionsbedingt den Müttern vorbehalten sei. Glaubt ihr nicht? Ich zitiere.

Frank Jöricke kritisiert, dass der »moderne Vater auf Kindergeburtstagen trötend als Benjamin Blümchen umherstapft«, und regt seine Geschlechtergenossen dazu an, doch bitte wieder auf »ihre Art väterliche Liebe zu zeigen« und »die gebeugte Gestalt in den Sandkästen öffentlicher Spielplätze mit eigenem Schippchen in der Hand« aufzugeben. Er rät den Vätern, den »Prinzessin-Lillifee-Clubtanz« der Kinderanimation nicht mehr mitzumachen. Außerdem sollen sie sich »die Kleinkindsprache wieder abgewöhnen« und diesen ganzen Unsinn zusammen mit einer väterlichen »Meinung zum Thema Säuglingskost« denjenigen überlassen, denen diese Tätigkeiten eigentlich und schon immer zufielen: den Mamas. Wow.

Ich habe selten etwas so Unemanzipiertes zu Lasten von Vätern und Männern gehört seit dem längst überholten Pendant »Frauen zurück an den Herd«. Der *Playboy* neuerdings also als *Die Frau im Spiegel* der Herrenmagazine, aber trotzdem mit ausklappbaren Titten im Centerfold? Wie schade!

Frank Jöricke erklärt auch, warum er diese väterlichen Spiele mit Kindern im Grunde so verachtet. Er findet sie unwürdig und unmännlich: »Von einem Mann« bliebe bei so vielen »freiwilligen Selbstopfern nicht mehr viel übrig«, und die »bloße Umkehrung der Geschlechterrollen nach 6000 Jahren Patriarchat würde die Welt auch nicht besser machen«. Das ist schon bezeichnend, wenn man zum einen im Jahr 2016 noch »Geschlechterrollen« formuliert und zum anderen die eigene fragwürdige Vorstellung der Rolle der Mutter gleichzeitig für so erbärmlich und unwürdig erklärt, dass eine »Umkehrung« auf den Vater selbstverständlich keiner wollen würde.

Der erfahrene zweifache Vater erklärt leider nicht wirklich,

wo seine Geringschätzung für gebeugte Rücken in der Sandkiste herkommt. Er ermuntert die »Helikopterväter« auch nicht
etwa dazu, sich einfach ein bisschen weniger Sorgen um die eigene Brut zu machen. Seine Lösung ist beeindruckend einfar-
big. Er fordert die Väter stattdessen auf, doch bitte nicht mehr
länger hinter den »Wunschbildern der Frauenzeitschriften« her-
zueifern. Hausaufgabenbetreuung beispielsweise ist eine davon, findet er. Statt Hausaufgaben in der »Quality Time« zu
betreuen, sollen sie weniger hysterisch sein und »einfach mal
Feierabend machen«. Er fordert die jungen Väter zu etwas auf,
was »Opa noch gratis bekam«. Er meint damit ein »in sich stim-
miges Selbstbild ohne Therapeuten«.

In aller gebotenen Kürze, die einer Herrenmagazine lesen-
den Frau wohl tatsächlich nur in begrenztem Rahmen zusteht:
Ich kenne keine Frau, die jemals ihre Mutterrolle als kostü-
mierte Elefantenkuh beim Prinzessinnentanz auf dem Spielplatz definiert hätte. Nicht mal 1950 war das der Fall. Ehrlich:
keine. Man fragt sich, was der Frank da für Ladys am Start hat?

Mir ist auch nicht eine einzige Frau bekannt, die ihr angeb-
liches »Frauenzeitschrift-Wunschbild« von ihrem Traummann
als trompetenden Benjamin-Blümchen-Elefanten beim Lillifee-
Clubtanz mit einer Schaufel in einer Sandkiste in Wanne-Ei-
ckel beschreiben würde.

Allerdings kenne ich durchaus eine überwältigende Anzahl
kleiner Kinder, die ein trötendes Rüsseltier auf ihrem Geburts-
tagsfest, ein irres Tänzchen mit Papa an der Hand und eine Mega-
Sandburg mit Wassergraben und Stöckchenbrücke auf dem Hin-
terhofspielplatz einfach unglaublich geil finden. Ein absoluter
Traumtyp. Eine echte Wunschvorstellung. Für Kinder!

Wird dieser Papa durch seine Kinderliebe zu einem attraktiveren Sexualpartner für die Weibchen? Das mag durchaus
manchmal so einen Effekt haben. Aber das ist doch der Witz
an der Evolution. Man schaue sich mal einen balzenden Dom-

pfaff an. Dagegen ist der hechelnde Lillifee-Papa ein angepasster Spießer. Dazu kommt, mal ganz nebenbei, dass große Teile der eigentlichen Daseinsberechtigung des *Playboy*-Magazins darauf fußen, wie man Frauen beischlaffördernd beeindrucken kann. Jeder auf seine Art. Männer bleiben sie trotzdem, selbst wenn sie sich in die Beikostbeschaffung einmischen und im Kreißsaal heulen, schwitzen und mitpressen.

Männer im Kreißsaal oder im Geburtsvorbereitungskurs sind jedenfalls nicht das Ergebnis »umgekehrter Geschlechterrollen« oder der jämmerliche Versuch einer Anbiederung an das weibliche Geschlecht. Im Jahr 2017 kann es sich ein Vater gesellschaftlich, Gott sei Dank, schlicht und einfach leisten, mit seinen Kindern auf die Art und Weise abzuhängen, wie er es gerne möchte. So neu ist das außerdem gar nicht. Schon mein Vater war vor dreißig Jahren mit im Kreißsaal und bewunderte meine Mutter. Seitdem möchte er im nächsten Leben Hebamme werden. Er tanzte mit mir Rock 'n' Roll im gestreiften Bademantel und verzweifelte an meiner mathematischen Minderbegabung bei den Hausaufgaben.

Ein Vater heute hat es noch viel besser. Er kann es sich erlauben, öffentlich den Nachwuchs in einer Babytrage vor dem Bauch herumzuschaukeln und zwischen seinem Kind und dem Bauchnabel ein Bierchen auf das Festivalgelände zu schmuggeln. Warmes Bier ist besser als keins. Seine Krawatte beim Lunch schlägt er über die Schulter, um sie vor Babykotze zu schützen, weil er selbst weiß, dass er die Flecken nicht mal mit Gallseife wieder rauskriegt. Er kann mit seinen Kumpels und drei Kinderwagen im Park abhängen und das Baby danach mit in die Sportsbar zur Bundesliga nehmen. Latte-macchiato-Mutter und Dosenbier-Vater. Oder umgekehrt. So what? Das konnte Opa auf dem Karrierepfad oder vor seinen Skat-Kumpels alles noch nicht tun, ohne gesellschaftlich verlacht zu werden, dabei war er sicherlich ebenso verliebt in sein Baby wie heute in seinen Enkel mit dem Sandschippchen. Opa musste während der Geburt seines eigenen Kindes noch in die Kneipe gehen oder wie ein lästiges Anhängsel im Klinikgang umhertigern. Das soll ohne Therapeuten zum männlichen Selbstbild führen? Was zum Teufel soll das eigentlich sein? Das Einzige, was hier rollenbildlich umgekehrt wird, ist die Forderung, sich bitte dem Geschlecht entsprechend zu benehmen. Das soll die Welt besser machen?

Opas Enkel hat heute die Wahl. Ein paar Jahre später feuert der hier verunglimpfte Kreißsaalheuler und Lillifee-Tänzer genauso unbarmherzig Paintball-Kugeln nach dem Sohnemann und geht mit seinem Töchterchen Eisklettern. Genauso wenig, wie sich eine gute Mutter heute darüber definieren muss, wie famos ihr eine Mehlschwitze gelingt, müssen sich Väter heute auf die reine Ernährerrolle reduzieren lassen. Ich glaube nicht, dass es stimmt, wenn Frank Jöricke schreibt, dass Opa »japsen würde vor Lachen«, wenn er die heutigen Väter sehen würde, von denen nicht mehr viel Männlichkeit übrig sei. Ich glaube, Opa beneidet seinen Enkel glühend darum, dass der heute die Art Vater sein kann, die er am liebsten sein will, ohne dafür von seinen Nachbarn oder einem Tittenmagazin 2016 verbal auf die Fresse zu kriegen.

Tja, und leider geht mit selbst gewählten Freiheiten auch oft eine Kehrseite der Medaille einher, Frauen und Mütter können davon ein Liedchen singen. Leider wird Papa also dabei auch die nicht immer nur Freude spendende Spielplatz-Schaukel-Scheiße fressen müssen. Die gehört nämlich auch für den Elternteil mit den Brüsten nicht automatisch zu den favorisierten Aktivitäten des Familienalltags, nur weil sie die Mütter sind.

Sind Männerbilder wie die von Jan, Sigmar oder Frank jetzt die Ausnahmen oder die Regel?

Ich weiß es nicht. Ich kann nur mutmaßen. Wenn ich mich

so umschaue unter den ganz unprominenten Menschenvätern in meinem weiten Umfeld, dann sehe ich dort eine ziemlich gelassene Herde von glücklichen Papa-Pinguinen, die vollkommen selbstverständlich ihre Kinder wickeln. Die Sigmar Gabriels werden belächelt, die Jan Hofers bedauert, und wie das mit der Zustimmung zu Frank im *Playboy* aussieht, da mag ich an die echten Kerle in den Doppelhaushälften der Republik mehr glauben als an diejenigen, die tatsächlich Maßstäbe für gute oder schlechte Väter und Männlichkeit zwischen Geburtsvorbereitungskursen und der Hausaufgabenbetreuung suchen.

Keiner der mir bekannten Väter außerhalb des Medienechos will ein »Trendsetter« für das Modell »moderner Vater« sein. Im Gegenteil. Die meisten Männer, die ich kenne, bekommen spontanen Augenkrebs, wenn sie sich den *GQ*-Styling-Guide für den trendbewussten Mann anschauen. Modern ist allenfalls das Soundsystem im Wohnzimmer. Ihr Feierabendbier hat die gänzlich unhippe Geschmacksrichtung »Bier«. Sie halten den Damen ganz traditionell die Tür auf und fühlen sich auch nicht mental kastriert, wenn ihnen ebenfalls die Tür aufgehalten wird. Die »modernen Väter« hauen Typen, die Frauen begrapschen nationalitätenunabhängig, altbewährt und gepflegt auf die Fresse und schicken sich zum Feierabend beknackte Altherrenwitze in WhatsApp-Gruppen umher, die »Meine Stadionwurst« oder »Die Bekloppten« heißen. Und morgens rühren sie Schmelzflocken zu Babybrei zusammen, helfen der Dreijährigen in ihr Elsa-Disney-Kostüm und gehen noch mit dem Plastikdiadem auf der Stirn ins Büro und danach ins Bällebad auf dem Indoorspielplatz. Ein Frauen- oder Mütterproblem oder gar ein Geschlechter-Identitäts-Umkehrproblem bei Eltern kann ich außerhalb der Medien irgendwie nicht feststellen. Und wenn doch, werden diese Kerle ausgelacht und sind ein Fall für die grandiose *Playboy*-Heftsparte »Keiner von uns«.

Zum ständig wiederkehrenden Berliner Aufreger eines

»Stillverbots« in einem Café oder zu »Petitionen für ein Still-gesetz« haben die meisten Männer ebenfalls keine wirkliche Meinung, wie ich im realen Leben feststelle. Es ist ihnen näm-lich schon zu mühsam, eine solche zu entwickeln. Das mit der Meinungsenthaltung praktizieren die meisten Typen üb-rigens beim Thema »Form von Augenbrauen« oder der »Na-gellacktrendfarbe Taupe« genauso. Die wissen nicht mal, dass Taupe eine Farbe ist. Vielmehr akzeptieren sie, dass die meis-ten Frauen Augenbrauen und Fingernägel haben. Die meisten Frauen haben zudem Brüste und ernähren mit deren Hilfe ihre Babys, wenn sie welche haben, auch in der Öffentlichkeit. Wa-rum die Mütter das tun? Weil diese Babys sonst wirklich sehr laut herumschreien würden. Das ist die deutlich höhere Zumu-tung, da dürften wir uns ja einig sein, wenn wir schon in die-sen Kategorien denken wollen. Wo ist denn da überhaupt der Meinungsbedarf? Wer sich generell an einer stillenden Mutter ernsthaft stört, hat in erster Linie eine Störung und erst dann eine Meinung. Oder er ist ein Teenager. Die haben meist beides gleichzeitig.

Genauso wenig wie ich jemals einen Mann sah, der erst-mal seinen Schniedel in meinen Latte macchiato gehalten hätte, wenn es ihn am Hoden juckt, so sah ich jemals eine Frau mit wogenden Stillbrüsten durch ein Lokal wabern und dann ef-fektvoll ihre Stillbrust auf den Schnitzelteller legen, bevor sie an die andere Brust das Baby anlegt. Wieso wird das immer so hysterisch dargestellt? Sollte eine Verrückte oder ein Verrück-ter dies tun, so möge man sie gerne zurechtweisen und entfer-nen lassen. Meiner Erfahrung nach erledigen beide Geschlech-ter aber das, was nun mal gerade nötig ist, so dezent, aber auch so effektiv wie möglich. Sozialadäquat. Alles andere muss man nicht diskutieren. Selbst dann nicht, wenn es um weibliche Brüste geht. Wir brauchen also genauso wenig ein »Sackkratz-Gesetz«, das den erlaubten Ort, Art und Umfang der Beseitigung von Hodenjucken regelt, wie ein »Stillgesetz«, das regelt, wie und wo man Babys füttert. Glaubt mir, mit Gesetzen kenne ich mich aus.

Über stillende Pinguine habe ich nichts im Netz gefunden, aber lasst uns trotzdem Geschlechterrollenfragen bei der Elternschaft basisbetont handhaben. Lasst uns brüten und erziehen und nicht so ein Gewese um den »modernen Vater« machen. Das sollte alles längst nicht mehr modern, neu oder gar heldenhaft sein, sondern anerkennend normal. Aber leider ist das wohl noch ein langer Marsch auf dem Laufband mit Übergewicht. Wie gut, dass unser Gehirn Schrittgrößen anpassen kann, damit wir dabei nicht umfallen.

Was sagt denn unser Recht zur Vaterrolle? Nestbauende Pinguine sind fein raus, die leben ihr ganzes Leben lang monogam. Gemeinsame Zeit verbringen sie aber nur während der Paarung, der Nistzeit und der Aufzucht der Jungen miteinander. Zwischen den einzelnen Kindern führen sie Fernbeziehungen und finden dann über Distanzen von über 2500 Kilometern zielsicher wieder zusammen. Wir Menschen dagegen haben schon Schwierigkeiten, uns auf einer Autobahnraststätte nach dem Pipimachen zuverlässig wiederzufinden.

Weil unser Menschengehirn so viel emotionaler und komplexer ist und unser Instinkt spätestens nach dem dritten Gin Tonic die Biege macht, brauchen wir Regeln für ein familiäres Zusammenleben, zumindest wenn es um die Brutpflege geht. Begriffe wie Sorgerecht, Umgangsrecht, Besuchsrecht und Aufenthaltsbestimmungsrecht wabern jedoch meist erst dann durch die Wohnzimmer von Familien, wenn das Gefüge von Mutter, Vater und Kind irgendwo hakt.

Sind Eltern zum Zeitpunkt der Geburt miteinander verheiratet, haben beide Elternteile automatisch das gemeinsame Sorgerecht für das Kind. Das bleibt auch bei einer Scheidung so, und es endet erst, wenn das Kind achtzehn wird. Streiten sich Eltern bei Scheidungen um die Kinder, sagt der Volksmund oft: »Die streiten sich noch ums Sorgerecht.« Das ist nicht richtig, meistens streiten sie sich nämlich nur um das Umgangs- und das Aufenthaltsbestimmungsrecht, das Sorgerecht bleibt unangetastet und umfasst im Wesentlichen das, was betroffen ist, wenn jemand »die Unterschrift beider Erziehungsberechtigter« haben möchte. Darunter fallen zum Beispiel Kontoeröffnungen, die Zustimmung zu nicht alltäglichen medizinischen Behandlungen, die Anmeldung für den Kindergarten oder die Schule, die Wahl des Ausbildungsplatzes oder die Beantragung von Reisepässen. Also der ganze fundamentale Kram, bei dem man als verantwortungsvolles Elternteil gerne seinen Senf dazugeben möchte.

Sind Eltern bei der Geburt nicht miteinander verheiratet, hat erst einmal nur die Mutter automatisch das Sorgerecht für das Kind. Bezogen auf die Rechte von unverheirateten Vätern hat sich die Lage in Deutschland aber in den letzten Jahren bedeutend geändert. Wir hinkten schwer hinter anderen europäischen Ländern her, so dass das Bundesverfassungsgericht 2010, nach langem Zaudern, das Sorgerecht beanstandet und der Gesetzgeber drei Jahre später die Maßgaben der höchsten Bundesrichter umgesetzt hat. Gleichberechtigung macht also auch vor männlichen Haustüren nicht Halt.

Früher musste die Mutter ausdrücklich zustimmen, wenn der Nicht-Ehemann neben seiner anerkannten Vaterschaft noch das Sorgerecht haben wollte. Die Vaterschaftsanerkennung, ob nun freiwillig oder gerichtlich festgestellt, löst automatisch eine Unterhaltsverpflichtung für das Kind und gegebenenfalls auch für die Mutter in den ersten drei Lebensjahren des Kindes aus. Das ist bis heute so.

Vor der Gesetzesänderung konnte die unverheiratete Mutter durch ihre Zustimmungsverweigerung ein gemeinsames Sorgerecht verhindern. Selbst wenn all die gesetzlichen Forderungen zwischen unverheirateten und getrennt lebenden Eltern, etwa Unterhaltszahlungen oder der regelmäßige, verantwortungsvolle gemeinsame Umgang mit dem Kind, problemlos funktionierten. Heute muss der unverheiratete Vater zwar noch immer im ersten Schritt die Vaterschaft anerkennen, wenn er auch das Sorgerecht haben möchte. Sorgerecht ohne anerkannte Vaterschaft gibt es nämlich nicht. Ist das jedoch erledigt, ist der Weg für das väterliche Sorgerecht zunächst frei. Scheitert der Vater an der Zustimmung der Mutter bei seinem Antrag auf ein gemeinsames Sorgerecht beim Jugendamt, kann er es heute gerichtlich geltend machen. Die Familiengerichte entscheiden nämlich letztlich über fast alles, wenn sich Eltern nicht einigen können. Die Entscheidung des Gerichts ist bindend und ersetzt in Fällen des Sorgerechts die Zustimmung der Mutter.

Komplett waffenlos ist die Mutter aber nicht. Kann sie vor Gericht schwerwiegende Argumente gegen ein gemeinsames Sorgerecht vorbringen, wird das Gericht den Antrag des Vaters ablehnen. »Wir finden uns nicht mal nach dem Pipimachen auf dem Rastplatz wieder« oder »Er wickelt das Baby nur im anderen Trakt der Wohnung« wären Beispiele für nicht-schwerwiegende Gründe, die, wenn es die einzigen Gründe sind, ein Sorgerecht für den Vater nicht verhindern könnten. Wird dem Antrag des Vaters auf Sorgerecht stattgegeben, muss die Mutter, die die Zustimmung verweigert hatte, die Hälfte der Verfahrenskosten tragen.

Dagegen würde ein Vortrag wie »Der Typ sitzt seit drei Jahren in der geschlossenen Psychiatrie, weil er sich für Benjamin Blümchen hält und andere auf Spielplätzen mit seiner Schaufel verprügelt« wohl schon eher Gehör bei den Gerichten finden. Bessert sich die Lage des Vaters, kann er erneut einen Antrag stellen. Es gibt keine Höchstgrenze, wie oft man so einen Antrag auf gemeinsames Sorgerecht stellen kann. Auch eine Mutter kann unbegrenzt den Antrag auf Übertragung des alleinigen Sorgerechts vor Gericht stellen, wenn sie das gemeinsame Sorgerecht angreifen will. Hier gilt: neues Spiel, neues Glück, je nachdem aus wessen Perspektive. Die beiden müssen sich diese Verfahren nur leisten können. Falls sie dazu zu arm sind, bekommen sie aber Verfahrenskostenhilfe.

Hier hören die Unterschiede zwischen verheirateten und unverheirateten Eltern in Bezug auf die Kinder aber schon auf. Das kann man durchaus kritisch sehen. Der unverheiratete Vater hat, rein rechtlich betrachtet, alle Zugriffsmöglichkeiten und Rechte die gemeinsamen Kinder betreffend, die ein verheirateter Mann hat. Im Falle einer Trennung jedoch hat er der unverheirateten Mutter gegenüber deutlich weniger Fürsorgeverpflichtungen als ein verheirateter. Ein verheiratetes Paar, das keinen Ehevertrag abgeschlossen hat, muss nach einer Scheidung beispielsweise die während der Ehezeit erworbenen Rentenansprüche aufteilen. Wenn einer der beiden durch die Kindererziehung berufliche Nachteile hatte, muss der andere Ehegatte das nach einer Scheidung ausgleichen. Das nennt man Zugewinnausgleich, und es ist die häufigste Form des ehelichen Zusammenlebens in Deutschland. Unsere Pinguine kennen das Problem mit dem Ausgleich nicht, bei ihnen hat keiner Nachteile, da beide während der Aufzucht gleichberechtigt entlohnt werden.

Ein unverheirateter Vater aber muss nichts von seinen Rentenansprüchen und auch keinen Teil von seinem in der Zeit des Zusammenlebens angehäuften Vermögen wie Immobilien oder Geld auf dem Konto an die kinderhütende Mutter abgeben, auch wenn ihm die Berufstätigkeit und das Geldverdienen im Zweifel viele Jahre nur möglich war, weil die Mutter in der Zeit unbezahlt die Kinderbetreuung übernahm. Das sollten sich

alle bewusst machen, die sagen »Wir brauchen keinen Trauschein«. Den braucht man wirklich nicht zwingend, wenn man
für immer glücklich und zusammen ist. Sobald man aber unglücklich und nicht mehr zusammen ist, regelt der Trauschein
gesetzlich einige Verantwortlichkeiten auf eine durchaus aus-
gewogene Art und Weise. Wer auf den Trauschein verzichtet,
aber Kinder plant oder hat, sollte sich unbedingt notariell beraten lassen. Das ist billiger als das, was da kommen kann, wenn
man es nicht tut, und viele Probleme hat man gar nicht auf dem
Schirm, solange alles noch babyrosarot und der Himmel baby-
blau ist.

Erbrechtlich gesehen, sind unverheiratete Eltern ebenfalls
anders gestellt. Sie sind gegenseitig von der gesetzlichen Erbfolge ausgeschlossen. Stirbt einer von beiden, erben nur die
Kinder, nicht aber der andere überlebende Elternteil. Selbst
wenn der Überlebende maßgeblich an der Anhäufung eines
vererbbaren Vermögens über Jahre beteiligt war. Das führt oft
zu unerwünschten Problemen, die unverheiratete Eltern ebenfalls mit einem Notar besprechen sollten, wenn sie die gesetzliche Erbfolge zugunsten des jeweils anderen Elternteils verändern wollen. Tun sie dies nicht, geht der unverheiratete Partner
komplett leer aus und hat keinen rechtlichen Zugriff auf das
Erbe der Kinder. Man kann sich vorstellen, was hieraus an Ir-
rungen und Wirrungen entstehen kann. Verändern kann man
das alles nur mit einem Testament. Verheiratete Eltern erben
in einer Zugewinngemeinschaft zumindest die Hälfte des Vermögens des Verstorbenen, die Kinder bekommen die andere
Hälfte. Auch das kann man, bis auf den Pflichtteil, testamenta-
risch ändern, wenn man das gerne möchte, und sich gegenseitig
zum Alleinerben einsetzen. Beispielsweise.

Das Umgangsrecht mit einem Kind hängt nicht von einer
Heirat, einer Scheidung oder dem Sorgerecht ab. Mit oder ohne
Sorgerecht haben sowohl der unverheiratete als auch der ver-

heiratete Elternteil, der nicht mit dem Kind zusammenlebt, ein Recht auf Umgang mit dem Kind. Und nicht nur das: Das Umgangsrecht bedeutet sogar eine Pflicht zum Umgang. Es ist nicht an das Sorgerecht geknüpft. Auch Großeltern oder angeheiratete Verwandtschaft haben das Recht, mit dem Kind zu spielen und Kontakt zu haben. Das Umgangsrecht ist dazu da, die familiären Bande aufrechtzuerhalten, ohne dabei eine Mitbestimmung in grundsätzlichen Angelegenheiten zu schaffen. Der Umfang wird von den Gerichten festgelegt, wenn sich Eltern, die nicht zusammenleben, nicht einigen können.

Die Probleme entstehen hier auf beiden Seiten: Sehr viele alleinerziehende Mütter (98 % aller Alleinerziehenden sind Frauen) möchten einen stärkeren Umgang der Väter mit den Kindern erreichen. Auch aus Gründen der Entlastung und Verantwortung. Hier ist der Arm des Gesetzes sehr schwach in der Durchsetzung. Naturgemäß ist das Gefühl, jemanden dazu zu verpflichten, mit Kindern Umgang zu haben, der aber keinen Bock auf sie hat, kein gutes. Umgekehrt verzweifeln auch Väter an der Schwergängigkeit der rechtlichen Umsetzung, wenn sie die Kinder sehen möchten und die Mütter nicht mitziehen.

Das Thema des Kindesunterhaltes und die mangelhafte Durchsetzbarkeit dieses Rechts, wenn er einfach nicht bezahlt wird, stehen noch einmal auf einem ganz anderen, sehr emotionalen und teilweise existenzbedrohenden Blatt. Hier soll sich in der nächsten Zeit einiges verändern, und das ist längst überfällig.

Das Aufenthaltsbestimmungsrecht ist noch mal etwas anderes als das Umgangsrecht. Das Aufenthaltsbestimmungsrecht gibt uns eine Antwort auf die wichtige und erhebliche Frage: Bei wem lebt das Kind? Ein Kind kann ohne Zustimmung des Vaters beispielsweise nicht einfach so entscheiden, dass es jetzt dauerhaft bei der Mutter leben möchte – oder umgekehrt. Kurzfristige Besuche oder Ortsveränderungen fallen nicht unter eine Veränderung der Aufenthaltsbestimmung. Ein Festivalbesuch oder ein kurzer Schulausflug sind beispielsweise Dinge, die zum täglichen Leben gehören. Hier darf der Elternteil, bei dem das Kind seinen Aufenthaltsbestimmungsort hat, grundsätzlich allein entscheiden, ohne den anderen Sorgeberechtigten zu Rate ziehen zu müssen. Das hat im Wesentlichen Praktikabilitätsgründe, damit sich nicht an jeder Kleinigkeit ein Streit entzündet.

Urlaube dagegen berühren das Sorgerecht beider Eltern und damit das Aufenthaltsbestimmungsrecht. Gradmesser ist hier das Kindeswohl und dessen Gefährdung. Können sich Eltern hier nicht einigen, darf nicht einfach einer machen, was er will. Hier muss das Familiengericht ran. Ein Club-Urlaub mit Lillifee-Tanz wird von einem Familiengericht eher nicht als kindeswohlgefährdend eingestuft, selbst wenn man Lillifee völlig sinnfrei findet. Ein achtjähriges Kind wird also auch entgegen des Willens eines mauernden Elternteils in den Schulferien mit dem anderen Elternteil nach Portugal fliegen dürfen. Eine dreimonatige Motorradtour durch den Kongo dagegen wird das Gericht, je nach Alter des Kindes, vermutlich zulasten des abenteuerlustigen Elternteils entscheiden.

Grundsätzlich kann man also sagen: »Drum prüfe, mit wem du dich fortpflanzt.« Auch und gerade nach drei Gin Tonic. Beide Eltern können sich aber auch nach sorgfältigster Prüfung letztlich das Leben mit einem Kind unendlich schwer machen. Kaum irgendwo anders werden die Messer so gewetzt wie in den sogenannten Kindschaftssachen. So manches Elternteil wird sich dann wünschen, das schlichte Gemüt eines dicken Pinguins zu haben. Der brütet einfach. Und isst ein Fischbrötchen.

KLEINE BRÜSTE MÜSSEN
AUF DEM RÜCKEN LIEGEN

Woohoooo, wir sind Erster! Wir sind Weltmeister!

Wir haben Japan geschlagen.

Wir haben Monaco besiegt.

Italien war knapp, aber hey:

Wir sind Spitzenreiter.

Herzlichen Glückwunsch an uns alle: Wir sind am allerweltschlechtesten im Kinderkriegen.

Wahnsinn! Ich bin mindestens so stolz auf mein Land wie einst 1999, als ich aus dem London-Urlaub zurückkam und »Maschendrahtzaun« auf Platz eins der Radio-Charts in Endlosschleife lief.

Allemagne zero points. Klasse!

Um es in Pressemitteilungssprache zu sagen: Neueste Auswertungen namhafter Agenturen haben ergeben, dass in fünfzehn Jahren nur noch knapp fünfzig Prozent der deutschen Bevölkerung erwerbstätig sind. Was macht denn die andere Hälfte? Die rentet. Nur ein drollig kleiner Teil dieser Hälfte ist unter zwanzig Jahre alt, letztlich unbedeutend für die Sozialkassen, und stirbt sich selbst bis 2060 dann wohl eh aus.

Während in der Politik und gerne auch an Stammtischen der Generation Ü50 scheinheilig herumgerätselt wird, was da wohl »zum Teufel mit uns los ist«, obwohl seit zwei Jahrzehnten Tausende Familien und Alleinerziehende laut nach Entlastung und Unterstützung schreien, habe ich mich auf die Suche nach Antworten gemacht und mit der Lektüre einer Fitnesszeitschrift in der Sauna angefangen.

Die Maiausgabe 2015 der Zeitschrift *Shape* mit einem

weichgezeichneten neunzehnjährigen *Germany's Next Top-model* auf dem Cover lag in der Wellnessoase vereinsamt im Regal. Zu Unrecht, denn der Artikel »Heißer aussehen beim Sex!« der Autorin Christy Forer unter der Rubrik »Psychologie« servierte mir nicht nur die Erklärung für den Geburtenrückgang auf schmale 1,47 Kinder pro Frau, sondern auch noch die Lösung für einen neuen deutschen Baby-Boom auf die notwendigen 2,1 Kinder. Noch nie war ich dem Nobelpreis so nahe wie jetzt. Die Erklärung ist so offensichtlich wie erschütternd:

Der Geburtenrückgang liegt an fehlerhaftem Sexualverkehr. BÄM.

Mein halbes Leben lang beischlafe ich bereits inkorrekt. Es ist ein Wunder, dass ich zwei Kinder habe, und ich möchte mich in aller Form und pauschal bei allen Sexualpartnern entschuldigen, die so duldsam das ertragen haben, was Christy Forer von der *Shape* mir erst jetzt erklärt hat.

Wenn geschlechtsreife Frauen all die geschilderten fatalen Vögelfehler von nun an vermeiden, dann ist es nur eine Frage der Zeit, bis die vollkommen traumatisierten Männchen wieder scheu aus ihren Höhlen kommen und sich fortpflanzen wollen. Es ist ein langer Weg, aber schon Bob der Baumeister sagte: »Können wir das schaffen? Ja! Wir schaffen das!«

Was also haben wir bisher falsch gemacht?

Die Autorin des Artikels erklärt unsere Fehler anhand des wirklich lebensnahen Beispiels einer »versehentlich am Kopf des Mannes angebrachten GoPro Kamera«, die während des Beischlafs, ebenso versehentlich, nicht ausgeschaltet wurde. Die gemeinsame Videoanalyse des Tête-à-Tête mit dem merkwürdigen Videokopfmann offenbarte, dass sich Christy dabei ein Kissen unter ihren Kopf gelegt hatte. »Das sollte eine Frau niemals tun. Kissen sind unsere Feinde und haben beim Sex nichts zu suchen«, schreit uns die Jeanne d'Arc des Generationenvertrags an, denn dadurch entsteht bei Frauen was? Na?

»Ein Doppelkinn.«

O. Mein. Gott. Leserinnen sind schockiert. Leser erschaudern ob dieser ihnen allzu bekannten Perversion der Natur, die sie schon viel zu lange erduldet haben. Unzählige Male haben sie angewidert das Liebesnest verlassen müssen, weil sie den Koitus einfach nicht zu Ende bringen konnten. Wie sollen bei diesem Anblick Kinder gezeugt werden? Langsam dämmert die Brisanz dieser Erkenntnis, nicht wahr?

»Man braucht ein Kissen allenfalls für den Busen und *nur* dann, wenn Sie zu den Frauen gehören, deren Busen gern etwas höher hängen könnte«, führt Christy konsequent ihren Feldzug für die erfolgreiche Paarung des Homo sapiens fort. Also bei dem Thema hatte sie ja dann spätestens meine vollste Aufmerksamkeit. Ich bin zwar eher mit dem Keinbrust- statt dem Hängebrust-Problem geschlagen, aber vielleicht hat Christy ja auch für Körperbehinderte wie mich einen wertvollen Tipp für das dritte Kind parat. Tatsache! Auf Christy ist Verlass: »Hängebusen vermeidet man, indem man sich das Kissen in den Rücken schiebt.« Frauen mit großen Brüsten, die beim Sex nicht einfach so herumhängen, ist offenbar auch mit Kissen nicht mehr zu helfen. Für unterentwickelte Frauen wie mich aber gibt es Rettung, denn »für optisch mehr Busen« befiehlt Christy ganz pragmatisch und ohne Kissen: »Einfach gerade auf dem Rücken liegen bleiben! Das lässt den Busen breiter erscheinen.«

Leserinnen sind erstaunt. Leser sind erneut fundamental erleichtert. Endlich hört diese Zappelei auf! Endlich sagt mal jemand den Frauen, dass Bewegung beim Geschlechtsverkehr *schlecht* ist. Endlich bleiben die mal »gerade auf dem Rücken liegen«, damit man ihnen aus den Tiefen der fortpflanzungswilligen Seele »Deine Brust ist so schön breit, Schatz« ins Ohr raunen kann. Ich kann die erlösenden Seufzer männlicher Kehlen geradezu hören.

Zum Ende dieses Wahnsinnsartikels erfahre ich noch,

dass ich Blimse all die Jahre total vergessen hatte, die Schwerkraft auszuschalten. »Die Erdanziehungskraft ist nicht unser Freund!«, mahnt die Autorin der *Shape* in aller notwendigen Deutlichkeit. Um zu vermeiden, dass man die »Plauze des Jahres« wird – ja, ich zitiere durchgehend den Originalwortlaut, falls hier schon jemand laut zwischen die Buchseiten kotzt –, sollten Frauen bedenken, dass »auch im Liegen gilt, was im Stehen schon funktioniert«. Ich dachte spontan an bettnässende, dreijährige Jungs, aber die waren nicht gemeint, sondern eine gerade Haltung. Auch beim Geschlechtsverkehr, denn »sie ist vorteilhaft. Sie lässt den Bauch flacher aussehen«.

Christy schließt mit einem knackigen »Lassen Sie es krachen!«

Ich starre grenzdebil auf das, was ich gerade gelesen habe.

Kerzengerade durchgestreckt, bewegungslos auf dem Rücken liegend und das Kinn konzentriert nach oben gereckt – ja, das wird das Sexualleben in den Schlafzimmern der Republik reformieren, befruchten und befeuern. »Die Babyboomer 2017« werden sie uns in den Geschichtsbüchern nennen.

Millionen junge Männer mit dringendem Kinderwunsch sind froh, dass die Mädels endlich mal vernünftige Grundlagen für die Erhaltung des Stammes schaffen. Millionen Männer, die sehr doll verliebt sind in die Frau, die da bei ihnen liegt, sind froh, dass die schönste Frau der Welt endlich mal darüber nachdenkt, wie ihr Hals beim Sex aussieht. Millionen Männer, die überhaupt ganz und gar nicht verliebt sind in die Frau, die da bei ihnen liegt, nun, denen ist nicht nur ein Doppelkinn in der Missionarsstellung vollkommen schnuppe.

Danke, *Shape*, für einen Artikel, den kein Mann auf der Welt jemals geschrieben hätte.

Danke, *Shape*, dass du junge Frauen darauf aufmerksam machst, wie viele körperliche Selbstverständlichkeiten doch als Schwachpunkte an ihren Körpern lauern könnten.

Danke, Shape, dass du fünf Jahrzehnte der gemeinnützigen »Vögeln-macht-voll-viel-Spaß«-Bewegung mit einem Artikel in die Tonne kloppst.

Danke, Shape, dass ich Sendungen wie *Germany's Next Topmodel* nun mit anderen Augen sehe, denn deren Fans sind die Mädchen, die diesen ganzen Schund lesen und vermutlich als Nächstes versuchen werden, die Schwerkraft abzuschalten. Damit sie endlich jemand liebt. Oder der bescheuerte Bachelor sie anpatscht.

Danke für nichts.

Sollte man es mit geschlossenen Augen und Jalousien geschafft haben, trotz Doppelkinn, Plauze des Jahres und kleinen Brüsten aus Versehen ein Kind zu zeugen, beginnt die Zeit, in der die Plauze noch sehr viel größer wird und einem die ehemals kleinen Brüste mehr und mehr unter dem formschönen Doppelkinn kleben. Tatsächlich ist man selten so schön, wie in dieser Zeit. Finde ich. Und selten ist man schutzbedürftiger. Keine Frau und kein Mann denken an die Rettung unseres Sozialsystems und die Erfüllung gesamtgesellschaftlicher Aufgaben, wenn sie sich dafür entscheiden, ein Kind bekommen zu wollen, sondern an ihre eigene, individuelle Lebensgestaltung. Um diese Lebensgestaltung zu ermöglichen und zu schützen, haben der Gesetzgeber und die Rechtsprechung ein notwendiges Schutzkonstrukt geschaffen, damit Frauen weitgehend schadlos herumschwangern können und uns alle – hoffentlich – vor einem Totalkollaps des Sozialsystems bewahren mögen, wenn wir selbst einmal alt sind. Das Konstrukt hakt noch hier und da, aber hier die Basics:

Für werdende Mütter gilt in Deutschland das Mutterschutzgesetz. Jedoch nicht für jede Mutter und leider auch nicht für alle in gleichem Maße. Ganz klassisch sind Arbeitnehmerinnen, Angestellte und Auszubildende hiervon umfasst. Bisher waren aber zum Beispiel Praktikantinnen, Studentinnen und Schülerinnen von den Regelungen ausgenommen, was sich im Laufe des Jahres 2017 jedoch ändern wird. Selbstständige Mütter werden aber leider nach wie vor nicht erfasst. Es macht also für den Schutz von Mutter und Kind noch immer einen Unterschied, in welchem berufstätigen Bauch ein Baby heranwächst.

Die Regelungen im Gesetz sind umfangreich und betreffen mehr als den allseits bekannten »Mutterschutz«, der sechs Wochen vor dem errechneten Geburtstermin und acht Wochen danach gilt. Die sechs Wochen vor der Geburt sind freiwillig, man kann also auch bis zum Geburtstermin arbeiten gehen, wenn man möchte. Die acht Wochen danach sind ein absolutes Beschäftigungsverbot, kein Arbeitgeber darf eine Mutter in dieser Zeit beschäftigen. Für Schülerinnen und Studentinnen soll es Ausnahmen geben, damit die Studentin eine Prüfung schreiben kann, wenn sie es unbedingt möchte. Ansonsten könnte sie die Prüfung mutterschutzbedingt aufschieben.

Kommt das Kind später als berechnet, beginnen die acht Wochen auch erst dann zu laufen. Zwillings- und Frühchenmütter sowie in Zukunft auch Mütter von behinderten Kindern haben zwölf Wochen Mutterschutz. In dieser Zeit erhalten die Mütter das sogenannte »Mutterschaftsgeld«. Sind sie gesetzlich krankenversichert, überweist die Krankenkasse dreizehn Euro pro Tag auf das Konto der Mutter. Da viele Frauen vor dem Mutterschutz mehr verdient haben als dreizehn Euro täglich, muss der Arbeitgeber bis zum bisherigen Nettoverdienst aufstocken. Das Geld bekommt er aber von der Krankenkasse zurück. Damit will ihm der Gesetzgeber die daraus resultierende finanzielle Belastung nehmen und ihm keinen Grund für die Benachteiligung von Frauen bei der Einstellung geben. Schwangere Frauen »kosten« den Arbeitgeber also kein Geld, nur weil sie schwanger sind und Schutzrechte haben. Auch wenn das irrtümlich oft angenommen wird.

Selbstständige Mütter erhalten nur dann Mutterschaftsgeld, und auch nur in Höhe ihres errechneten Krankengelds, wenn sie sich gesetzlich mit Anspruch auf Krankengeld versichert haben. Das ist aber eine Zusatzoption, und die ist leider nicht immer günstig, so dass schwangere Selbstständige zwar oftmals die ohnehin schon hohen Krankenkassenbeiträge bezahlt haben, aber keine Leistung bekommen, wenn sie im Mutterschutz sind. Selbstständige Mütter, die privat versichert sind, kriegen keinen Zuschuss von der Kasse. Wer privat versichert ist und fest angestellt, erhält aber Mutterschaftsgeld, jedoch nicht von der Krankenkasse, sondern vom Bundesversicherungsamt. Maximal und einmalig 210 Euro im Monat. Den Aufstockungsbetrag auf das bisherige Nettogehalt bekommen privatversicherte Frauen dann wiederum von ihrem Arbeitgeber. Arbeitslose Mütter, beispielsweise wenn ihr befristeter Vertrag vor Beginn des Mutterschutzes endete, haben meistens einen Anspruch auf Arbeitslosengeld I und dann auch einen Anspruch auf Mutterschaftsgeld in Höhe ihres ALG-I-Anspruchs. Müttern in Elternzeit, die ein weiteres Kind in dieser Zeit zur Welt bringen, wird auch für das zweite Kind ein Mutterschaftsgeld von der Krankenkasse bewilligt. Hier gibt es sogar die Möglichkeit, die Elternzeit mit Beginn des Mutterschutzes für das zweite Kind vorzeitig zu beenden, um dadurch den Aufstockungsbetrag des Arbeitgebers in der gleichen Höhe wie beim ersten Kind zu bekommen. Die Rechnerei ist nicht immer einfach, aber die Krankenkassen geben hierzu Auskunft.

Endet ein Arbeitsvertrag auf gesetzlich (leider) zulässige Weise während des Mutterschutzes, beispielsweise wenn eine Befristung ausläuft, werden Mutterschaftsgeld und Zuschuss des Arbeitgebers trotzdem weiter bezahlt; beides stammt ja letztendlich von der Krankenkasse. Noch vorhandene Urlaubstage und Überstunden müssen dann ausbezahlt werden.

Apropos Urlaub:

Auch während der Mutterschutzzeit entsteht Urlaub, sie gilt als vollkommen normale Beschäftigungszeit. Resturlaub muss keinesfalls vor dem Beginn des Mutterschutzes genommen werden und verfällt auch nicht am 31. März des Folgejahrs. Er kann mit durch den Mutterschutz und die gesamte Elternzeit genommen und erst danach »beansprucht« werden.

Viele wissen nicht, dass auch in der anschließenden Elternzeit Urlaubsansprüche entstehen. Ein Jahr Elternzeit bedeutet also den gesamten Jahresurlaub auch für das Jahr der Elternzeit auf dem Urlaubskonto bei Rückkehr auf den Arbeitsplatz. Das klingt erstmal komisch, ist aber so. Diesen Anspruch, und nur diesen während der Elternzeit, kann der Arbeitgeber individuell ausschließen. Das Gesetz selbst tut das aber nicht automatisch für ihn. Der Arbeitgeber muss ausdrücklich gegenüber dem Elternteil erklären, dass er für die Monate der Elternzeit den Urlaubsanspruch kürzen möchte. Tut er das nicht rechtzeitig, entsteht der Anspruch und muss auch nach der Rückkehr aus der Elternzeit gewahrt werden. Urlaub und Elternzeit schließen sich also nur dann aus, wenn das der ausdrückliche Wunsch des Arbeitgebers ist. Dann kann er den Anspruch des Arbeitnehmers, ob nun Mutter oder Vater, um ein Zwölftel des Jahresurlaubs für jeden vollen Monat genommener Elternzeit kürzen, er muss nur darauf achten, das rechtzeitig zu tun. War also ein Vater oder eine Mutter volle zwölf Monate in Elternzeit und hat der Arbeitgeber rechtzeitig die Kürzung erklärt, ist bei der Rückkehr an den Arbeitsplatz bei vollen zwölf Monaten kein Jahresurlaubstag mehr übrig. Hierzu erging ein gutes Urteil des Bundesarbeitsgerichts (BAG) aus dem Jahr 2015. Der Arbeitgeber kündigte in diesem Fall die junge Mutter gleich nach Ende der Elternzeit. Als sie nach ihrem Rauswurf ihren Resturlaub ausbezahlt haben wollte, kürzte der Arbeitgeber nachträglich den Elternzeiturlaub. Das hatte er vorher schlicht vercheckt. Das sei zu spät, sagte das BAG. Wer kürzen will und eine Kündigung plant, der muss also zumindest die Regeln einhalten, wie bei allen anderen Arbeitnehmern auch. Die gekündigte Mutter bekam den Urlaub, der während der Elternzeit entstanden war, noch ausbezahlt. Arbeitslos war sie trotzdem.

Werdende Mütter haben einen besonderen Kündigungsschutz, der sich außerdem durch die gesamte Elternzeit zieht. Der Kündigungsschutz gilt für die Schwangere, die vor einem Tag den Arbeitsvertrag in einem Zweimannbetrieb unterschrieben hat gleichermaßen wie für die seit zehn Jahren in einem Weltkonzern beschäftigte Schwangere. Ein befristeter Arbeitsvertrag läuft jedoch trotzdem während Schwangerschaft, Mutterschutz oder Elternzeit aus und beendet das Arbeitsverhältnis, da es durch die Fristsetzung keiner Kündigung bedarf. Er wird nicht verlängert um die Zeit der Schwangerschaft oder Elternzeit.

Schwangere können nur mit Zustimmung einer Aufsichtsbehörde und nur in Ausnahmefällen gekündigt werden. Eine Schwangere darf also nicht einfach tun und lassen, was sie will, den Chef verhauen oder den Drucker klauen. Das wäre unter Umständen Anlass für eine außerordentliche verhaltensbedingte Kündigung, die von der Aufsichtsbehörde erlaubt werden würde. Doch bis spätestens drei Wochen nach Zugang der Kündigung kann sie auch im Fall der Zustimmung der Behörde eine Kündigungsschutzklage beim Arbeitsgericht erheben – und sollte das unbedingt tun.

Keine Frau muss ihrem Arbeitgeber sagen, dass sie schwanger ist. Es gibt dafür keinerlei Fristen oder Regelungen im Gesetz oder in der Rechtsprechung. Das hat den Grund, dass man es den Frauen selbst überlassen möchte, ob sie eine Schwangerschaft mitteilen möchten oder nicht. Gesetzlich »soll« sie es tun, muss es aber nicht, außer sie hat ein »Beschäftigungsverbot«. Wenn sie trotz eines Beschäftigungsverbotes weiterarbeitet, kann es sein, dass sie sich schadenersatzpflichtig macht.

Das ist meiner Erfahrung aber nach reine Theorie. Eine Frau, die Nachteile befürchtet, zum Beispiel in einem kommenden Projekt übergangen zu werden, ist gesetzlich nicht verpflichtet, zu einem bestimmten Zeitpunkt von ihrer Schwangerschaft zu erzählen. Tut sie es doch, so dürfen ihr daraus keine Nachteile entstehen.

Kündigt der Arbeitgeber einer Schwangeren, weil er nichts von der Schwangerschaft wusste, hat die Frau ab Zugang der Kündigung zwei Wochen Zeit, sich zu überlegen, ob sie die Kündigung hinnehmen möchte, oder ob sie die Schwangerschaft dann offenlegt, mit der Folge, dass sie weiterarbeiten kann und die Kündigung unwirksam wird. Auch wenn eine Frau erst Wochen später erfährt, dass sie zum Zeitpunkt der Kündigung bereits schwanger war, wird die Kündigung unwirksam, und der Arbeitgeber muss sie wieder auf ihrem Arbeitsplatz einsetzen, wenn die Schwangere das möchte. Kurz: War eine Frau faktisch zum Zeitpunkt der Kündigung schwanger, ist die Kündigung angreifbar.

Während der Schwangerschaft hat sie das Recht auf einen »schwangerenfreundlichen« Arbeitsplatz. Kann sie auf ihrem Arbeitsplatz nicht gefahrlos arbeiten, so darf sie dort nicht eingesetzt werden und bekommt ein gesetzliches oder individuelles Beschäftigungsverbot. Das gesetzliche Beschäftigungsverbot gilt für bestimmte Tätigkeiten, weil hier von vornherein klar ist, dass sie nicht sicher genug sind. Dazu gehören zum Beispiel Nachtarbeit oder Arbeit am Fließband, an Röntgengeräten oder mit hochinfektiösen Patienten.

Diese gesetzlichen Verbote werden von betroffenen Frauen aber auch kritisiert. Ärztinnen etwa fühlen sich aufs Abstellgleis geschoben, weil sie die für ihre Facharztausbildungen notwendigen Operationen nicht durchführen dürfen, obwohl sie das individuell könnten und wollen. Die Arbeitgeber halten sich aus Haftungsgründen aber an die bisherigen starren gesetzlichen Verbote. Diese sollen gelockert werden, und im Laufe des Jahres 2017 wird durch die Reform des Mutterschutzgesetzes eine Art »Rangfolge« festgelegt. Bevor der Arbeitgeber also von sich aus ein gesetzliches Beschäftigungsverbot erteilt, muss er nach einer »Gefährdungsbeurteilung« prüfen, ob er den Arbeitsplatz umgestaltet oder er die werdende Mutter an einem anderen Arbeitsplatz einsetzt, wenn die Frau das möchte. Nur wenn das nicht möglich ist, darf eine schwangere oder stillende Frau nach § 12 des Mutterschutzgesetzes nicht beschäftigt werden.

Ein aktuelles Urteil hat im Übrigen endlich den unerträglichen Zustand beseitigt, dass oftmals auf Wunsch des Arbeitgebers bereits zu Jahresbeginn angemeldeter und genehmigter Urlaub ersatzlos verfällt, sollte eine Frau schwanger werden und ein gesetzliches oder individuelles Beschäftigungsverbot bekommen. Diese Praxis setzte Frauen zu Jahresanfang immer der Sorge aus, dass ihr Urlaub einfach weg ist, sollte sie dann im Laufe des Jahres schwanger werden und gesetzlich wegen eines Beschäftigungsverbotes nicht mehr arbeiten dürfen. Nicht nur aus Gleichbehandlungsgründen – männlichen Arbeitnehmern droht dieses Risiko nie, da sie schlicht nicht schwanger werden – ist diese arbeitsrechtliche Praxis gestoppt worden. Bei plötzlicher Krankheit eines Arbeitnehmers beispielsweise verfällt ein Urlaubsanspruch ja auch nicht. Nicht mal ein bereits angetretener Urlaub verfällt. Er wird einfach wieder gutgeschrieben. Warum das bei einer Schwangeren, die gesetzlich nicht mehr arbeiten darf, nicht so war, ist mal wieder ein eindrucksvoller Baustein in der Geschichte des Rechts, bei dem man sich mal ein bisschen vor sich hin wundern kann. Hier wurde das schöne Argument »eine Schwangerschaft ist ja aber keine Krankheit« über viele Jahre zu Lasten von jungen Frauen verdreht und ihnen einfach Urlaub gestrichen, den sie aus Planbarkeitsgründen für den Arbeitgeber frühzeitig angemeldet hatten. Hier haben die Gerichte nachgebessert. Das ist vom Tisch. Gut so.

Neben gesetzlichen Beschäftigungsverboten gibt es auch individuelle Beschäftigungsverbote nach § 3 des Mutterschutzgesetzes, falls sich herausstellt, dass eine Tätigkeit am Arbeitsplatz durch die individuell verlaufende Schwangerschaft so belastend wird, dass Gefahr für Mutter oder Kind bestehen könnte, wenn sie weiterhin dort arbeitet. Darunter fallen beispielsweise Gerüche der Fritteuse, die eine Schwangere nicht mehr ertragen kann und deswegen permanent erbricht. Oder vorzeitige Wehen durch langes Stehen oder Ischiasprobleme durch das lange Sitzen am Schreibtisch mit einem dicken Babybauch.

Es ist grundsätzlich möglich, Frauen zu demselben Gehalt vorübergehend woanders einzusetzen, wo die Beschwerden nicht auftauchen. Eine Biologin im Chemielabor kann also grundsätzlich für die Zeit der Schwangerschaft mit Schreibtischaufgaben betraut werden, sollte diese Tätigkeit problemlos möglich sein.

Ein individuelles Beschäftigungsverbot wird nicht vom Arbeitgeber, sondern ärztlicherseits erteilt und hat weder finanzielle Nachteile für die Schwangere noch für den Arbeitgeber. Die Schwangere mit Beschäftigungsverbot bekommt in dieser Zeit den sogenannten Mutterschaftslohn von ihrem Arbeitgeber bezahlt, den er aber vollumfänglich von der Krankenkasse der Frau erstattet bekommt. Hierdurch soll, wie beim Mutterschaftsgeld in der Mutterschutzzeit auch, verhindert werden, dass ein Arbeitgeber ungern Frauen einstellt, weil er finanzielle Nachteile befürchtet.

Hat die Schwangere aber eine »normale« Krankheit, also erbärmlich fiesen Heuschnupfen, eine Bindehautentzündung oder hat sie sich den Arm gebrochen, wird ihr das volle Gehalt bis zu sechs Wochen lang bezahlt, wie bei dem unschwangeren Kollegen mit der beim Fußball verdrehten Kniescheibe auch. Das ist die altbekannte Lohnfortzahlung im Krankheitsfall. Krankgeschrieben wird sie ebenso, wenn sie unter schwangerschaftsbedingten Beschwerden leidet, die aber mit dem Arbeitsplatz nichts zu tun haben. Schwangerschaftsübelkeit zum Beispiel. Hier stellt der Arzt dann ebenfalls »nur« eine Krankschreibung aus und kein individuelles Beschäftigungsverbot. Den Lohn für die sechs Wochen Krankheit bekommt der Arbeitgeber aber nie, auch nicht bei unschwangeren Arbeitnehmern, von den Krankenkassen zurück. Arbeitgeber mögen daher logischerweise Beschäftigungsverbote lieber als eine Krankschreibung.

Damit es Mütter in ihrer wohlverdienten Schutzphase mit ihrem Baby gemütlich haben, empfehle ich frei nach der *Shape* den Gebrauch eines Stillkissens unter Arm- und Rückenpartie. Sollte sich bei dem Säugling dabei ein Doppelkinn bilden, macht euch keine Sorgen: Niemand auf der Welt hat ein schöneres ...

Lasst es krachen.

VOM STERBEN

Luise schaut mir tief in die Augen und sieht dabei aus wie ein angeschossenes Reh. Sie sucht verzweifelt Zuflucht in meinem Blick, sucht nach Antworten und Erklärungen. Sie hat sich das Ende so anders vorgestellt. Sie möchte stark sein. Sie kämpft gegen ihren Körper an, ohne zu wissen, wann sie endlich erlöst wird.

Ich reiche ihr Wasser. Sie nippt. Sie ist blass, bewegt sich kaum noch und verwirft jeden gut gemeinten Vorschlag. »Es ist bald vorbei, Luise. Bald hast du es geschafft, bald ist es endlich gut«, flüstere ich ihr zu und habe keine Ahnung, ob notlügen in so einer Situation überhaupt erlaubt ist.

Luises Mann ist neben mir, auch er hat Angst. Vor diesem Moment hat er sich jahrelang gefürchtet, und nun ist er da. Luise atmet flach. Sie weint, versucht aufzustehen, gibt immer wieder auf. Sie hört uns kaum noch, hadert mit der Ungerechtigkeit der Welt. Damit, dass sie diese unsäglichen Schmerzen ertragen muss und ihr keine Medikamente wirklich helfen. Luise schließt die Augen und geht leise im lauwarmen Badewasser ohne Schaum unter. Zwei Menschen wissen, dass es nun so weit ist. Wir werden ihr sagen müssen, dass sie nicht Britney Spears ist und die Geburt ihrer ersten Tochter nicht der Musikvideodreh zu »Everytime«.

Meine Freundin Luise ist an diesem Abend vierzig Wochen und zwei Tage schwanger und hat mir auf halber Strecke der Schwangerschaft einen Antrag gemacht: »Nina, willst du meine Hebamme sein?«

Ich war fassungslos. Eine Mischung aus allen denkbaren

Emotionen durchspülten in einer Welle mein Herz. »Ist das dein Ernst? WOW! Wann denn? Aber natürlich! Ich muss sofort meine Eltern anrufen. Wir müssen das planen. CHAMPAGNER! Das hab ich mir immer gewünscht. Darf ich eigentlich auch den Namen aussuchen?«

Eine Frage fast so gewaltig wie ein Heiratsantrag. Zumindest wenn man Rechtsanwältin ist. Echte Hebammen nehmen diese Frage vermutlich ein klein wenig gelassener hin.

Ich verbrachte die folgenden zwanzig Wochen mit der Beschreibung von Wehen. Es gab keinen Superlativ, den ich ausließ, keinen verzerrten Gesichtsausdruck, den ich nicht imitierte, und keinen kehligen Laut, den ich nicht ausschweifend zum Besten gab. Ich hopste auf einem grünen Pezziball durch ihr Wohnzimmer und klammerte mich mit wiegendem Hinterteil an die Seile der Kinderschaukel im Vorgarten, um ihr einige Wehenveratmungsstrategien zu veranschaulichen. Ich thronte breitbeinig auf dem Badezimmerhocker meiner Kinder, um die Vorzüge eines Gebärstuhls zu erläutern, presswehte auf ihrem Sofa umher und türmte noch ein paar Kissenberge auf, über die ich mich dann kunstvoll drapierte, um weitere Gebärpositionen zu demonstrieren.

Ja. Man könnte durchaus behaupten, dass ich in meiner Rolle als Aushilfshebamme aufging. Ich war aber nicht die Einzige. Es war faszinierend, wie nahezu alle Mütter jeden Alters begeistert in meinen Choral des Wahnsinns über Geburten einfielen, energisch nickten oder ihre Gesichter mitfühlend in den Händen vergruben. Kein Ratschlag war zu absurd, um ihn Luise nicht zu erteilen, und bei jedem zweiten Satz hätte ich niemals gedacht, dass ich ihn einmal sagen würde. Eine Auswahl:

»Zum Schleimpfropflösen kannst du ein Heublumendampfbad in einer Schüssel machen. Aber sei vorsichtig, damit hab ich mir enorm den Arsch verbrüht.«

»Du musst versuchen, mit deiner Beckenbodenmuskulatur Murmeln aufzusammeln oder Gras von einer Wiese zu zupfen. Das trainiert.«

»Nein, du verlierst kein Fruchtwasser, wenn du hustest. Du machst dir bloß in die Hose. Das wird nach der Geburt noch schlimmer. Trampolinspringen kannst du vermutlich für immer vergessen.«

»Du hast einen Ganzkörperspiegel im Bad? Sei gewarnt! Nach dem Milcheinschuss siehst du oberhalb aus wie Dolly Buster mit Pandaaugen und fettigen Haaren, unterhalb wie eine Beutelratte mit matratzengroßen Damenbinden.«

»Nö. Der Sex ist noch voll super. Wieso fragst du jetzt bloß danach?«

Wir Mütter waren ein schonungslos ehrliches, dafür aber halbwissendes Improvisationstheater mit Ein-Personen-Publikum. Luise jedoch blieb bis zum Schluss ratlos, wie ihre Geburt verlaufen würde, und wir schlossen unsere Auftritte stets mit den Worten ab: »Geburt kann man eben nicht beschreiben. Warte ab und glaub deiner richtigen Hebamme.«

Wochen später war es dann so weit. Um fünf Uhr morgens weckte mich mein WhatsApp-Alarmton in einem Hamburger Hotelzimmer. Es war Luise: »Nina. Ich bin jetzt in der Klinik. Die Fruchtblase ist um Mitternacht geplatzt. Das Sofa ist schwerst ruiniert. Die Hebamme hier ist sehr nett. Mir ist sehr langweilig. Komm schnell her.«

Mit klopfendem Herzen fuhr ich der aufgehenden Sonne über der Kieler Förde entgegen und hörte »Hey Baby« von Anton aus Tirol in Endlosschleife. Auf dem Weg durch die Kieler Klinikgänge jubelte ich dem Kind entgegen, das in den nächsten Stunden auf die Welt kommen sollte. Ich würde Zeuge eines Urgeschehens werden und es dieses Mal sogar genießen können. Völlig ohne Eigenschmerz. YES!

Luise begrüßte mich mittlerweile extrem übellaunig, verkabelt an einem Wehenschreiber und mit einem Maßkrug auf dem dicken Bauch im schummrigen Wehenzimmer. »Ich hole zehn Sterne für das Team«, verkündete sie heroisch und stellte jeden Dschungelcamp-Bewohner der letzten fünf Jahre in den Schatten, als sie sich den gelblichen Wehen-Cocktail aus Rizinusöl, Aprikosensaft und geheimen Hebammen-Kräuterhexen-Zutaten in einem Zug hinter die Binde kippte. Ich vertrieb ihr die Zeit mit dummen Witzchen, und als sie ein leichtes Unwohlsein im Rücken verspürte, wollte sie wissen, ob »diese Wehen noch schlimmer werden würden«. Ich log nicht. Sie hasste mich dafür etwas.

Jede Wehe war Geschenk und Folter zugleich. Ich war begeisterte Zeugin eines Vorgangs, der seit Anbeginn der menschlichen Fortpflanzung vollkommen unverändert geblieben ist. Lady Gaga würde die gleichen Wehen haben wie Hillary Clinton, Daniela Katzenberger oder Sissi. Das nenn ich mal gerecht verteilte Scheiße. Ich philosophierte ausschweifend von Ötzis mutmaßlicher Geburt im Ötztal vor 5000 Jahren bis hin zur Geburt von Luises Enkelkindern und endete mit: »Man sollte sich für die eigene Persönlichkeitsentwicklung viel öfter an dem beständigen Charakter von Wehen orientieren, findest du nicht auch? Luise?«

Luise zeigte sich in höchstem Maße undankbar für meinen begeisterten Vortrag und drohte mir mit Rausschmiss, wenn ich nicht endlich die Schnauze halten würde. Ich verstummte beschämt und tönte die nächste Stunde brav gemeinsam mit ihr alle zwei Minuten wunderschöne Aaahhs und Ooohhs, während das Baby unangenehm auf Luises Steißbein rumlag. Luises Mann leistete die ihm obliegende Schwerstarbeit und hielt mit aller ihm zur Verfügung stehenden Kraft dem Händedruck seiner Frau stand.

Als das Köpfchen endlich sichtbar wurde, kniete ich neben

meiner Freundin im Bett. Die Hebamme im Kreißsaal hatte uns alle im Griff. Luises rechtes Bein eingehakt in meinem rechten Unterarm, meine linke Hand festgeklammert in ihrer rechten. Sylvester Stallone in *Cliffhanger* war ein schwacher Witz gegen mich. Meine seitliche Bauchmuskulatur erlebte ihr persönliches Waterloo. Ich presste jede Wehe mit und weinte ohne Unterlass vor Mitleid, Glück und Stolz auf meine so tapfere und unendlich starke Freundin, die nun eine Mama wurde. Als Luises Tochter ihren ersten quakenden Ton von sich gab, war ich davon überzeugt, dass ich noch nie an einem Ort so viel Sinn gemacht habe, wie in diesen Stunden, an der Seite meiner Freundin.

Im nächsten Leben werde ich Hebamme, ich schwör's.

Scheiß auf Robe und Diktiergerät.

Das wäre ohnehin dringend notwendig, denn schon in ein paar Jahren werden die jungen Frauen in Deutschland vermutlich verstärkt auf solche Flachpfeifen wie mich angewiesen sein, wenn sie halbwegs vorbereitet ein Kind zur Welt bringen wollen und ein vertrautes Gesicht im Kreißsaal bei sich haben wollen.

Seit über drei Jahren kämpfen Tausende Frauen und Männer gegen die faktische Abschaffung der Hebammen, die Schließung der Kreißsäle und der Geburtshäuser in ihrer Nähe. Selten waren sich Jung und Alt so einig. Generationsübergreifend gingen die Menschen auf die Straßen. Die Medien berichteten, erklärten und prangerten an. Ich habe alle Klagemöglichkeiten geprüft und bin gescheitert. Ich habe Plakatkampagnen des Hebammenverbands unterstützt und in einem Kinofilm gewettert und getobt. Selten war ein Thema näher an den Menschen dran. Jeder, der ein Kind hat, weiß aus eigener Erfahrung, wie wichtig Hebammen sind, und hält sie für unverzichtbar. Ich sagte es auch schon mehrmals, man kann es nicht oft genug sagen. Die Masse war in Aufruhr, doch nichts besserte sich. Das Meiste verschlimmerte sich sogar noch.

Darum frage ich mich bis zum heutigen Tag: Habt ihr, die ihr zukunftsgerechte Entscheidungen an den Schaltstellen in Politik und Wirtschaft fällen könnt, eigentlich den Verstand verloren? Wenn junge Frauen kaum noch Hebammen zur Vor- und Nachsorge ihres pflegebedürftigen Körpers finden können und an den Türen der Kreißsäle abgewiesen werden, weil die dortigen Öffnungszeiten nicht zur Öffnungszeit der Fruchtblase passen, dann lässt das für meine Generation nur einen Schluss zu: Kinder sind nicht interessant genug. Frauen sind nicht interessant genug. Familien sind nicht interessant genug.

Elterngeld? ElterngeldPlus? Elternteilzeit? Kita-Ausbau? Die nach außen wahrnehmbare Familienpolitik wird dominiert von der Arbeitsmarktpolitik. »Wie ermöglichen wir es, dass Eltern arbeiten gehen?« – das ist der Grundtenor. Dabei wird die Frage, die am Anfang stehen sollte und müsste, irgendwie ausgelassen: »Wie ermöglichen wir es, dass arbeitende Menschen Eltern werden können?« Wer Familienpolitik beim Wort nimmt, muss die Frauen erst mal Mütter und die Paare erst mal Eltern werden lassen.

1991 gab es fast 1200 Kreißsäle, heute sind es nur noch knapp 700. Das sind 40 Prozent weniger. Und es geht immer schneller. Seit 2014 schließt mindestens jeden Monat ein Kreißsaal. Einunddreißig waren es allein 2015. Auf Nachfrage wird rechtfertigend gerne der Geburtenrückgang angeführt und der Ball galant an meine Generation zurückgespielt. Die Geburtenzahlen sanken aber nur um 12 Prozent in diesem Zeitraum. Da bleibt nur die allgegenwärtige Generalkeule der »Kostengründe«. Als wäre das ein Argument in einem Bereich, der für meine Generation im Alter ein extremes Kostenloch verursachen wird, wenn wir ihn nicht in den Griff kriegen.

In den sozialen Netzwerken wurde 2016 ein Artikel über

eine Sylter Schwangere unzählige Male geteilt. Sie hatte ihr Kind zwischen Westerland und Niebüll in einem Rettungswagen zur Welt gebracht, der auf einem Autozug des Sylt-Shuttles stand. Das Traumschiff mal anders. Auf der nordfriesischen Insel gibt es nämlich keinen Kreißsaal mehr. In Niebüll, wo die Autos verladen werden, neuerdings auch nicht mehr, aber das war für die werdende Mutter ja auch schon egal, denn das Baby war schon da. Dass diese Geschichte ein generelles Problem und nicht eine lustige Story darstellt, erkannten die Verantwortlichen auch und fanden eine ganz tolle Lösung, um fehlende Kreißsäle zu ersetzen: Zwei Wochen vor der Geburt sollen die Frauen, die keinen Kreißsaal mehr in der Nähe haben, in eine Schwangeren-WG einziehen, um dort auf die Geburt zu warten. Ältere Kinder bleiben bei Papa zu Hause, der dafür vermutlich die Berufstätigkeit einstellt. Oder so. Die werdende Mutter lebt dann in einer Art Flüchtlingsheim mit vollkommen fremden Menschen zusammen, die sich alle in einem hormonellen Ausnahmezustand befinden und nichts mehr brauchen, als die vertraute Nähe ihrer Familien, an deren Ausbau sie gerade maßgeblich arbeiten.

Da ist man gerade aus seiner Studenten-WG raus und – schwupps – sitzt man wieder mittendrin in blassgelbgetünchten Räumen mit deutlich mehr Mitbewohnern, die auch noch nachts elf Mal Pipi machen und dazwischen Sitzbäder zum Schleimpfropflösen.

Das ist leider kein Scherz. Schwangeren-Boardinghäuser gibt es bereits und sind eine krankenkassenfinanzierte, ernstgemeinte Maßnahme, statt einen Kreißsaal zu erhalten. Ich habe selten etwas gehört, was so viel Geringschätzung, Arroganz und Ignoranz vermittelt, wie eine Schwangeren-Auffangstation als »Lösungsweg« umzusetzen. Hier zeigt man den jungen Menschen den Mittelfinger der Gesundheitspolitik in beeindruckender Deutlichkeit. Junge Frauen sind ein tragender Bestandteil unseres Gesundheitssystems, für das sie jeden Monat sieben Prozent ihres Gehalts aufwenden und der Arbeitgeber weitere sieben Prozent. Sobald sie aber das Gesundheitssystem brauchen, ohne krank zu sein, sondern um es für die Zukunft aufrechtzuerhalten, rechnet man ihnen vor, dass sie zu teuer für alle anderen sind. Derzeit nimmt man uns step-by-step die Quelle, die uns in Zukunft finanziert. Aus Kostengründen. Das ist absurd und ein politischer Affront.

Die Lage ist nicht so prekär? Früher ging es auch? Die jungen Mädchen heute wissen gar nicht, was man ihnen da selbstgerecht unterm Arsch wegzieht. Das merken sie naturgemäß erst, wenn sie schwanger sind.

In Göttingen annoncieren Schwangere in den Tageszeitungen unter »Vermischtes«: »Ich bin in der 5. Woche schwanger und finde keine Hebamme für meinen Geburtstermin im Herbst. Wer hat noch Kapazitäten?« Vor zehn Jahren war eine Schwangere früh dran, wenn sie sich in der dreißigsten Schwangerschaftswoche bei einer Hebamme vorstellte. Heute sind die Mütter bereits spät dran, wenn auf dem Ultraschallbild allenfalls ein Gummibärchen im Schneegestöber zu erkennen ist.

Es kommt sogar vor, dass junge Frauen bei meiner Hebammen-Schwägerin anrufen und noch nicht einmal schwanger sind. Die Frauen haben aber gerade einen Eisprung und einen Mann mit Erektion im Schlafzimmer liegen, ready-to-become-a-Dad. Sie sind voller Sorge, nach einer erfolgreichen Paarung in neun Monaten mit dieser Urangst um das Wohlergehen des eigenen Kindes alleine gelassen zu werden und klären das rechtzeitig ab. *»Haha, wie lustig! So peinlich diese Kontrolletti-Panik-Generation.«* Nein, das ist ganz und gar nicht lustig, denn es zeigt, wie junge Frauen mittlerweile ihre eigene Wichtigkeit und die von ihren Babys einordnen.

Wenn man die angerufenen Hebammen dazu befragt, lachen die übrigens über den erigierten Mann im Schlafzimmer, aber nicht wirklich über den Zeitplan der jungen Mutter in spe. Denn sollte sie tatsächlich in dieser Nacht schwanger werden, muss sie sich acht Wochen später bereits um eine Hebamme gekümmert haben, sonst ist sie viel zu spät dran.

Die freiberuflichen Hebammen, die »Beleghebammen«, sterben nämlich aus. Sie sind der Dreh- und Angelpunkt der Diskussion der letzten Jahre. Sie betreuen die Schwangere vor der Geburt, kommen mit in den Kreißsaal, wo sie die Geburt leiten, und übernehmen danach die Wochenbettbetreuung bei der jungen Mutter zu Hause. Und das ist für die Krankenkassen um ein Vielfaches günstiger als Mütter, die noch tagelang in der Klinik bleiben. Die Beleghebammen können sich aber ihren Beruf nicht mehr leisten.

Die Berufshaftpflichtversicherung dieser Hebammen, ohne die sie nämlich keine Geburtshilfe machen darf, steigt seit zehn Jahren unaufhörlich von ein paar hundert Euro auf seit dem 1. Januar 2017 nun jährlich wahnsinnige 6842 Euro. Ohne eine Berufshaftpflichtversicherung darf sie nicht mal ein Baby anfassen. So wie ich ohne so eine Versicherung auch keinen Rechtsrat erteilen darf. Falls wir Anwälte mal einen Fehler machen, sollen unsere Mandanten nicht dem Risiko ausgesetzt sein, dass wir ihn nicht bezahlen können und sie auf dem Schaden sitzen bleiben, den wir durch einen Fehler angerichtet haben. Ein gutes Prinzip, das ein jeder aus der Kfz-Haftpflichtbranche kennt. Der jährliche Versicherungsbeitrag für Hebammen stieg jedoch in den letzten Jahren um mehrere tausend Euro, ohne dass sich der Verdienst angepasst hätte. Zwar erhalten freiberufliche Hebammen mittlerweile Zuschüsse, aber auch im besten Fall bleiben sie auf knapp 2000 Euro pro Jahr sitzen. Zum Vergleich eignet sich meine anwaltliche Berufshaftpflichtprämie. Die kostet mich um die 1400 Euro im Jahr, und ich bin für Schäden bis zu zwei Millionen Euro versichert. Nach der geltenden Gebührenordnung für Rechtsanwälte kann ich 190 Euro plus Mehrwertsteuer für eine Erstberatung abrechnen, die Hebamme kann nach ihrer Gebührenordnung mit der Krankenkasse 30 Euro für einen mehrstündigen Wochenbettbesuch in Rechnung stellen. So viel dazu.

Freiberufliche Hebammen geben auf, dabei werden sie nicht nur von den jungen Frauen, sondern auch von den Kliniken dringend benötigt. Nicht weil sie fachlich besser sind als die angestellten Hebammen, sondern weil sie für die Kliniken viel billiger sind. Diese »Beleghebammen« betreuen einen ganzen Kreißsaal, entlasten erheblich fest angestellte Teams und sind daher wertvolle Arbeitskräfte. Jedoch muss das Krankenhaus für sie keine Arbeitgeberanteile zur Sozialversicherung bezahlen und die hohe Berufshaftpflichtversicherung eben auch nicht. Viele freie Hebammen haben wegen der hohen Eigenkosten aber die klinische Geburtsbegleitung eingestellt und verzichten somit auf das Kernstück und die Seele ihres Berufs: gebären helfen. Sie fehlen den Frauen und den Kliniken.

Die Folge ist so vorprogrammiert wie fatal: Die Kreißsäle machen aus Kostengründen zu oder verteilen die Arbeit von immer mehr Schwangeren aus der weiten Umgebung auf immer weniger Personal. Die wenigen fest angestellten Hebammen rennen zwischen drei Kreißsälen hin und her. Eine fachgerechte und konzentrierte Geburtshilfe ist auf diese Weise nicht möglich, und dann passiert leicht und menschlich nachvollziehbar das, was jeder von den eigenen Hausaufgaben in der Schule kennt: Fehler. Diese Fehler ziehen aber keinen Eintrag ins Klassenbuch nach sich, sondern Todesfälle oder lebenslange Behinderungen von Mutter und Kind.

Hebammen- oder Ärztefehler sind teuer für die Versicherer. Und das, so argumentieren die Versicherer, hätte in den letzten Jahren zu diesem massiven Anstieg der Prämien geführt, die zum Aussterben der Beleghebammen führen. So entsteht in den Kliniken ein Engpass, der nicht an sinkenden Geburtenzahlen liegt. Die Verantwortlichen beschließen, einen Kreißsaal zuzumachen, und begründen es damit, die »erforderliche Qualität nicht mehr gewährleisten zu können«.

Das hört sich doch verantwortungsvoll an, oder? Es klingt so schön nach Schutz und schlechtem Gewissen. Ist es aber nicht, es ist das Gegenteil. Tatsächlich müsste es heißen: »Es ist uns zu unwirtschaftlich, die erforderliche Qualität zu gewährleisten.« Zieht doch in ein Boardinghaus, Mädels. Klassischer biss sich noch nie eine Katze in den Schwanz.

Will und muss man konstant auf einem angemessenen Niveau arbeiten, kann man nicht nebenbei noch etwas anderes erledigen. Das geht schief und zulasten der Qualität. Das gilt für alle Berufsgruppen. Eine Richterin des Landgerichts Frankfurt wurde 2015 als »befangen« abgelehnt, weil sie während der Strafverhandlung auf ihr Handy geschaut hatte, um eine Kinderbetreuung zu organisieren. Die Befangenheit eines Richters gilt als Verfahrensfehler, so dass der BGH das Urteil der Richterin gegen zwei Angeklagte, die zu einer mehrjährigen Haftstrafe wegen gefährlicher Körperverletzung verurteilt waren, aufhob. Der Bundesgerichtshof begründete seine Entscheidung damit, dass die Richterin der Hauptverhandlung nicht ihre volle Aufmerksamkeit gewidmet habe. Ein solcher »Flüchtigkeitsfehler« der Richterin, so nachvollziehbar er auch sein mag, führte nach Ansicht des BGH konsequent und juristisch einwandfrei zur »Reversibilität« eines Urteils. Wir haben das Recht, dass diejenigen, die über uns richten, uns gefälligst ihre vollste Aufmerksamkeit widmen. Vollkommen richtig.

Doch ich bitte darum, dass dieses völlig nachvollziehbare Prinzip auch für Situationen in meinem Leben gilt, in denen ich in Folge von Geschlechtsverkehr ein neues menschliches Leben von der Größe einer Wassermelone durch eine Öffnung so groß wie eine Zitrone presse und dabei kurzfristig fest daran glaube, den Verstand zu verlieren. Vor Schmerzen und manchmal auch vor Angst. Ich möchte, dass dann jemand an meiner Seite ist, der mir seine volle Aufmerksamkeit widmen kann und mir hilft, meine Schmerzen, meine Angst und meine Verzweiflung in Mut und Kraft umzuwandeln, damit ich ein starkes und gesundes Kind auf diese Welt bringen kann. Das ist genauso wenig zu viel verlangt, wie die ungeteilte Aufmerksamkeit von jemandem, der mich zwei Jahre einsperren kann. Das ist common sense.

Wo ist aber die Alternative, wenn eine Schwangere nicht damit rechnen darf, in einem Krankenhaus angemessen betreut zu werden? Oder wenn es im Umkreis von hundert Kilometern gar keinen Kreißsaal mehr gibt? Dann bleibt ja noch das Geburtshaus oder die Geburt zu Hause. Leider sind diese sehr unpopulär und nicht gerne gesehen. Geburten außerhalb einer Klinik muss ein europäischer Mitgliedsstaat finanziell nicht einmal durch Krankenkassenleistungen unterstützen, so urteilte jedenfalls der Europäische Gerichtshof (EuGH) in einem, wie ich finde, signalgebenden Urteil 2016. Ein Signal, das, zumindest medial, in die falsche Richtung geht.

Wo eine Geburt stattfindet, hat nicht Sache des Staates und seiner Kosten-Nutzen-Rechnung zu sein, sondern ist allein eine berechtigte und schützenswerte Entscheidung der Mutter. Und geht es um einen Geburtsort außerhalb eines hochtechnisierten Kreißsaals oder gar um eine Geburt zu Hause, tritt auch ein bemerkenswertes Phänomen auf: Nahezu jeder hat dazu eine Meinung bei gleichzeitig sehr wenig eigener Erfahrung. Manche bezeichnen die freie Wahl des Geburtsorts sogar als »Luxus für Öko-Tanten, den solche Frauen eben selbst bezahlen müssen«.

Wenn eine Frau dort ein Kind bekommt, wo es sich für sie am besten anfühlt, dann ist das genauso wenig ein Egotrip, ein

Luxus-Chi-Chi oder ein Ökotanten-Gedöns wie das Bedürfnis eines alten Menschen, seine letzten Stunden auf dieser Erde in seinem bekannten Umfeld zu verbringen.

Bei einem Sterbenden, der im Zweifel ebenfalls medizinische Betreuung benötigt, ist die Wertschätzung für das Leben selbstverständlich. Voller Empathie unterstützen wir gesellschaftlich die Bestrebungen, eine Pflege oder ein Sterben zu Hause zu ermöglichen. Die Vorstellung, in diesem Moment alleingelassen oder anonym in einer Klinik zu sein, behagt uns nicht. Die Palliativteams kommen nach Hause. Ein Arzt ist vor Ort in den letzten Stunden. Wenn dann doch etwas Unerwartetes passiert und alles aus dem Ruder läuft, steht ein Krankenwagen bereit, der den sterbenden Menschen in eine Klinik fährt. Zumindest aber haben es alle versucht. Ich habe es erlebt. Warum ist diese Wertschätzung für einen Menschen am Ende seines Lebens so nachvollziehbar, während es am Anfang des Lebens ein Egotrip ist? Eine Hausgeburt ist nicht einmal teurer, sondern sogar billiger als eine Klinikgeburt.

30 Prozent aller Niederländerinnen bekommen ihre Kinder im Übrigen zu Hause. Die Komplikationsrate dort ist nicht höher als bei uns, in einem Land der Klinikgeburten. In den kritischen Stunden wartet ein holländischer Rettungswagen vor der Tür, der Mutter und Kind zu einem nahegelegenen Klinikum bringt, wenn die Geburt nicht so läuft, wie sie soll. Wir in Deutschland machen derzeit die nahegelegenen Kreißsäle Schritt für Schritt aus Kostengründen dicht und erklären dann einfach die Hausgeburt oder das Geburtshaus für »zu unsicher«. Und schrauben mit diesem Argument die Versicherungsprämien nach oben. Man sieht an den Niederländerinnen, dass es nicht die Hausgeburt ist, die ein Risiko für eine Schwangere oder ihr Kind darstellt, sondern der lange Weg in die Klinik. Den wir provozieren. Da ist sie wieder, die niedliche kleine Katze, die sich immer schneller dreht, damit sie sich in den Schwanz beißen kann.

Meine Freundin Luise gehört zu einer aussterbenden Spezies. Sie hatte noch eine Hebamme, die sich vor und während der Geburt um sie und um ihr Baby kümmerte. Auch nach der Geburt war sie da und federte diese bis dahin unbekannte Urangst ab: die immerwährende Sorge um das Wohlergehen des eigenen Kindes. Hebammen und ihre Arbeit sind kein Luxus der »Generation Freizeitausgleich«, Hebammen üben den ältesten Beruf der Welt aus. Wir haben ein Recht auf Hebammenbetreuung nach dem Sozialgesetzbuch. Das können wir aber in der Pfeife rauchen, wenn es keine Hebammen mehr gibt, um unser Recht auch zu nutzen. Noch haben wir eine freie Wahl des Geburtsortes, und bislang wird der noch von Kassen bezahlt, trotz EuGH und seinem Signalurteil. Aber auch das ist reine Dekoration, wenn die Geburtshäuser schließen und Hebammen oder Ärzte eine Hausgeburt nicht anbieten können, weil die Versicherung dafür nicht bezahlbar ist.

Allein die Vorstellung, mit öffentlichen Verkehrsmitteln drei Tage nach einer Entbindung für die Nachsorge durch Berlin, Hamburg oder Frankfurt zu fahren, weil keine Hebamme für die Wochenbettbetreuung zu Hause zu finden war, ist für ein Land wie unseres, dem es wirtschaftlich zudem so gut ging wie selten, kaum auszuhalten. Die Frauen in Nigeria machen das auch? Wir sind aber nicht in Nigeria. Und auch nicht in den USA, mit seinem »Zahle deine Ärzterechnungen aus eigener Tasche-System« ohne staatliche Gesundheitsfürsorge. Wir haben einen Generationenvertrag und ein Sicherheit spendendes Sozialsystem, das von den Kindern gefüttert wird, die wir vollkommen ungerührt im Zug zwischen Sylt und Niebüll auf die Welt kommen lassen.

Wundern sich wirklich alle aufrichtig, warum sich Frauen gegen Kinder entscheiden? Trotz swimmingpoolartiger Gebärwannen in hochmodernen Kreißsälen, Familienzimmer mit Doppelbett und Stillkissen für die erste Nacht? Das braucht kein Mensch. Eine Geburt braucht Zeit und Fürsorge, und eine junge Mutter braucht Pflege, Rat, Beistand und eine Menge Mut. Sie braucht kein Origami-Faltbett, keine Mondstein-Wasser-Brunnentränke und auch keine gewachsten Schaukelseile an der Kreißsaaldecke wie im Affenhaus.

Welches Signal senden wir jungen Paaren, wenn wir Hebammen, Kreißsäle, Geburtshäuser und Hausgeburten ungerührt und arrogant aussterben lassen und nebenbei in Berlin den dritten Flughafen bauen, einen unterirdischen Bahnhof in Stuttgart oder eine Philharmonie in Hamburg? Kreißsäle auf Sylt oder der Nachbarinsel Föhr mögen im Einzelfall tatsächlich »unwirtschaftlich« sein. Die Versicherung der Hebammen mag meinetwegen ebenfalls ein Minusgeschäft für die Versicherer sein. Aber das nehmen wir in anderen Bereichen des Lebens auch hin, wenn der Zweck sinnvoll erscheint. Die Philharmonie ist Kulturpflege einer Nation der Dichter und Denker, der Bahnhof in Stuttgart ist eine Investition für notwendige Infrastruktur, und das Milliardenchaos bei einem Bauwerk in Berlin ist fast schon preußische Tradition. Das hat alles seine wirtschaftliche oder kulturelle Berechtigung, je nach persönlichem Gusto. Was sind denn Geburten? Dekoration? Luxus? Es sieht ganz danach aus.

Eine Geburt ist kein Selbstfindungstrip oder eine Zumutung für das System, sondern seit Jahrtausenden die einzige Konstante menschlichen Lebens. Na gut, neben Liebe und Sex. Vermutlich hängt deswegen auch alles miteinander zusammen.

Die Vorstellung von einer Geburt und wo sie stattfinden sollte und unter welchen Bedingungen, entwickelt sich immer weiter weg vom gewollten Wahnsinn der Natur. Nach einer Geburt sollte man sich fühlen wie eine Superheldin und nicht wie eine knapp dem Tode entronnene Seekuh, die von der *Rainbow Warrior* gerade noch rechtzeitig in eine Greenpeace-Rettungsstation geschleppt werden konnte. So wie die Frauen auf der Ostseeinsel Fehmarn. Da gibt es auch keinen Kreißsaal mehr. Drei Fahrspuren auf der Autobahn A1 wurden für eine halbe Stunde gesperrt, weil das Baby schneller war, als der Rettungswagen für die neunzigminütige Fahrtstrecke zur nächsten Klinik gebraucht hätte. Gebären auf dem Standstreifen oder auf dem Rastplatz. Ungeil.

Die Verantwortlichen haben sich an einen Tisch gesetzt und dafür folgende Lösung erarbeitet: In Ostholsteins Norden wird eine Schwangere jetzt mit »Christoph 42« in die Eutiner Klinik gebracht, wenn die Wehen nachts einsetzen. Christoph ist leider nicht der Kindsvater, sondern ein »Hubschrauber-Fluggerät vom Typ BK 117, eine Gemeinschaftsproduktion von Messerschmitt-Bölkow-Blohm und Kawasaki«. Mit diesen jede werdende Mutter restlos beeindruckenden technischen Details loben die *Lübecker Nachrichten* das neue Sicherheitskonzept. Klingt doch nach einer Maßnahme, in der sich ein Lawinenopfer, äh, eine wehende Mutter supergut aufgehoben fühlt, oder etwa nicht?

»Schauen Sie mal links raus, Frau Wagner! Da unten paaren sich die Seehunde am Strand. Ist das nicht putzig mit anzusehen? Die lassen sich nicht mal von unserem Kawasaki-Motor stören! Wieso schreien Sie denn so, Frau Wagner?«

Als Frau mit reduzierter Abenteuerlust würde ich meinen Kinderwunsch in Ostholstein heute deutlich überdenken. Im Boardinghaus ist sicher genug Zeit dazu.

Wenn es um die Pflege von Schwangeren geht, scheint keine »Lösung« absurd genug zu sein, um sie nicht als eine solche zu präsentieren. Ein Ort, an dem eine Frau sicher ein Kind gebären kann, scheint uns zu überfordern. Ich hätte diese Problematik eher nach Nigeria oder Syrien verordnet, nicht nach Föhr, Fehmarn oder Sylt.

Ich erwarte eine tatsächliche Lösung.

Dieser Zustand ist nicht hinnehmbar.

Ich erwarte eine Lösung von der Politik, den Versicherern,

den Hebammenverbänden, ich erwarte eine bessere Zusammenarbeit von Ärzten, Hebammen und kommunalen Vertretern, Einigungen und weniger Lobbyismus. Ich erwarte Engagement, Respekt und Demut. Ich möchte eine Geburt, wie sie sein soll, wie sie schon immer war – und nicht, wie sie am wirtschaftlichsten ist. Wirtschaftlichkeit können wir uns hierbei einfach nicht leisten. Es ist keine Klage auf hohem Niveau, es ist die Basis. Diese Debatte ist eine der wenigen, die man niemals »satt« haben sollte, sie ist weder kreisch-feministisch noch ist sie emanzig noch betrifft sie eine Minderheit. Geburten sind das Grundsätzlichste, was wir in einer Gesellschaft zu bieten haben.

Geburten und wie und wo sie stattfinden, sind kein Thema, das »heute mal an der Tagesordnung« sein sollte und morgen von einem VW-Diesel-Skandal oder dem Eurovision Song Contest abgelöst werden darf, denn wir leben in einem Sozialsystem, das ohne Kinder zusammenbricht. Es geht um die Wiege unserer Gesellschaft, in der wir leben wollen.

Selten war sich Deutschland bei der Hebammen-Problematik so einig und selten eine Lösung so fern. Es ist möglich, die Privatwirtschaft gesetzlich dazu zu zwingen, die Versicherungen zu Bedingungen anzubieten, die sich Hebammen und Kliniken leisten können. Es ist möglich, Hebammen so zu bezahlen, dass sie sich höhere Versicherungsbeiträge leisten können, und es ist möglich, private Kliniken zu verpflichten, Geburtshilfe anzubieten und qualitativ abzusichern. Wenn »Christoph 42« und Boardinghäuser denkbar sind, erst recht.

Läuft aber alles so weiter wie bisher, müssen wir uns um die Vereinbarkeit von Familie und Beruf nicht mehr kümmern, und ich muss keine Mütter mehr durch ihre Elternteilzeit klagen. Dann kann ich endlich Hebamme werden.

Rechtsanwältinnen in Kreißsälen sind keine Alternative. Fragt Luise.

LÜGEN LERNEN

»Frau S., wie sieht es denn mit Ihrem Kinderwunsch aus?«
»Mein Kinderwunsch war es, Ballerina zu werden.
Aber Ihre Firma ist auch ganz toll!«

Gefühlt ist es ja meistens so, dass man genau an dem Tag, an dem Sommer in Deutschland war, arbeiten musste. Der Eiswagenverkäufer hier im Norden legt den Begriff »Sommer« daher eher weiter aus und fährt neuerdings entnervende zweimal am Tag in den großen Ferien bimmelnd unsere Straße entlang. Ich habe den Kindern erzählt, dass die Musik aus dem Auto leider nur eins bedeuten kann: Das Eis ist ausverkauft. Sie glauben außerdem fest daran, dass sie schrumpfen werden, wenn sie zu lange in der Badewanne bleiben, ein Glas Wasser durchsichtiger Saft ist, und die Wichtel, die in der Adventszeit die Kinder beobachten, bescheren uns relativ streitfreie Keksback-Nachmittage bei der Weihnachtsbäckerei.

Diese wahrheitsoptimierenden Strategien habe ich von meinen Eltern ausgeliehen, die sich ebenfalls hinter hanebüchenen Theorien versteckten, um ihre Erziehungsziele zu erreichen. Sie sagten mir, der Fernseher funktioniere nur, wenn es regnet, und ich habe mich bis heute nicht getraut zu testen, ob sich das Badewasser in Schwimmbädern wirklich lila verfärbt, wenn man da reinpinkelt. Reinhold, der Vater meiner Freundin Johanna und seines Zeichens König aller Flunkergeschichten, weitete die Kunst der Kinderverarsche seinerzeit auf Bremshügel im Straßenverkehr aus, die dazu da seien, blinden Menschen das Autofahren zu erleichtern. Zudem veranlasste er, dass wir uns bei Gewitter ans Fenster stellten, damit Gott bei jedem Blitz ein Foto von uns machen kann, und bis heute unterdrücke ich den antrainierten Impuls, laut »Simsalabim!« zu rufen, damit sich eine Automatiktür vor mir öffnet. Johannas Kinder verzweifeln dementsprechend am Verlust ihrer Zauberkräfte, wenn die Autofenster nach einem energischen »Hex-Hex« immer noch nicht runtergehen, obwohl das in Opa Reinholds Auto immer voll gut funktioniert.

Infame Lügengeschichten eignen sich bestens, um liebevolle und notwendige Maßnahmen der Kindererziehung durchzusetzen. Viele Eltern kennen das. Die meisten geben es sogar zu. Die Schnuller meiner dauernuckelnden Tochter habe ich mithilfe eines Komplizen und ihrem rührenden Einverständnis mit der Post an arme Babys in Afrika geschickt. Ich wollte unsere bereits sehr überbissige Tochter davor bewahren, als Teenager eine demütigende Ganzkörperzahnspange tragen zu müssen. So wie ich fast die gesamten Neunzigerjahre. Und dass der Po sofort verklebt, wenn man Kaugummi runterschluckt, weiß ja eh jeder, sagt meine Freundin Leonie. Die Eltern meiner Anwaltskollegin Arzu konnten ihre Tochter phasenweise nur durch die Behauptung, man würde im Winter nur dann nicht frieren, wenn man im Sommer sehr oft in die Sonne geht, dazu bewegen, ihr Kinderzimmer zeitweise zu verlassen. Das merke ich mir. Allerdings renne ich dann, ganz Mutter 2017, panisch mit einer Tube Sonnencreme mit Lichtschutzfaktor 100 hinter ihnen her, damit sie wegen der erbarmungslosen schleswig-holsteinischen Sonnenstrahlen nicht sofort zu einem Häufchen Asche verglühen.

Ich gebe zu, es pädagogisch etwas übertrieben zu haben, als unser damals dreijähriger Sohn in unbeobachteten Momenten sofort verschwand. Das Ganze gipfelte in einer hoch emotionalen Szene, als ich ihn, hochschwanger, in einem Freilichtmuseum nach dreißig Minuten hysterischem Rufen im

Wildschweingehege wiederfand. An jenem Abend schauten wir uns auf dem Sofa *Bambi* auf DVD an. *»Jaaaa, schau gut hin, mein Sohn! DAS kann passieren, wenn man von der Mama wegläuft!«* Ich bin nicht stolz darauf, aber seitdem weicht er mir in Forstgebieten nicht mehr von der Seite und beschützt mich vor Wilderern. Vermutlich habe ich ihm das Leben gerettet.

Nachdem sich meine Freundin Sarah übrigens mit ihrem Sohn hoffnungslos im Münsterland verfranst hatte und mit dem Auto ebenfalls in einem Wildschweingehege strandete, erzählte sie ihrem Sohn, das Auto würde explodieren, wenn er nochmal den Reset-Knopf des Autonavigationssystems drückt. Seitdem hat sie ein unfassbar schlechtes Gewissen, wenn sie das Gerät bedient und ihr Kind sich sicherheitshalber die Ohren zuhält. Er lässt sich nicht mehr vom Gegenteil überzeugen. Ein klassisches »Eltern-Fail«, wie wir es alle kennen. Wer ohne Sünde ist, der werfe den ersten Stein. Ich halte mich da jedenfalls zurück, ich konnte schon bei den Bundesjugendspielen die Bälle nur rückwärts werfen.

Haben Eltern das Recht, ihre Kinder zu belügen? Das muss jeder für sich entscheiden, und nichts ist schlimmer als die Elternkriege darüber, ob das nun lustig ist und der Zweck die Mittel heiligt, oder ob ein Kind für immer den Glauben an das Gute im Menschen verliert, wenn man ihm vom Weihnachtsmann erzählt. Themen wie diese sind mindestens so gut geeignet wie vegane Ernährung in Kindergärten oder Süßigkeiten in der Pausenbrotbox, wenn man meine Generation Eltern mal so richtig auf einem Elternabend in Fahrt bringen möchte.

Den Glauben an das Gute im Menschen oder an sich selbst verlieren Töchter aber nicht, weil Papa ihnen einst gesagt hat, dass eine Babykatze stirbt, wenn man sich nicht anschnallt. Sie verzweifeln erst fünfundzwanzig Jahre später, wenn sie nach der zweiunddreißigsten Bewerbung noch immer keinen Job haben. Die Erkenntnis, dass Kinder oder die Möglichkeit, welche zu bekommen, der Grund sein könnten, warum der Berufseinstieg oder Wiedereinstieg so schwer sind, schmerzt deutlich mehr als der Tag, an dem man rausfand, dass der Weihnachtsmann in Wahrheit Onkel Hubert und der Osterhase nicht gerade in dieser Sekunde um die Ecke gehoppelt ist.

Als ich mit gerade sechsundzwanzig Jahren, ein Jahrzehnt ist das fast her, mein zweites Staatsexamen abgelegt hatte, war ich verhältnismäßig jung für eine Rechtsanwältin und zudem frisch verheiratet. Ich war gut ausgebildet und top motiviert. Mein Mann war es nicht weniger, auch er hatte gerade sein zweites Staatsexamen hinter sich. Der Stellenmarkt war damals schon relativ eng für frisch gekürte Juristen. Wir wollten ein paar Jahre in Ruhe vor uns hin arbeiten, an unseren Karrieren basteln und erst danach vielleicht eine Familie gründen. Wir tippelten also damals mit nahezu denselben fachlichen Schwerpunkten im Studium und Referendariat an der Startlinie ins Jobleben herum. Niemals stand zur Debatte, dass einer von uns automatisch seine berufliche Laufbahn verlassen würde, sollten wir mal Kinder haben. Und wenn doch, dann sollte es unsere Wahl sein, ob und wie sehr wir uns dafür beruflich einschränken. Ich hielt diese Wahlfreiheit tatsächlich für realistisch und selbstverständlich. Ich dachte, man würde mich gesellschaftlich und arbeitsmarktpolitisch bei beiden Lebensentwürfen unterstützen.

Dementsprechend arg- und sorglos gingen wir auf Jobsuche. Unsere Gehaltsvorstellungen waren nahezu gleich. Stil und Sorgfalt der Bewerbung ebenfalls vergleichbar. Meine Abschlussnoten waren in Ordnung, etwas besser als die meines Mannes, und ich hatte dazu das bessere Abitur, eine fließend gesprochene Fremdsprache mehr, ein juristisches Zusatzdiplom und ein Studium im Ausland im Gepäck. Zumindest rein auf dem Papier betrachtet stand ich besser da, und komplett unzuverlässig sah ich auf meinem Bewerbungsfoto eigentlich nicht aus. Die Heirat erwähnte ich zwar, hätte sie aber aufgrund des auffälligen Nachnamenwechsels bei den Zeugnissen auch gar nicht verstecken können.

Wir bewarben uns bei fünfzehn Unternehmen und Kanzleien in der Umgebung, bei elf von ihnen bewarben wir uns beide und machten noch dumme Witzchen über unlautere Attraktivitätskriterien eines Bewerbungsfotos. Wir lachten nicht besonders lange. Mein Mann wurde nämlich innerhalb von wenigen Wochen von neun der elf potenziellen Arbeitgeber zum Bewerbungsgespräch eingeladen. Ich von keinem einzigen.

In meinen Bewerbungsunterlagen schien unter Hobbys offenbar mit Zaubertinte »Engagierte Vermehrung meiner qualifizierten Gene durch permanentes Gebären von Nachkommen« geschrieben zu stehen. Der Eindruck drängte sich geradezu auf, je mehr Zeit verging. Bei meinem Mann schien sein Familienstand, wenn er denn überhaupt jemandem auffiel, neutral oder sogar positiv zu sein. »Just married? Immerhin verliebt der Typ sich nicht so leicht von einem Tag auf den anderen in Carola aus Cottbus und zieht weg, wenn wir ihn gerade eingearbeitet haben! Der betrinkt sich auch nicht mehr das ganze Wochenende im Sauerlandstern, so wie der Herr Schröder aus der IT. Verantwortungsbewusst, verlässlich. Einladen, den Mann!«

Das sind zwar ebenso Klischees, das mag sein, aber keine, die sich negativ auswirken. Eine jung verheiratete Frau oder eine Mutter lösen im Kopf eines Personalverantwortlichen, der einen Stapel von siebzig Bewerbungen vor sich liegen hat, im besten Fall ein »Trotzdem« aus. Frauen im »gefährlichen Alter« sind ein gut qualifiziertes, vielleicht interessantes, aber trotzdem permanentes Risiko, wegen einer Schwangerschaft und Geburt auszufallen, selbst wenn sie gar keine Kinder möchten. Das kann sich ja ändern, nicht wahr? Zudem arbeitet eine

Mutter praktisch nie, da die Kita geschlossen ist oder die Kinder krank sind. In unseren Köpfen macht nämlich immer die Mama frei. Väter sind zwar da, aber mit dem Kinder-Handling haben sie nach Vorstellung der Arbeitgeber nichts zu tun. Das ist teilweise selbst in meinem Kopf noch so, obwohl mein Mann in den letzten Jahren mindestens so oft die Kotzeimer ins Badezimmer trug oder mit Fieberthermometern vor Babypopos herumwedelte wie ich.

In den seinerzeit neun geführten Bewerbungsgesprächen wurde er nie auf seinen Kinderwunsch oder seine Familienplanung hin abgeklopft. Kein einziges Mal wurde er bei späteren beruflichen Einsätzen jemals nach der »geregelten Betreuungssituation« seiner Kinder gefragt. Die meisten Menschen, mit denen er heute beruflich zu tun hat, wissen nach Jahren noch nicht, ob er überhaupt welche hat. Bei jeder Mutter, die ich kenne, wurde das in den Bewerbungsgesprächen thematisiert. Die Tatsache, dass man über Kinderbetreuung und die damit verbundenen Herausforderungen spricht, ist nicht schlimm. Im Gegenteil. Es kann bei der Organisation von Arbeitszeiten helfen. Schlimm ist jedoch, dass es nur bei einem Geschlecht ein Thema zu sein scheint.

Das gilt auch für die fraglos bei berufstätigen Eltern vorliegende »Doppelbelastung«. Der Vorstand eines großen Pharmaunternehmens, mit dem ich neulich sprach, lobte eine weibliche Führungskraft mit drei Kindern als eine beeindruckende Person. »Eine ganz patente Frau. Drei Kleinkinder. Und wissen Sie was? Die war in fünf Jahren noch nicht einen einzigen Tag krank.« So etwas habe ich einen Vorstand über eine männliche Führungskraft mit Kindern noch niemals sagen hören. Glaubt der Typ tatsächlich, dass diese Frau in fünf Jahren nicht ein einziges Mal eigentlich viel zu krank war, um zur Arbeit zu gehen? Kinder schleppen tödliche Seuchen aus dem Kindergarten ein, von denen man mal annahm, dass sie seit dem Mittelalter ausgestorben sein müssten. Die »ganz patente Führungskraft« ging offenbar trotzdem zur Arbeit, nur um einem bestimmten Vorurteil, das nur Mütter trifft, nicht zum Opfer zu fallen. Das ist doch scheiße!

Kann ich beruflich oder privat ein paar Tage nicht zu Hause sein, werde ich, und zwar nur ich, gefragt: »Was ist denn dann mit den Kindern?« Alle erscheinen leicht besorgt. Oftmals mit einem Anflug von Hochachtung versehen, weil ich so mutig bin, das Haus zu verlassen und die Kinder meinem Mann zu überlassen. Auch eine Spur Vorwurf lässt sich manchmal ausmachen, ob meiner von mir vernachlässigten mütterlichen Pflichten. Selten ist es reines Informationsbedürfnis, im besten Falle ehrliches Interesse.

Was soll diese Frage nach den Kindern eigentlich, und warum stellt man sie einzig und allein mir, wenn ich das Haus verlasse? Sie ist respektlos beiden Elternteilen gegenüber. Meinem Mann wünschen alle für seine Geschäftsreisen viel Erfolg. Bei privaten Halli-Galli-Trips geben sie ihm Tipps für nette Lokalitäten und hoffen, dass seine Leber das Ganze auch durchhält. Fahre ich weg, wünscht mir jeder viel Glück, dass meine Kinder bei meiner Rückkehr noch am Leben sein mögen. Zugleich schütten sie reflexartig eimerweise Hochachtung über ihrem Vater aus, weil er so selbstlos »meine Aufgaben« übernimmt. Sein Weg in Anzug und Krawatte in eine Eisdiele mit kleinen Kindern scheint von Beifall klatschenden Passanten gesäumt, die seine Leistungsbereitschaft bei der »Herausforderung Kinderbetreuung« loben, und manchmal bekommt er sogar eine Eiskugel obendrauf von der netten Verkäuferin, die so beeindruckt ist von seinem wahnsinnigen Multitaskingtalent. Wenn ich das mache, rollen die alle nur mit den Augen. Weil so viele lärmende Blagen aus dem Auto der Blusen-Tussi aussteigen, die ihren Muddivan auch noch in zweiter Reihe parkt.

Vor meiner ersten Bewerbung, damals vor Jahren, hatte ich nie das Gefühl, benachteiligt zu werden, weil ich eine Frau bin. Kein Lehrer sagte mir, ich könne etwas schlechter als ein Junge, weil ich ein Mädchen sei. Als Teenager oder junge Studentin belächelte mich kein männlicher Kommilitone, weil ich studierte. Kein Mann in meinem Umfeld gab mir jemals das Gefühl, meine Kenntnisse und Fähigkeiten seien weniger wert als seine, nur weil ich Brüste habe. Und falls doch, wurde er meist von umstehenden Männern lachend vom Hof gejagt und mir ein Schnaps zur Beruhigung in die Hand gedrückt. Ich hielt meinen Platz im Berufsleben einzig und allein für eine Frage meines Willens, meiner Entscheidungen, meiner Kraft. Die Welt stand mir nicht nur offen, sie lag mir zu Füßen. Ich hatte zwanzig Jahre lang gute Grundsteine dafür gelegt. Man muss sich einfach nehmen, was man will, und nicht rumheulen. Für Frauenrechte und solches Gedöns sah ich nicht mal in meinem Anwalt-mit-Schlips-und-Aktenkoffer-Klischee-Metier einen Grund.

Das änderte sich schlagartig und schmerzhaft, als ich einen meinen Qualifizierungen entsprechenden Job haben wollte und von einer attraktiven Arbeitskraft, wie ich dachte, zu einer unpopulären Arbeitskraft mit einer unter Umständen funktionierenden Gebärmutter wurde. Welcome to reality.

Ein einziges, recht spontanes Bewerbungsgespräch führte ich dann doch noch. Mein Mann war dort ebenfalls vorstellig geworden. Ich bekam den Job sofort nach einem langen und guten Gespräch. Der Vorstand des Versicherungskonzerns in Stuttgart beglückwünschte mich und sagte fröhlich und dabei emsig meine Hand schüttelnd zu seinem Kollegen gewandt: *»Na! Dafür, dass wir auf dem Posten keine Frau einstellen wollten, haben wir uns ja ganz schön von ihr um den Finger wickeln lassen.«*

Ich kotzte sofort im Strahl und stieg in ein Flugzeug nach

Kapstadt. Mein Mann sagte allen ab und flog mit. Dort ertränkten wir meinen Kummer auf südafrikanischen Weingütern, lernten fürs Leben und für die Liebe und studierten nochmal alles von vorne. Das war toll!

Heute bin ich Arbeitsrechtlerin. Aus gutem Grund. Ich liebe meine Selbstständigkeit, meinen Beruf und meine Kinder und weiß genau, was Frauen meinen, wenn sie den Verdacht haben, dass ihr Geschlecht im Beruf keine förderliche Rolle spielt. Das »Risiko Frau« ist kein Pappkamerad, keine billige Entschuldigung und keine Mär. Bei mir laufen beruflich die Fälle und Erfahrungen zusammen. Ich bin weder Gleichstellungsbeauftragte noch Redakteurin der *Emma* noch habe ich eine »Menstruationsbrille« auf, wie manche Mitmenschen reflexartig mutmaßen und es nicht nett meinen. Ich bin Anwältin. Ich entnehme meine Eindrücke aus meinem beruflichen Alltag mit Arbeitgebern, Arbeitnehmern und den Gerichten, und sie entsprechen nicht dem, was in Stammtischkommentaren im Internet breitgetreten wird, wenn etwa von »frustrierten Weibern« die Rede ist, »die einfach nicht wahrhaben wollen, dass sie halt nicht gut genug waren für den Job und jetzt die Mutterkeule vorschieben«.

Ich erlebe die Argumente im Gerichtssaal, die Blindheit der Justiz für teilweise erhebliche Vorurteile und die Ansichten der Arbeitgeber bei außergerichtlichen Einigungsversuchen fast wöchentlich. Meine Mandantinnen haben konkrete Veranlassung dazu, ihre Gebärmutter als einen Stolperstein zu empfinden, und in regelmäßigen Abständen wird dies am Wegesrand meines beruflichen Alltags mehr als bestätigt. Und zwar nicht nur meines Alltags, sondern auch bei dem der anderen Kollegen.

Beispielhaft ist hier ein nicht von mir geführtes Berufungsverfahren vor dem Landesarbeitsgericht Hamm aus dem Jahr 2013, das unter Arbeitsrechtlern Furore machte. Eine Mutter bekam ihre Bewerbungsunterlagen von einem Radiosender zurückgeschickt, von dem sie nicht zum Bewerbungsgespräch für eine Stelle als Buchhalterin eingeladen worden war. Auf der Bewerbungsmappe klebte versehentlich noch ein einsames Post-it-Zettelchen, auf dem stand: »Verheiratet! Kind 7 Jahre!!« Der Vermerk war mehrfach unterstrichen. Dies klang dann doch danach, als hätte sowohl der Familienstand der Bewerberin als auch die Tatsache, dass sie ein Kind hat, eine entscheidende Rolle bei der Ablehnung gespielt. Die Frau verklagte den Radiosender auf Entschädigung auf Grundlage des Allgemeinen Gleichbehandlungsgesetzes, dem AGG, aus dem Jahr 2006.

Das AGG ist die rechtliche Basis bei der Bewerberauswahl. Es soll verhindern, dass jemand wegen Dingen, die einzig in seiner privaten Lebensgestaltung liegen, benachteiligt wird, wenn diese Dinge mit der beruflichen Qualifikation für einen Job nichts zu tun haben. Das AGG ist aber auch kein Einfallstor, um andere fachlich besser geeignete Menschen auszubooten, weil man selbst »special features« hat. Die Annahme ist falsch. Es soll verhindern, dass Bewerber bei gleicher oder besserer Eignung ausgeschlossen werden, weil einem potenziellen Arbeitgeber das Privatleben oder die Erscheinung dieses Menschen nicht gefällt. Aussicht auf Erfolg einer AGG-Klage hat also nur, wer für die Stelle objektiv geeignet gewesen wäre, da das AGG eine »vergleichbare Situation« der Bewerber fordert, um Ansprüche daraus herleiten zu können. Wer fachlich von vornherein nicht geeignet war, dem nützt also auch die AGG-Rechtsprechung nichts. Als Anwältin könnte ich mich auch nicht als Astronautin bei der NASA einklagen, nur weil ich eine Frau bin, Kinder habe und denen mal eine Rakete aus Pappmaché gebaut habe.

Das im Internet so gern behauptete »Einklagen« in einen Job oder in eine höhere Position gibt es im Übrigen ebenfalls nicht. Es ist sogar explizit in § 15 Abs. 6 AGG ausgeschlossen. In diesem Bereich gibt es lediglich Entschädigungen oder Schadenersatzansprüche, wobei kein Arbeitgeber in der Praxis daran gehindert wird, einen abgelehnten Bewerber nachträglich noch einzustellen, um den Schaden wiedergutzumachen.

Die Beweisführung einer Diskriminierung im Bewerbungsverfahren ist nicht einfach, da vieles ausschließlich in den Köpfen oder hinter verschlossenen Türen stattfindet. Das AGG verlangt daher keine wasserdichten Beweisstücke wie beispielsweise Urkunden, sondern findet auf der Basis von »Indizien« zu einem Urteil. Die endgültige Bewerberauswahl oder ein erkennbares »Schema« der Vorsortierung von Bewerbungen sind solche Indizien, und die Gerichte prüfen dann, ob an dem Vorwurf der Diskriminierung etwas dran sein könnte.

Fälle wie der von der Post-it-Frau sind selten. Nicht weil sie kaum vorkommen würden, sondern weil nicht viele Personalabteilungen so dämlich sind, einen solchen Aufkleber auf den Unterlagen zu belassen. Hier aber konnte das, was sich hinter den Kulissen tagtäglich abspielt, tatsächlich durch ein starkes Indiz in Form eines Notizzettels belegt werden. Der Sender hatte im Zuge des Prozesses vorgetragen, er habe zwar nicht die Klägerin, aber immerhin eine andere junge Frau eingestellt. Schon daran könne man sehen, dass man Frauen nicht benachteilige. Diese Frau, so wurde seitens des Senders wörtlich vorgetragen, »könne ja auch jederzeit schwanger werden«. Die ungefragte Betonung des Zusammenhangs von Frauen und zukünftiger Schwangerschaft als Einstellungskriterium in dem Rechtsstreit einer Frau, die bereits eine Mutter war, half dem Arbeitgeber nicht gerade weiter. Zudem stellte sich heraus, dass man die andere junge Frau lediglich befristet auf ein Jahr eingestellt hatte. Bei einer durchschnittlichen menschlichen Tragezeit von neun Monaten kann man das dann durchaus zynisch nennen.

Das sah das LAG Hamm genauso und sprach der verheirateten Mutter eines Einzelkinds im Grundschulalter gemäß § 15 Abs. 2 AGG eine Entschädigung in Höhe von 3000 Euro zu.

Der Arbeitgeber hatte hier unzulässig auf das Problem der Vereinbarkeit von Kinderbetreuung und Beruf abgestellt und so wegen des Geschlechts mittelbar diskriminiert. Das darf man nicht. Eine sogenannte unmittelbare Diskriminierung wäre es gewesen, wenn auf dem Post-it »Frau« oder »Schwanger« gestanden hätte. Die Entschädigung wäre bei einer unmittelbaren Diskriminierung höher ausgefallen.

Die betroffene Frau hätte also am besten weder Heirat noch Kind in ihrem Lebenslauf angegeben, um zumindest eine Chance auf ein Bewerbungsgespräch zu haben und dort von sich und den eigenen Qualifikationen überzeugen zu können. Bis zu dem Tag, an dem es keinen Unterschied mehr macht, ob ein Arbeitnehmer Kinder bekommen kann, Kinder bekommen will oder Kinder hat, schließe ich nun den Kreis zu schwindelnden Eltern, die nichts Böses im Sinn haben: Bewerber dürfen in diesen Bereichen lügen, dass sich die Balken biegen.

Einen Arbeitgeber, der sich nicht an die Regeln hält, darf man behandeln wie die eigenen Kinder, wenn sie drohen, in einem Badesee zu ertrinken. Man lügt ihn an wie gedruckt. Man mogelt sich an der Wahrheit vorbei. Ein schlechtes Gewissen ist hier völlig fehl am Platze. Unfair handelt derjenige, der Kriterien wie Familienstand, Kinderwunsch oder Elternschaft in seine Auswahl einfließen lässt, und nicht der, der befürchtet, dadurch im Nachteil zu sein und unter Druck lügen muss. Niemand erschleicht sich unter falschen Vorzeichen einen Job, nur weil er nicht preisgibt, dass er verheiratet ist, Kinder hat, Kinder möchte oder aktuell schwanger ist. Unfair wäre es, Gastronomie-Erfahrung anzugeben, weil man beim Kuchenverkauf in der Kita letztens die Muffins sortiert hat. Oder Auslandserfahrung in der Entwicklungshilfe in Vietnam in den Lebenslauf schreibt, wenn man in den Flitterwochen am Strand von Nha Trang dem Kokosnussverkäufer ein paar Dong mehr bezahlt hat, als von ihm gefordert.

Rechtsprechung und Gesetz geben uns wunderbare Schützenhilfe, denn sie erlauben das »Recht zur Lüge«, wenn man »verbotene Fragen« gestellt bekommt. Man darf also notlügen, wenn der Personalchef sich erkundigt, wie es mit dem Kinderwunsch so aussieht. Auch die Frage nach dem Familienstand kann man wahrheitswidrig beantworten, wenn man den Eindruck hat, dass es irgendwie eine negative Rolle spielen könnte. Das gilt nicht nur für Frauen, sondern ebenso für Männer. Ausnahmen gibt es nur in Bereichen wie der Kirche oder anderen gesellschaftlich stark vorgeprägten Institutionen. Zwar wird ein Mann selten nach einer Schwangerschaft gefragt, aber eine Frau wird auch nicht gefragt, ob sie einst den Dienst an der Waffe geleistet habe oder ihn verweigerte. Deswegen ist eine solche Frage, außer man möchte als Soldat arbeiten, unter Umständen AGG-relevant. Man stelle sich denjenigen vor, der dem Personalchef eines Bauunternehmens wahrheitsgemäß antworten müsste: »Ich war nicht bei der Bundeswehr nach der Schule. Ich wurde wegen Hodenhochstands ausgemustert.« Ungeil.

Fragt ein Arbeitgeber nach dem Schulabschluss oder beruflichen Stationen, muss man selbstverständlich die Wahrheit sagen, darf nichts hinzudichten oder verfälschen. Das sind Qualifikationen, und damit macht man keine Witze, denn darum geht es bei der Besetzung eines Jobs in allererster Linie. In zweiter Linie darf es selbstverständlich auch darum gehen, ob man den Bewerber mag. »Kann ich die leiden? Passt der Typ Mensch zu uns?« Ein Kinderwunsch oder eine Mutterschaft ist dafür aber trotzdem kein arbeitsrechtlich erlaubtes Kriterium. »Ich mag keine Eltern« darf jeder sagen oder denken, der einen Elternabend gerade mit Schaum vor dem Mund verlassen hat, weil irgendein großer Arsch auf kleinem Stuhl zwei Stunden lang seinen veganen Lebensstil auf der Klassenreise durchsetzen wollte. Jeder darf frei entscheiden, Elternabende aus Anger-Management-Gründen zukünftig mit dem anderen Elternteil oder dem Opa zu besetzen, weil er Eltern oder Mütter pauschal kacke findet. Der Arbeitgeber darf das aber nicht, und das ist gut so.

Will er wissen, ob man aktuell schwanger ist, muss man ihm keinesfalls wahrheitsgemäß antworten, selbst wenn man kurz vor dem Gespräch in der sechsten Schwangerschaftswoche heimlich in den Blumenkübel in der Lobby gebrochen hat. Ganz schlicht schon deswegen, weil kein männlicher Bewerber daran gemessen wird. Zudem weiß zu diesem Zeitpunkt keiner, wie Schwangerschaften weitergehen und ob sie halten.

Ein abgeschlossener Arbeitsvertrag wird durch Lügen auf unzulässige Fragen – und nur auf diese! – nicht anfechtbar. Der Arbeitgeber darf den Vertrag also nicht auflösen, weil man dann doch früher ein Kind bekam, als man im Bewerbungsgespräch widerrechtlich versprechen musste. Oder weil man sich dann doch scheiden ließ, obwohl der Arbeitgeber geschiedene Menschen nicht leiden kann und meint, das mache jemanden zu einem weniger geeigneten Arbeitnehmer.

»Haben Sie einen festen Partner, mit dem Sie Ihr schönes Hobby Rhönradfahren teilen?« – *»Wir befinden uns in der Aufbauphase und suchen jemanden, der zuverlässig dabeibleibt. Wie stehen Sie zur Familiengründung, ist das in nächster Zeit ein Thema für Sie?«* – *»Sind Sie verheiratet? Das ist uns sehr wichtig. Wir sind ein familiengeführtes Unternehmen mit traditionellen Standards.«* Das sind weitere Beispiele für Fragen, die man nicht wahrheitsgemäß beantworten muss, da die Antworten darauf keine »Qualifikation«, sondern private Lebensentscheidungen sind, die jeder unabhängig von seinem Beruf trifft. Da man aber nicht immer wissen kann, welche »Wahrheit« ein Arbeitgeber auf solche Fragen hören möchte, ist dieses »Recht zur Lüge« und zur Unanfechtbarkeit des Arbeitsvertrags noch durch das AGG unterstützt. Es gibt einem Bewerber einen Entschädigungsanspruch, allein aus dem Grund, weil manche Fragen überhaupt gestellt wurden und damit womöglich entschei-

dungsrelevant waren. »Reine Neugier« steht Arbeitgebern in diesem Stadium schlicht nicht zu.

Auch eine Elternzeit bei einem vorherigen Arbeitgeber muss man im Lebenslauf oder im Gespräch nicht explizit erwähnen, und sie darf auch nicht im Zeugnis stehen. Während der Elternzeit besteht ein Arbeitsverhältnis weiterhin, es ruht nur. Das alles gilt selbstverständlich für Väter gleichermaßen, denn in der Praxis haben Männer viel mehr Schwierigkeiten, eine Elternzeit durchzusetzen, als Frauen.

»*2000–2008: Tätigkeit in der Personalabteilung bei Krawalski & Kollegen*« ist eine Angabe im Lebenslauf, die formal korrekt ist, auch wenn man von 2004 bis 2006 in Elternzeit oder Elternteilzeit war. Problematisch wird es für die Fälle, wenn ein befristeter Vertrag im Jahre 2008 endete und man wegen des Babys eine Zeit lang nicht auf Jobsuche war. »*2008–2010 arbeitslos*« kann man zwar in einen Lebenslauf schreiben, ist aber unter Umständen vom Regen in die Traufe gelaufen, wenn man befürchtet, die Chancen auf eine Einladung zum Bewerbungsgespräch deswegen verlieren zu können, weil man ein Kind hat.

Einfach einen Job erfinden oder die Tätigkeit bei Krawalski & Kollegen eigenmächtig um zwei Jahre anzudicken, ist aber keinesfalls erlaubt. Was also tun bei diesem häufigen Problem?

Hier rate ich meinen Mandaten dazu, sich die Vorbehalte einiger Arbeitgeber einfach zu Nutze zu machen.

»2008 bis 2010: Betreuung eines pflegebedürftigen Angehörigen« ist eine wunderbare und absolut wahrheitsgemäße Lückenfüllung. Oder man lässt sie frei und wartet ab, ob der Arbeitgeber im Gespräch zulässigerweise nachfragt, was man denn in der Lücke von 2008 bis 2010 gemacht habe. »*Ich habe mich in dieser Zeit um einen pflegebedürftigen Angehörigen gekümmert. Jetzt kann es aber wieder weitergehen.*«

Das ist meine anwaltliche Lieblingsantwort of all time. Sie ist weder gelogen noch offenbart sie direkt, dass man Kinder hat. Vielfach haben Mandantinnen, die übrigens bis heute einen sehr guten Job machen, »obwohl sie Kinder haben«, von großer Anteilnahme berichtet, wenn sie auf diese Weise antworteten. Warum die Pflege eines alten Menschen einen emphatischen Effekt hat und die Pflegezeit für einen acht Monate alten Säuglings als etwas gilt, was man »verheimlicht hat, um sich einen Job zu erschleichen«, ist mir ein Rätsel. Ich kann es nicht lösen, nur anprangern. Das Risiko, die nächsten dreißig Minuten des Bewerbungsgesprächs mit einer Diskussion über die persönliche Kinderbetreuungssituation zu verbringen, hat man damit jedenfalls galant umschifft. Für die Kinderbetreuung während der Arbeitszeiten wird gesorgt sein, ansonsten kann man ja gar nicht arbeiten gehen. So viel Verantwortung darf man Müttern gerne pauschal zubilligen, und wer mir jetzt mit den »schwarzen Schafen« kommt, wende sich an den Kollegen aus der IT, der gerne montags noch einen Kater hat und täglich eine Stunde Kicker.de während der Arbeitszeit auf dem Handy liest.

Mir ist durchaus bewusst, wie traurig und falsch es klingt, Kinder so verheimlichen zu müssen und dafür auch noch juristische Schlupflöcher aufzuzeigen. Kinder unsichtbar zu machen, selbst auf einem Fetzen Papier in der Bewerbung oder in einem Gespräch, bei dem man sich kennenlernen soll, behagt niemandem. Jeder fühlt sich dabei schlecht. Sie sind ein so zentraler Lebensbestandteil, dass es sich wahnsinnig falsch anfühlt, sie zu verleugnen. Für Eltern, die einen Job suchen, macht es den Schritt weg von ihnen doppelt schwer. Aber der schwarze Peter liegt hier nicht bei denen, die die Schlupflöcher nutzen, sondern bei denjenigen, die sie notwendig machen.

Ich würde mir wirklich wünschen, dass solche »Kunstgriffe« nicht mehr nötig wären und wir das AGG endlich flächendeckend einstampfen könnten. Es gibt durchaus Stimmen, die aus idealistischen Gründen fordern, Kinder und alles, was damit zusammenhängt, jetzt erst recht im Berufsleben anzugeben. Sie sichtbar zu machen. Sich nicht zu beugen. Quasi kämpferisch zu sagen: »*Ich will Kinder, ich habe Kinder, ich liebe und lebe Familie! Friss oder stirb!*« Wer für sich in dieser Vorgehensweise derzeit kein gewichtiges Risiko sieht, dem ist es unbenommen, Familienstand, Elternzeiten und Kinder freimütig anzugeben und mit dem Anspruch auf Elternzeit und Elternteilzeit direkt ins Bewerbungsgespräch zu marschieren. Finde ich super! Es gibt natürlich viele Arbeitgeber, die bei einer Frage nach Betreuung nur das Beste im Sinn haben und die eine tolle Familienpolitik im Unternehmen fahren. Viele habe ich hierzu beraten.

Im Herzen würde ich mich viel wohler fühlen, wenn ich den Idealismus, den andere haben, allgemeingültig und überzeugt in die Welt brüllen und meinen Mandaten raten könnte, die Kinder als »Qualifikation« zu sehen. Denn das sind sie. Eine aktuelle Studie zeigt sogar, dass Eltern seltener krank sind als kinderlose Arbeitnehmer, nicht umgekehrt. Meine berufliche Erfahrung, und die ist hier maßgeblich und nicht das, was ich mir wünsche, verbietet es mir aber leider. Idealismus muss man sich leisten können. Das können sich viele Arbeitnehmer*innen aber (noch) nicht. Sie brauchen einen Job und haben nicht die finanziellen Mittel, die Arbeitswelt herauszufordern, umzukrempeln und zu erziehen und dann eben »diesen Job nicht zu bekommen«. Der Staffelstab für den Idealismus liegt vielmehr bei den Personalverantwortlichen. Und wir selbst sind alle in der Verantwortung, wenn wir Zeuge werden, wenn wieder einmal der Gossip in der Kantine losgeht, »ob die Tante aus der Buchhaltung schon wieder schwanger ist« oder »die Frau Schröder ja nur auf den unbefristeten Vertrag gewartet hat, um dann zu werfen«. Herr Schröder muss sich das nie anhören, selbst wenn er und seine Frau genau das getan haben. Hier muss man Stellung beziehen und Kinder sichtbar machen und die Welt herausfordern. Wir alle.

Ich hoffe, meine Kinder glauben noch lange an den Weihnachtsmann, den Osterhasen und an Karius und Baktus. Ich hoffe, sie lassen sich noch lange mit kleinen Lügengeschichten auf den richtigen Weg bringen. Genauso sehr hoffe ich, dass meine Tochter eines Tages ihre potenziellen Arbeitgeber nicht mehr belügen muss, sondern stolz und freimütig unter Hobbys angeben kann: »Kinder machen, und dann meine Freizeit mit ihnen verbringen.«

»ICH WILL EIN KIND VON DIR«

»Robbieeeee, ich will ein Kind von dir!«, schrie ich aus der Menschenmenge des Volksparkstadions in Hamburg zur kreischbunt illuminierten Bühne, auf der halb nackte Mittvierziger singend zwischen Feuerfontänen herumhopsten. Leider war ich zu diesem Zeitpunkt nicht rechtfertigende fünfzehn, sondern bereits gereifte dreißig Jahre alt und unternahm einen spätpubertären Ausflug mit meiner Freundin Janina zu einem Take-That-Revival-Konzert. Robbie Williams trat an diesem Abend gar nicht auf, aber das erschien uns zu diesem Zeitpunkt bereits herzlich unwichtig.

Schon Wochen zuvor brachten wir allen uns bekannten Gottheiten und Schutzpatronen zahlreiche Opfergaben dar, damit uns nicht doch noch ein Streptokokkus oder ein heimtückisches Attentat der Kindergarten-Scharlacharia den Ausflug in unsere Jugend versaut. »Wie früher« sollte es werden. Lässig in Cordschlaghose und zerschrammelten Doc Martens mit Glöckchen am Schnürsenkel. Ein Wegbier und eine sinnlose Flasche Berentzen-Apfelkorn im gebatikten Rucksack, ein paar Mülltüten als praktische Regenkleidung im Innenfach. Wie damals an der Bahnhofskneipe noch schnell und heimlich 'ne Schachtel Lucky Strike aus dem Zigarettenautomaten ziehen, mit der seichten Angst vor dem wirtschaftlichen Totalschaden durch einen Fünf-Mark-Verlust, wenn diese störrische Metallschublade mal wieder klemmt. Die Füße auf dem durchfallfarbenen Plastikbezug des Regionalexpresses abgelegt und gefühlt siebenundachtzig Haltestellen lang den Kopf lässig an die nikotingelben Vorhänge gelehnt einem Konzert entgegenfahren. Das war unser Plan.

Aus »wie früher« wurde ein Saturday-Night-Outfit in 160 Euro teuren Hipster-Turnschuhen. Dazu acht Prosecco-Dosen, eine 1,5-Liter-Flasche französisches Mineralwasser in einer rosafarbenen Kühltasche auf dem Beifahrersitz und eine tropfsichere Mülltüte für das Dosenpfand im Kofferraum eines schwarzen Kombis mit zwei Kindersitzen auf der Rückbank. Das rituelle Zigarettenziehen scheiterte zuerst am Nichtrauchertum, dann am Nichtvorhandensein von öffentlichen Zigarettenautomaten und nach langer Suche an einem fehlenden »Altersidentifikationsnachweis« im Scheckkartenformat. Letztendlich hielt ich schweißgebadet ein Big-Pack Pall Mall in der Hand, weil ich vor lauter Hektik die falsche Produktfachnummer auf dem digitalen Zahlenfeld eingetippt hatte. »Wie früher sein« wird irgendwie auch immer schwerer heutzutage. Ich will die scheiß Metallschublade zurück, die hatte wenigstens Rumms.

Mit drei Ersatz-BHs zum Auf-die-Bühne-Werfen ausgerüstet fuhren wir hupend und ohne noch einen Blick auf unsere Familien zu werfen von der Spielstraße auf die Autobahn, um uns den Idolen unserer Teenagerjahre an den Hals zu werfen. Gleichermaßen Fan zu sein von Kurt Cobain, Blümchen und hopsenden Boy Bands erschien uns, damals zumindest, nicht zwingend widersprüchlich. Je näher wir der Arena kamen, umso mehr ähnlich besetzte Pilotfisch-Fahrzeuge umschwärmten uns. Alle Autos waren vollgepackt mit hormonell aus dem Gleichgewicht geratenen Frauen um die dreißig, die ihre Kinderlieder-CD gegen das verkratzte »Nobody Else«-Album aus dem Jahr 1995 ausgetauscht hatten und singend und rauchend aus den Autofenstern hingen. Sternförmig aus allen Teilen Norddeutschlands nagelte eine ganze Generation gen Hamburg.

Auf der Höhe von Henstedt-Ulzburg verlor Janina das Bewusstsein. Routiniert hielt ich auf dem Seitenstreifen und überlegte, wo die Kinder das letzte Mal mit der Warnweste gespielt haben. Szenarien wie diese sind einem ja aus Teenagerjahren hinreichend bekannt. Mindestens ein Gruppenmitglied bricht bereits im Zug schlafend und betrunken zusammen und muss von seiner besorgten Mutter am Bahnhof in Schorndorf abgeholt werden. Der Rest der Gruppe fährt mit einer Spur schlechten Gewissens zum Open-Air-Festival weiter und erzählt die Geschichte für den Rest des Jahres in jeder großen Pause auf dem Schulhof. In diesem Fall hatte ich so meine Zweifel, ob Janinas Mutter meinen Anruf so gelassen hingenommen hätte wie vermutlich vor zwanzig Jahren. Zwei Ohrfeigen später blickte mich meine Co-Pilotin aber bereits wieder benommen an und rekapitulierte, dass sie keinesfalls volltrunken sein könne. Sie habe vielmehr die letzten sechsunddreißig Stunden durchgehend mit dem Abpumpen von Muttermilch verbracht. Getrieben von der Panik, ihr Stillkind könne während ihrer fünfstündigen Abwesenheit verhungern, füllte sie eine halbe Tiefkühltruhe mit mütterlicher Babynahrung in beschrifteten Gefrierbeuteln und zollte nun den Tribut der unguten Mischung aus Prosecco, Pall Mall und schlechtem Wasserhaushalt, während ihre linke Brust über dem Kopf von Gary Barlow auf ihrem Fan-T-Shirt schon wieder beeindruckende Ausmaße annahm. Triumphierend fand Janina im Fußraum vor den Kindersitzen noch ein altes Brötchen, kippte drei Liter Wasser in sich hinein und war schnell wieder die textsichere Konzertfreundin, die ich kannte.

Die Security-Menschen am Eingang des Stadions durchsuchten unsere Handtaschen, konfiszierten leider mein Wegbier und dazu noch Janinas Muttermilchpumpe. Janinas Brüste reagierten panisch mit spontanem Milcheinschuss. Der Wachmann, offenbar nicht Familienvater, hielt die Pumpe für ein Gerät zum wasserdampf unterstützten Konsumieren von Haschisch. Der herbeigepfiffene Drogenschäferhund kannte sich da besser aus und ließ uns freundlich hechelnd passieren. Janina bekam ihre Milchpumpen-Bong zurück, und wir tauchten in der ausgelassenen Masse unter, stritten uns um einen Platz vor der Bühne, kreischten uns heiser, schubsten und umarmten fremde Frauenkörper in original Neunzigerjahre-Band-T-Shirts, die noch leicht nach Dachboden rochen, und opferten Janinas Still-BH mit einem gezielten Wurf auf Howies nackte Brustmuskeln. Back for good.

Zu dem Zeitpunkt, als wir unsere Eizellen vollkommen unkritisch an schwitzende, alternde Boy-Band-Mitglieder feilboten, weinte sich meine Freundin Marie in den Schlaf. Der nach einem beeindruckenden sexuellen Höhepunkt gefallene Satz »Jonas, ich will ein Kind von dir« war zu diesem Zeitpunkt drei Jahre her. Marie war gerade neunundzwanzig geworden und Jonas ein absoluter Fan des Plans, der Vater von Maries Kindern zu werden. Jonas war früher mal Leadsänger der Metalband »Prügeleisen« und erzeugte im Bandraum des Jugendtreffs meiner Heimatstadt selbstgemachte Musik. Oder zumindest das, was die Jungs dafür hielten. Marie spielte dort während ihrer Semesterferien eines Nachts betrunken und oben ohne Schlagzeug mit einer Bierflasche, und logischerweise sind die beiden seitdem ein Liebespaar. Ihre Liebe überlebte Fremdknutschereien auf dem Kölner Karneval, zwei Erasmus-Semester in Valencia und Prag, ein medizinisches Staatsexamen, eine dreitägige Erkältung von Jonas und die Scheidung von Maries Eltern während einer Fernbeziehung zwischen Münster und München.

Und jetzt scheitern sie aneinander, weil sie nicht genug Geld haben, um schwanger zu werden. In einem reichen Land, das Kinder nötiger hat als jedes andere Land in der westlichen Hemisphäre.

Wir glauben ja gerne, den Drill zu kennen, wenn man verzweifelt versucht, schwanger zu werden. Wenn man die letzte Pillenpackung rituell in den Badezimmermülleimer wirft und »Wie Temperatur von Eisprung messen?« bei Google eingibt. Den Moment in einer Liebesbeziehung, auf den nach zwei blauen Streifen eines Ovulationstests drei merkwürdige Tage folgen, an denen Mann und Frau hoch konzentrierten Geschlechtsverkehr in empfängnisunterstützenden Stellungen haben. Die Abende, an denen sie ihr Becken ein bis zwei Stündchen postkoital auf einem Kissen hochlagert, damit die flinken Spermien schneller zur geduldig wartenden Eizelle schwimmen können, während Caren Miosga, ebenso geduldig, die *Tagesthemen* referiert. Die Tage, an denen die einsetzende Regelblutung nicht mehr das übliche »Boah nööööö! Schon wieder? Zum Kotzen! Ich verblute!« hervorrufen, sondern zum psychischen Dauerbrenner werden und immer wieder beginnen mit »Scheiße! Schon wieder nicht schwanger. Ich bin so eine sinnlose Existenz. Fuck.«! Wir erinnern uns an den Tag, an dem die Frauenärztin eine Ladung Gelbkörperhormone in Pillenform verschrieb und nach einem ganzen Jahr der traurigen Blutungstage voller Selbstzweifel und dem stillen bisschen Hass auf all die Schwangeren um uns herum dann endlich eine langersehnte dreimonatige Morgenübelkeit einsetzt, die es mit jedem Karnevalskater locker aufnehmen kann. Ihr kennt auch jemanden, der »alles getan« hat, um schwanger zu werden, oder ihr selbst habt alles versucht? Ja, und dann wurde doch noch alles gut, und jetzt ist der kleine Racker da?

Am Arsch die Räuber kennen wir den Drill! Der wirkliche Kampf spielt sich nicht in den Schlafzimmern mit einer Tube Gleitgel zwischen zervögelten Kissen und Passionata-Reizwäsche ab, sondern in einer Welt aus Stimulationsprotokollen, Spritzen, aufgeblähten Bäuchen, Vollnarkosen und fundamentalen Geldsorgen, noch bevor ein einziges Kind überhaupt ernährt oder eingekleidet werden muss. Schwanger werden und pleite sein ist bei so vielen Menschen in unserem Land die Realität des Kindermachens, dass man sich einfach nur noch schämen muss für eine widersprüchliche Politik und Rechtsprechung, gemacht von alten Männern und selbstzufriedenen Frauen, die sich selbst aber vollkommen selbstverständlich von der Krankenkasse die orthopädischen Einlagen und die Rückenmassagen finanzieren lassen.

Kinder kosten Geld. Kinder muss man sich »leisten können«. Das haben wir schon so oft gehört, dass uns die Verhältnismäßigkeit offenbar abhandengekommen ist. Wir finden es normal oder okay, wenn Paare sich verschulden müssen, um überhaupt ein Kind kriegen zu können. Das »sich Kinder leisten können« hat sich auf ein sehr ungesundes Niveau verschoben, dabei sollte es genau und einzig und allein darauf ankommen: Gesundheit.

Wovon redet die umherpöbelnde Frau? Also ich. Am besten, ich erzähle euch die ganze Geschichte von meiner kinderlosen Freundin Marie, der Karrierefrau mit ihrem Karrieremann, und hoffe, ihr atmet danach ebenso schwer wie ich, während ich tippe:

Nach einem Jahr der positiven Ovulations- und negativen Schwangerschaftstests, weiteren fünf Packungen Gelbkörperhormonen und einem professionellen Zyklusmonitoring schickte Marie ihren Freund Jonas zum professionellen Onanieren zu Kerstin, dem Urologen. Kerstin ist der einzige Mann, den wir kennen, mit einem weiblichen Vornamen, und Jonas schweigt sich bis heute eisern über das genaue Prozedere in den Praxisräumen aus. Er meint aber, sich noch niemals zuvor so konzentriert und bedeutungsvoll einen von der Palme geschüttelt zu haben. Das Spermiogramm offenbarte eine Menge Spermien, von denen die meisten fröhlich nach links oder rechts zappelten, manche zuckten gar nicht, und nur ein paar bewegten sich halbwegs geradeaus. Plötzlich bekamen die peinlichen

Vollnarkoseberichte seiner Mutter von der Hodenhochstands-OP im Kindesalter eine völlig andere Relevanz. Auch der Hockeyball im Schulsport, der zu einem achttägigen Klinikaufenthalt mit einem Eisbeutel im Schritt geführt hatte, schmerzte fünfzehn Jahre später auf eine ganz andere Weise noch einmal nach.

Kinder mithilfe von Sex? Das wird wohl nix. »Machen Sie einen Termin in einer Kinderwunschklinik«, sagte Urologen-Kerstin und schloss die Akte. Für Marie und Jonas ging in diesem Moment eine Akte auf, die es mit einer Stasi-Akte aufnehmen kann. So tief privat und so hoch emotional, dass schon deswegen keines dieser Paare eine Debatte über ihre Existenz führen möchte. Weil der Inhalt den Mantel über etwas hebt, was man nicht mit der Gesellschaft teilen möchte. Dem Versagen bei etwas, was auch der hinterletzte Vollidiot aufgrund des menschlichen Urinstinkts hinbekommt: erfolgreich vögeln. Gepaart mit der Urangst des Alleinseins unterm Weihnachtsbaum, wenn man alt und grau ist. Eine fiese Mischung mit sehr verstummender Wirkung. Laut möchte hier keiner werden. Zu viel Scham. Zu persönlich. Zu traurig. Eine impotente Stille, die sich Politik und Rechtsprechung gleichermaßen zu Nutze machen und sich nur zu gerne darauf ausruhen.

Jonas und Marie vereinbarten also einen Termin in einem Kinderwunschzentrum. Wie niedlich das klingt, oder nicht? Kinderwunschzentrum. Das hört sich nach einem wunderbaren Ort an, an dem bunt verpackte Einhörner in einem Regen aus Seifenblasen herumgaloppieren, gesäumt von Zuckerwattebäumen in der Lobby, an denen Lego-*Star-Wars*-Figuren baumeln. Kinderwünsche glitzern, tuten und machen glücklich. Nun, ich saß mit Marie im Wartezimmer einer solchen Kinderwunschpraxis, und selten entsprach ein Ort weniger dem, was er an emotionalem Subtext suggeriert. Da saß genauso viel Sorge und existenzielle Krankheit auf den Besucherstühlen wie in einem Dialysezentrum. Das Dialysezentrum nennt aber niemand »Blutreinheits-Wunschklinik«. Die Behandlung kranker Organe zahlt selbstverständlich die gesetzliche Krankenkasse. Kaputte Nieren sind eine Krankheit. Das Organ selbst unheilbar, aber ihre Funktion können wir mithilfe der Technik zum Glück durch eine regelmäßige Blutwäsche ersetzen. Funktionslose Hoden oder Eileiter sind zweifellos auch kranke Organe, aber komischerweise ist deren Behandlung nur ein »Wunsch« der betroffenen Patienten. Wie der Wunsch nach Körbchengröße DD. Oder U-Boot-Lippen. Oder vollerem Haar. Oder einem kürzeren Zeigezeh.

Die gesetzlichen Krankenkassen übernehmen die Kosten für Paare, deren dafür vorgesehenen Organe untauglich zum Kindermachen sind, seit dem Jahr 2004 regelmäßig nur noch zur Hälfte und auch nur vollkommen willkürliche dreimal. Sehr wenige Kassen haben in ihren individuellen Satzungen festgelegt, dass sie mehr als 50 Prozent übernehmen. So um die 2500 Euro bezahlen die Patienten daher für eine sogenannte In-vitro-Fertilisation (IVF) jedes Mal aus eigener Tasche. Diese hohe Eigenbeteiligung für eine medizinische Behandlung sei aber vollkommen okay, meint unser höchstes Gericht in Karlsruhe. Kaputte Hoden oder verschlossene Eileiter seien nämlich keine echte Krankheit, sondern eine »Krankheit eigener Art«, urteilte das Bundesverfassungsgericht 2007, und daher nicht von den gesetzlichen Krankenkassen zu tragen. Die Behandlung der Kinderlosigkeit ziele nicht auf eine »Heilung der Organe« ab, sondern umgehe »lediglich den regelwidrigen körperlichen Zustand mithilfe moderner Technik«. Nichts anderes leistet zwar eine Prothese, wenn man ein Bein zu wenig hat, oder eine lebenslange Dialyse auch, aber wenn es um die Fortpflanzung der gesetzlich Versicherten geht, scheint kein juristischer Kunstgriff absurd genug zu sein.

Es kommt sogar darauf an, ob der Hoden eines Arbeitnehmers

mit dem Gehalt unterhalb der Jahresarbeitsentgeltgrenze nicht macht, was er soll, oder der eines Arbeitnehmers, der mehr verdient. Sobald ein und derselbe Patient über 57 600 Euro im Jahr verdient oder Beamter ist, kann er sich privat versichern. Ein und derselbe funktionslose Hoden wird dann plötzlich zu einer Krankheit »nicht mehr eigener Art«, und die notwendige Behandlung wird viermal von den privaten Kassen getragen. Die Bundesverfassungsrichter hielten auch diese merkwürdige Ungleichbehandlung zwischen privatversicherten Beamten und Besserverdienern und den gesetzlich versicherten Arbeitnehmern für irrelevant. Ich halte es für eine soziale Sauerei.

Jede kranke Niere ist ein individuelles Problem, das wir gemeinsam angehen, indem wir die Behandlung über die Krankenkassen finanzieren. Jeder von uns. Gemeinsam für den Einzelnen, der das Pech hat, nicht gesund zu sein. Die Behandlung eines kranken Hodens finanzieren wir aber nicht gemeinsam, obwohl es nichts gibt, was für die Gemeinschaft und die Zukunft der Krankenkassenbeiträge besser wäre als die Geburt von möglichst vielen Kindern. Wo bleibt da die Demut vor dem Leben?

Im Wartezimmer der Kinderwünscher starrten gemeinsam mit Marie ein paar Mittzwanziger und Endvierziger entschlossen in die Wartezimmerzeitschriften. Ein Mann hielt eine *auto-motor-und-sport*-Ausgabe falsch herum. Die meisten in diesem Wartezimmer stehen kurz vor dem Akt der menschlichen Fortpflanzung, aber von erwartungsvoller Röte auf den Wangen der Frauen oder verheißungsvollen Wölbungen im Schritt der Männer keine Spur. Die Frauen neben Marie waren grau im Gesicht, übermüdet und hatten sorgenvoll verknitterte Gesichter. Die Männer auch. Sehen so Menschen mit Wünschen aus?

Die Sprechstundenhilfe lächelte sich in den Raum und forderte die anwesenden Herren auf, bitte mit ihr mitzukommen. Einer Mitte 40 im gut sitzenden Anzug, einer Ende 20 in Jeans und T-Shirt und ein Altersloser im Partnerlook-Anorak küssten kurz ihre Frauen, bekamen einen aufmunternden Klaps auf den Rücken und schlurften mit hängenden Schultern aus dem Raum. Marie flüsterte mir zur Erklärung ins Ohr, dass sich die drei Männer gleich ein Schmuddelheft oder ein Filmchen anschauen und das Gute, das dabei hoffentlich aus ihren Genitalien drängt, in einem Becher an die Sprechstundenhilfe aushändigen werden. »Allein?«, fragte ich entsetzt. »Das muss doch zu zweit viel einfacher sein, oder? Warum gehen die Frauen denn nicht mit da rein? Das ist doch viel lustiger.« Nun, ein Kinderwunsch ist nicht zum Lachen da. An diesem Ort hat nur »er« einen Orgasmus, während »sie« schläft. Sex mit Schlafenden? Stimmt, das gehört sich nicht, aber wir sind hier nicht bei *Wünsch Dir was*, sondern bei »Wünsch dir ein Kind« in einem Kinderwunschzentrum.

Während sich die zukünftigen Väter gezwungenermaßen alleine ihrem sexuellen Kopfkino hingeben, werden ihre Frauen nämlich in eine zwanzigminütige Vollnarkose gelegt, und ihnen mit dreißig Zentimeter langen Metallspitzen eine Menge Eizellen aus ihren Eierstöcken abgesaugt. In dem Moment, in dem hoffentlich ihr gemeinsames Kind in einer Petrischale durch Verschmelzung von Spermium und Eizelle entsteht, sitzt der Vater schon wieder im Wartezimmer und liest die *auto motor sport* falsch herum, während die Mutter eine OP-Haube trägt und sich in eine Nierenschale übergibt, weil ihr vom Narkosemittel schlecht ist. The Heat of the Moment und der Zauber der Menschwerdung für tausende Paare in Deutschland. Wow. Die Kliniken sind übrigens rappelvoll. 2013 gab es fast 80 000 Kinderwunschbehandlungen. Zwei Millionen Paare in Deutschland sind derzeit ungewollt kinderlos. Das ist doch mal eine nennenswerte Anzahl von Menschen mit Krankheiten »eigener Art«, deren Behandlung unsere desasträse Geburtenrate durchaus verbessern dürfte.

In den Folgetagen der OP liegt die Kinderwunschfrau zu Hause im Bett und kann sich kaum rühren. Die leer gesaugten Eibläschen in den Eierstöcken füllen sich mit Flüssigkeit und schmerzen bei jeder Bewegung. Lebensgefährlich kann das sein, steht im Post-OP-Begleitschreiben. Sollte die Frau mit der Krankheit eigener Art unter gravierender Übelkeit leiden, solle sie bitte umgehend das Kinderwunschzentrum kontaktieren. Ein glitzerndes Einhorn hilft ihr dort dann bestimmt weiter auf dem Weg zur Wunscherfüllung.

Drei bis fünf Tage nach der Vereinigung von Eizelle und Spermium in der sexy Petrischale zieht ein mikroskopisch kleiner Zellhaufen operativ in die Gebärmutter der Frau um und soll sich dort einnisten. Wenn alles funktioniert, wird der Schwangerschaftstest zehn Tage später positiv sein und der Kontostand der werdenden Eltern so negativ, dass sie einen Kredit aufnehmen werden, um ihn auszugleichen. Ist der Test negativ, verdoppeln sie den Kredit für den zweiten Zyklus. Ich kann mich nicht erinnern, wann ich das letzte Mal 2500 Euro übrig hatte oder alleine hätte aufbringen können. Von diesen Paaren wird es verlangt. Kinder muss man sich ja leisten können, nicht wahr?

Meine Freundin Marie hatte sich zu diesem Zeitpunkt bereits acht Tage lang, streng nach Vorschrift eines sogenannten Stimulationsprotokolls, jeden Tag zur selben Uhrzeit einen Schuss gesetzt. Nun sollte der Fortschritt kontrolliert werden, deswegen saßen wir im Wartezimmer rum. Wie eine Heroinsüchtige schlich sie sich am vergangenen Dienstagabend mit Blumen im Haar in einem italienischen Restaurant auf die Toilette, packte dort ihr Spritzbesteck aus und injizierte sich eine Ladung chinesische Hamsterhormone in die Bauchdecke. Kein Scherz. Hamstereizellenhormone! Ich hatte die Packungsbei-

lage gelesen. Die Hamster ließen in jedem von Maries Eierstöcken nicht nur eine einzige Eizelle heranwachsen, sondern
schätzungsweise fünfzehn. Entsprechend eng war es in ihrem Unterbauch und entsprechend schmerzhaft jeder Schritt,
den sie machte. Zurück am Tisch berichtete Maries schwangere Freundin Sarah von ihren Beschwerden und wie sehr sie
sich wieder auf das erste Weizenbier freuen würde. Sie disku-
tierte mit Jonas über ihre Erfahrungen mit Schwangerschafts-
streifen und wie man diese Ungerechtigkeit der Natur effektiv
vermeiden könne. Jonas große Hand ruhte derweil auf Maries
schmaler, eingesunkener Schulter. Als Sarah ihre Pizza bedau-
ernd zurückgehen ließ, weil die Küche sich nicht sicher war, ob
der Streukäse aus fötusgefährdender Rohmilch war oder nicht,
stand Marie auf. Sie musste noch mal schnell kontrollieren, ob
sie das Auto auch wirklich abgeschlossen hatte.

Fünfzehn Minuten später fand ich sie bitterlich weinend auf
dem Beifahrersitz. Marie hätte sofort für immer auf jeglichen
Alkohol verzichtet und wäre bis an ihr Lebensende als ein wan-
delnder Schwangerschaftstreifen durch die Freibäder der Republik stolziert, wäre ihr nur ein einziges Baby vergönnt. Sie sagte,
sie trauere um ihre ungeborenen Kinder. Ihr Herz fühlte sich an
wie beim schlimmsten Liebeskummer um jemanden, den man
nie kennengelernt hat und vielleicht auch niemals treffen wird:
das eigene Kind. Jonas blieb hilflos und leidend im Restaurant
sitzen und stellte sich tapfer den Fragen von Sarah und den anderen, wann er und Marie denn endlich reif genug wären, sich
für Kinder zu entscheiden.

Einen Tag zuvor hatte eine Kollegin Marie ein Neugebo-
renes in den Arm gedrückt und gesagt: »Halt mal. Vielleicht
springt dann bei dir auch der Funke über.« Maries Freunde Tim
und Leonie, die an dem Abend auch anwesend waren, wussten
von der Kinderwunschbehandlung, sie hatten vor Zeiten alter-
nativ zur Kinderwunschbehandlung einen längeren Karibik-

urlaub vorgeschlagen. Das hätte bei Nachbarn auch geklappt. Das entspannt die Seele, und dann klappt es sicherlich auch mit dem Kinderkriegen. Das ist so, als würde man einem Tumorpatienten vorschlagen, die Chemotherapie durch Bikram-Yoga zu ersetzen, dennoch ist es eine gesellschaftlich anerkannte Reaktion auf eine Fehlfunktion der Geschlechtsorgane. Kein Wunder, bei »Krankheiten eigener Art« helfen vielleicht auch Wünschelruten. Ich ruf gleich mal beim Teleshoppingkanal meines Vertrauens an und bestellte eine für Marie.

Die verheulte Marie fuhr nach diesem Abend beim Italiener mit Jonas schweigend nach Hause. Diesen Tag hatte sie sich fünfzehn Jahre lang komplett anders ausgemalt. Der verknautschte Blumenschmuck in ihrem Haar ersetzte einen Schleier, das Essen im Restaurant ein rauschendes Fest und das Zara-Sakko von Jonas den Hochzeitsanzug. Die beiden feierten an diesem Dienstagabend ihre Hochzeit mit zehn Gästen, und es war die mit Abstand beschissenste Hochzeit, auf der ich jemals war. Inklusive der Hochzeit von meinen Freunden Caro und Frederik. Da war die Fischsuppe so verseucht, dass die Braut noch vor dem Hochzeitswalzer erbrach. Der Rest schloss sich synchron zehn Minuten später an, und wir wurden geschlossen dem Kieler Gesundheitsamt gemeldet. Kein Geld. Keine Feier. Kein Konfetti.

Hätten Marie und Jonas aber nicht geheiratet, hätten sie sich nicht eine einzige Behandlung leisten können. Unverheiratete Paare bekommen nämlich keinerlei Zuschüsse von der gesetzlichen Krankenkasse für eine IVF. Nicht mal 50 Prozent. Das findet das Bundessozialgericht mal wieder richtig und urteilte deshalb in einem lebensfremden und für meine Generation fatalen Urteil 2014, dass der maßgebliche § 27a des Sozialgesetzbuchs (SGB) V, der eine Kostenübernahme für eine medizinisch notwendige Behandlung tatsächlich an den Familienstand »verheiratet« knüpft, nicht zu beanstanden sei.

Sind nur verheiratete Eltern gute Eltern? In einem Land, in dem fast vierzig Prozent aller Kinder mit unverheirateten Eltern aufwachsen? Darf der Staat so tief in die private Lebensgestaltung eingreifen, wenn es um Gesundheit geht? Sind nur Kinder von Eheleuten wünschenswert? Sind nur eheliche Partnerschaften ausreichend stabil? Das mag ich kaum glauben, so fehl am Platz ist der Familienstand, wenn es um die Entscheidung geht, Kinder zu bekommen. Nirgendwo anders ist eine Leistung der Krankenkassen daran geknüpft, welchen Familienstand man hat. Jeder, der Kinder hat, weiß, dass Kinder zwei Menschen mehr aneinander binden als es ein pures Jawort jemals könnte. »Marie, ich will ein Kind von dir«, impliziert mehr Bindungswillen und Bereitschaft, füreinander einzustehen, als jedes »Heirate mich«.

Die Bundessozialrichter haben mit ihrem Urteil den Staffelstab abermals an die Politiker abgegeben. Die könnten den § 27a SGB V einfach ändern lassen und das Wort »verheiratet« streichen. Die Grünen haben das versucht, sie scheiterten aber an allen anderen Parteien im Gesundheitsausschuss Ende 2015. Abhilfe soll daher eine Richtlinie des Familienministeriums unter Manuela Schwesig schaffen. Richtlinien sind einfacher als eine Gesetzesänderung, aber auch nicht bundesweit bindend oder ähnlich gewichtig. Wer nicht verheiratet ist und derzeit zufällig in Sachsen, Sachsen-Anhalt, Mecklenburg-Vorpommern, Thüringen oder Berlin wohnt, bekommt mithilfe dieser freiwilligen Richtlinie 12,5 Prozent der Kosten einer IVF aus Mitteln des Bundes und der Länder erstattet. Das war vielen Medien tatsächlich eine Überschrift wert, die lautete: »Zuschuss nun auch für unverheiratete Paare mit Kinderwunsch«. Nun, 12,5 Prozent von 5000 Euro sind nicht nichts, aber fast nichts. Wer jedoch nicht in den genannten Bundesländern wohnt, hat noch mehr Pech. Oder heiratet an einem Dienstag mit Spritzenbesteck und Hamstern in der Handtasche. So wie Marie.

»Muss ja nicht jeder Kinder haben. Wenn die Natur das nicht will, wird sie schon ihren Grund haben«, diskutieren Patienten in den ärztlichen Wartezimmern der Republik die Kinderlosigkeit jenes Pärchens in der Doppelhaushälfte nebenan und lassen sich zehn Minuten später eine Creme gegen Pigmentflecken auf dem Hintern verschreiben. Oder lassen ein Foto von der eigenen Lunge machen. Lungenkrebs nach jahrelangem Tabakgenuss ist übrigens keine »Krankheit eigener Art«, auch wenn man sie aller Wahrscheinlichkeit nach selbst verursacht hat. »Der Wille der Natur« – man lasse sich diesen Satz mal auf der Zunge zergehen.

»Schöne neue Welt, jetzt auch noch Designerbabys, oder was?« – »Was kommt als Nächstes? Aliens?« Das sind auch gern gewählte Zitate, die tatsächlich unterstellen, irgendein Paar auf der Welt würde sich freiwillig täglich Hamsterhormone injizieren, sich die eigenen Eierstöcke auf das Zwanzigfache ihrer Größe aufpusten oder in die Hoden stechen lassen, nur weil er diesen Monat nicht so viel Bock auf Vögeln hat. Das Ganze ist auch keine Frage der Vorselektion von menschlichem Leben, sollte man noch die Genetik anführen wollen. Die Paare wollen ein Kind. Ob Junge oder Mädchen ist ihnen scheißegal. Wer diese Intention unterstellt, weiß nicht, wie sich »drohende Kinderlosigkeit« anfühlen kann. Die Erfolgsraten von IVF-Behandlungen liegen in Deutschland weit unter denen europäischer Nachbarländer. Das liegt nicht daran, dass wir schlechte Ärzte haben oder minderbemittelte Gebärmütter, sondern an unserem Embryonenschutzgesetz. Wir erlauben eine Abtreibung von gesunden Kindern bis zum dritten Monat. Wir erlauben aber nicht, dass sich die im Rahmen einer IVF entnommenen und befruchteten Eizellen fünf Tage lang in Ruhe in einer Petrischale teilen können.

Fünf Tage braucht eine befruchtete Eizelle auch auf natürlichem Wege, bis sie in der Gebärmutter angekommen ist, um sich dort einzunisten. Eine Eizelle, die nicht »gesund« ist, schafft den Weg in die Gebärmutter oft gar nicht, und die Frau wird nicht schwanger. Deswegen braucht es oft selbst ohne künstliche Befruchtungen mehrere Anläufe, bis eine Frau schwanger wird, und so manches Opfer eines geplatzten Kondoms wird schon einige Ave Marias gebetet haben, dass die aktuelle Eizelle keine Top-Kandidatin sein möge. Das deutsche Embryonenschutzgesetz gibt den Ärzten, ganz widersinnig, aber nur vierundzwanzig Stunden Zeit, um durch Augenschein zu beurteilen, welche drei der fünfzehn befruchteten Eizellen »gut aussehen«. Die restlichen werden auf Verdacht eingefroren. Der Arzt, gebunden durch ein vollkommen überzogenes Schutzgesetz, riskiert so, dass den Frauen Eizellen eingesetzt werden, die es gar nicht schaffen können, weil sie genetisch nicht in Ordnung sind. Er müsste sie dafür aber gar nicht genetisch untersuchen, er müsste ihnen in der Petrischale nur die Zeit zum Teilen lassen dürfen, die sie im Eileiter auch hätten, und dann schauen, wie sie aussehen und welche sich geteilt haben und welche nicht. Das soll genetische Selektion sein?

Ein Arzt erklärte mir das jüngst in für Laien vorstellbaren Worten so: Das ist, als müsste man eine Schulklasse am Start eines Fünfzig-Meter-Laufs anschauen und raten, welche drei Schüler das Rennen gewinnen könnten. Andere Länder dürfen ihren Tipp für den Sieger aber an der Vierzig-Meter-Marke abgeben, dementsprechend höher ist deren Trefferquote. Wer also in Deutschland mit selbst verursachten »niedrigen Erfolgsquoten« argumentiert, um eine Behandlung durch die Krankenkassen nicht bezahlen zu müssen, handelt scheinheilig. Nicht ein einziges Genom muss bei dieser Prozedur untersucht werden, sondern nur die natürliche Zeit abgewartet werden, die eine gesunde Eizelle braucht, um sich zu entwickeln. Fünf Tage im Leben einer für das menschliche Auge gar nicht und nur unter hochauflösenden Mikroskopen sichtbaren Zelle, die sich gerade von zweiunddreißig auf vierundsechzig Zellen geteilt hat.

Diese Eizellen im Vierundsechzig-Zell-Stadium werden von Paaren, die sich ein Kind wünschen, bereits heiß und innig geliebt. In den Köpfen der Eltern hat diese Eizelle schon ein Kleidchen an und geflochtene Zöpfe. Wer sind wir, hier von Selektion zu sprechen? Reagenzglasbabys? Spiel mit menschlichem Leben? In unseren europäischen Nachbarländern dürfen die Ärzte die Eizellen länger beobachten. So lange, wie die Natur sich auch Zeit nimmt. Das ist aus ethischer Sicht nicht zu beanstanden, und ganz sicher haben auch Belgier, Dänen, Spanier oder Niederländer keine gestörte Sicht auf das Schutzgut menschlichen Lebens. Das scheinen eher wir zu haben. Aber rein aus Kostengründen zulasten junger Leute und nicht aus vorgeschobenen moralisch-ethischen Gründen.

Fruchtbarkeit ist eine Frage des Alters. Wissen wir. Eizellen von Vierundzwanzigjährigen sind fitter als von Vierunddreißigjährigen. Ich stelle da in letzter Zeit auch bei mir ein gewisses Fitnessgefälle fest. Auf dem Laufband im Fitnessstudio und auch bei der Verarbeitung von übertriebenem Alkoholgenuss im Verhältnis zu meinen Studentenjahren. Warum sollte es meinen Eizellen anders gehen, vermutlich sehen die so zerschossen und faltig aus wie ich am Neujahrsmorgen.

»Tja, erst wollen die Frauen die dicke Karriere machen, und dann fällt den Mädels auf, dass sie zu alt für Kinder sind. Muss man eben mal vorher nachdenken, wenn man Kinder will!« Dieser Satz bildet den vorübergehenden Gipfel der Ignoranz einer ganzen Generation von Frauen gegenüber, denen die Politik täglich nahelegt, dass sie im Arsch sind, wenn sie sich nicht selbst finanziell absichern. Mit fünfundzwanzig ist man in der Regel aber noch nicht so weit mit dem Job, dass er Kinder und eine gesicherte Position zulassen würde. Dafür sorgt das Arbeitsklima und das Bild vom »Risiko Frau« bei der Besetzung eines Arbeitsplatzes mit Verantwortung und dementsprechend gutem Gehalt. Bis ein normal verdienendes Paar 2500 Euro obendrauf finanzieren kann, um sich eine Behandlung des kaputten Hodens zu gönnen, braucht es in so ziemlich jedem Beruf seine Zeit. Und so verteilen sich die drei medizinischen Behandlungen ganz natürlich auf die Zeit Mitte/Ende dreißig, und die Besserwisser fragen sich ganz scheinheilig, warum die alle »so lange warten, bis es zu spät ist«. Was bleibt jungen Paaren denn anderes übrig?

Zwanzig Prozent aller Paare in Deutschland, die Kinder haben wollen, scheitern an den körperlichen Voraussetzungen für die erfolgreiche Fortpflanzung, und keiner will sie hören. Zu neunzig Prozent hat Kinderlosigkeit körperliche Ursachen.

Junge Paare, die keine Kinder mit Hilfe von Sex zeugen können, müssen wohlhabende Eltern haben. Lediglich fünfzig Prozent der Behandlungskosten für maximal drei Behandlungen übernehmen die meisten gesetzlichen Krankenkassen. 2004 waren es noch hundert Prozent der Kosten für vier Versuche, dann wurde die Behandlung still und leise aus dem Katalog auf drei Versuche mit nur hälftiger Kostenübernahme zusammengestrichen. Schnipp-Schnapp. Ein Problem, das ausschließlich junge Leute betrifft, sowohl heute, wenn sie sich keine Behandlung leisten können, als auch in dreißig Jahren, wenn die heute Jungen diese Kinder brauchen, so wie wir heute von den Alten gebraucht werden. Belgien dagegen stockte, als wir in Deutschland kürzten, auf sechs Behandlungen bei voller Kostenübernahme auf. In Deutschland ging aufgrund der Streichung der Kostenübernahme die Zahl der mit Unterstützung einer IVF-Behandlung geborenen Kinder um dreißig Prozent zurück. Studien belegen, dass 10 000 Kinder im Jahr mehr geboren werden könnten, würden die Kosten einer IVF voll übernommen werden. Ich vermisse jedes einzelne dieser Kinder.

Ein kranker Hoden oder ein verschlossener Eileiter mögen weder unmittelbar lebensbedrohlich noch schmerzhaft sein. Beides senkt nicht die Lebenserwartung oder tut körperlich weh. Bis zu dem Moment, in dem ein Mensch Kinder zeugen möchte. Dann wird daraus eine Tragödie, die ihresgleichen sucht. Wer sich noch immer weigern möchte, in der Unfähigkeit, auf natürlichem Wege Kinder machen zu können, eine »Krankheit« zu sehen, der muss zumindest ein tiefes menschliches Bedürfnis danach sehen können. Wie frische Luft, ein Dach über dem Kopf, Wärme und Nähe. Deswegen gewähren wir Gefangenen Freigang. Bauen Sozialwohnungen. Zählen Heizungsanschlüsse zur Daseinsfürsorge und sorgen uns um Gemeinschaften. Es ist unsere verdammte Pflicht, auf menschliche Bedürfnisse Rücksicht zu nehmen und sie nicht zu bloßem Wunschdenken zu deklassieren.

Ein zu teures Bedürfnis? Nicht mal das. Auf 193 Milliarden Euro beliefen sich die Gesamtausgaben der gesetzlichen Krankenversicherungen im Jahr 2014. Bei 20 000 durch eine IVF-Behandlung geborenen Kindern und durchschnittlich 15 000 Euro Behandlungskosten pro gesund geborenem Kind kommt man auf Kosten von rund 300 000 Millionen Euro, wenn die Versuche von unseren Kassen voll übernommen werden würden. Das ist nicht viel. Diese Kosten liegen weit unter 0,5 Prozent der Gesamtausgaben der Kassen für unsere Gesundheit und sind dementsprechend fast nichts, verteilt auf eine ganze Gemeinschaft. Allerdings sind 2500 Euro für die einzelnen Paare oft mehr als hundert Prozent eines Monatslohns.

Nehmen wir doch bitte den Anfang des Lebens wieder in den Blick.

Kinder sind nämlich ein menschliches Bedürfnis ganz eigener Art.

BEVOR ICH MICH JETZT AUFREGE, ISSES MIR LIEBER EGAL

Think Outside the Box ... F*ck the Box

Ich habe zwei Wochen lang einen Test gemacht und dafür aufgeschrieben, was so alles unheimlich nervt. Was andere Menschen nervt und was mich nervt. Eine Art Nervogramm. Mein Mann war nach diesen Wochen beispielsweise sehr genervt. Von mir im Allgemeinen und meinem Test im Speziellen. Ich arbeite ja auch in einem Beruf, in dem quasi alle permanent genervt sind. Die Mandanten sind genervt von ihren Problemen, der Justiz und vom gegnerischen Anwalt. Von Anwälten sind eh alle immer genervt. Außer sie brauchen selbst einen. Das ist dann der einzige Anwalt, der nicht nervt. Kurzfristig zumindest. Die Richter sind genervt, weil sie seitenlange Schriftsätze auf den Tisch bekommen, obwohl ihre Meinung schon längst feststeht, wovon die Anwälte aber nicht so sehr genervt sind wie von Mandanten, die sich auf www.gutefrage.net schon einmal vorinformiert haben, wie ihr Gerichtsverfahren ausgehen wird.

Mit Sachen, die nerven, kenne ich mich also gut genug aus, um mich selbst zur Testleitung zu ernennen.

Der Stein des Anstoßes meiner Test-Los-Wochos war etwas sehr Banales: unser Handfeger. Er lag mitten in unserer Küche auf dem Boden und konnte, wenn man zum Kühlschrank wollte, nur mit sehr sportlicher Schrittgröße übergangen werden. Er hat wirklich sehr genervt. Keiner hat ihn aufgehoben. Ich habe also einen Test-im-Test gemacht, wie lange es wohl dauert, bis ein anderes Familienmitglied ebenfalls so genervt ist, dass es den Feger aufhebt und ihn an dem dafür vorgesehenen Ort verstaut. Ich habe den Handfeger jeden Morgen und jeden Abend fotografiert. Er drehte sich manchmal etwas um seine eigene Achse, wohl weil jemand mit dem Fuß dagegengestoßen war, doch seine Position in der Küchenmitte behielt er bei. Meine Tochter kämmte sich an Tag vier mit dem Feger ihre Haare, ließ ihn dann aber fast exakt dort wieder fallen, wo sie ihn aufgegriffen hatte.

Nach zehn Tagen habe ich entnervt aufgegeben, ihn aufgeräumt und meinem Mann zwanzig Fotos von unserem Handfeger per WhatsApp geschickt. Und einen wutschnaubenden Smiley-Emoticon hinterher. Er war davon sehr genervt. Das waren ihm zu viele künstlerisch wertlose Fotos, und er fand, ich hätte meinen Punkt auch weniger zynisch klarmachen und ihm einfach sagen können, dass er den Feger wegräumen soll. Zynismus in Ehen nerve ihn schwer. Außerdem würde WhatsApp ihn sehr nerven. Das ständige Gebimmel sei kaum zu ertragen. Das war ein Tiefschlag. Ich schreibe nämlich sehr gerne sehr viele Nachrichten.

Folglich teilte ich ihm mit, dass ich vor allem genervt sei von Menschen, die im Jahr 2017 noch Handy-Bimmeltöne einstellen. Genauso wie Tastentöne. Um einen draufzusetzen und wo wir schon bei nervigem Verhalten in Verbindung mit elektronischen Geräten waren, konterte ich noch, dass diese werkseitigen Displayschutzfolien dazu da sind, sie zu entfernen, wenn man das Gerät zu Ende ausgepackt hat. Mich nervt das, wenn »Leute« das nicht tun. Ich riss, um meinen Punkt dramatisch zu unterstreichen, unbarmherzig die seit der Lieferung angebrachte Schutzfolie von seinem zehn Monate alten iPad ab.

Er schaute mich an, als hätte ich gerade im Wohnzimmer ein Schaf geschächtet, und überlegte vermutlich, ob er wegen dieses barbarischen Akts die Scheidung einreichen sollte. Ich glaube, er hat nur davon abgesehen, weil Scheidungen aufgrund von solchen Nichtigkeiten echt mega-nervig sind.

Mit dem nun schutzfolienfreien iPad in der Hand beschloss ich nachzulesen, was die Internetgemeinschaft denn alles furchtbar nervt. Auf »www.ichhasse.es – Alles was nervt« finde ich ein wahres Potpourri an Nervigkeiten. Hier kann man auf eine Schaltfläche klicken, auf der »Jetzt hassen« steht und sich dann mit einer famosen Auswahl an schlecht gelaunten Emojis auskotzen, wenn man sehr genervt von der Welt ist. Andere User können das dann bewerten. Therapeuten finden das bestimmt ganz wundervoll. Ich auch.

Nach Anzahl der guten Bewertungen sortiert, finden sich hier zum Beispiel folgende Einträge, was alles nervt:

… ein Untermensch zu sein (Hubert)
… Adele. (AndyRuleZ)
… das Drecksdorf Ahaus-Ottenstein (Sempf)
… Menschen, die einfach stehen bleiben (Akita)
… Schamhaare (Anonym)
… Giraffen in Stöckeln (DerKritiker)
… alle anderen (Rotfuchs)
… Hirnprobleme (NichtLustig07)
… vorgewärmte Griffe von Einkaufswagen (Bibo)
… coiti interupti (Uta)
… Frauen unter 1,60 m (Aprikosensenf)
… Dumme Menschen (DildosaurusRex)
… Tauben (Mr.Knister)
… Albaner, die sich immer wie das große Opfer darstellen, aber die serbischen und andere slawische Kosovaren vertreiben, unterdrücken, ihnen verbieten, sich Kosovaren zu nennen und sagen, dass sie nach Russland zurückgehen sollen (IchHasseSie-SoSehr2015)
und
… Füße (DieDrachen)

Nun gut. Besser kann man den berühmten Satz von Karl Marx nicht illustrieren: »Das Sein bestimmt das Bewusstsein.« Jeder hat eben andere Knöpfe, die schmerzen, wenn man sie drückt. Ich fühlte mich gleich ein bisschen besser, als ich »Handfeger« dort eingetragen hatte und drei positive Bewertungen bekam. Leider keine vom User »DildosaurusRex«, aber vielleicht ist Aufräumen nicht sein Thema. Mein Karma holte etwas Luft.

Die Aktivierung des iPads zu Recherchezwecken hatte in der Zwischenzeit meine bisher friedlich spielenden Kinder angelockt. Was Trüffelschweine an sensorischen Fähigkeiten für das Aufspüren von sauteuren Pilzen aufbieten, gilt bei meinen Kindern für Elektrosmog. Kaum leuchtet ein Lichtlein an einem Gerät, das bunte Bilder produziert, schnüffeln sie sich auf einer unsichtbaren Spur bis zum Ziel und verharren dann dort in stundenlanger Comicstarre. Ich schickte sie genervt wieder weg. Genervt war ich aber auch von meinem bevorstehenden Eisprung. Der bewirkt nämlich jeden Monat, dass ich ein Opfer meiner Hormone werde und beschließe, dringend noch viele Kinder mehr haben zu müssen. In diesen drei Tagen im Monat reflektiere ich nicht mehr, ob das überhaupt eine gute Idee wäre. Mein Mann ist in dieser Zeit leider auch kein gutes Korrektiv, da die weiblichen Eisprung-Pheromone die männlichen Rezeptoren verwirren und sich Männer dann ebenfalls kritiklos fortpflanzen möchten. Hat die Natur clever eingerichtet. Paare nerven sich nicht mehr während der Eisprungzeit und können streitfrei tolle Kinder zeugen. Nackt streiten ist nämlich fast unmöglich, ich hab es ausprobiert. Vielleicht sollte ich Displayschutzfolien nur noch unbekleidet abreißen.

Ich bin damit nicht alleine, lese ich nach. Frauen sollen in der Zeit des Eisprungs allgemein viel toleranter sein und quasi unabsichtlich auch mit Menschen flirten, von denen sie eigentlich genervt sind. Wie von unserem Paketboten beispielsweise. Dem habe in der Zyklusmitte mal ein sinnfreies Kompliment

zu seinem Dreitagebart gemacht, der seit jeher aus vier Bart-
stoppeln und einem Leberfleck besteht. Dabei bin ich von dem
Typen basisgenervt. Er stellt meine Pakete nämlich niemals zu,
sondern schreibt mir lieber Postkarten, auf denen steht, ich sei
nicht zu Hause gewesen, obwohl ich elf Stunden neben der Ge-
gensprechanlage gecampt habe, um ihn nicht zu verpassen.

Während ich nachlese, was mein Freund Google in der Au-
tovervollständigung als Vorschlag ausspuckt, wenn ich »es
nervt, wenn …« eingebe, schlendert mein Mann über die ange-
nehm handfegerfreie Bahn zum Kühlschrank. Ich teile ihm mit,
dass die meisten Internetnutzer laut Googlevorschlagsliste davon genervt sind, wenn sie »… im Unterricht eine Latte bekommen« und »… wenn Frauen zu viel texten«.

»Vollkommen zu Recht«, murmelt mein Mann auf diese
Enthüllung hin und stellt fest, dass kein Bier mehr da ist. Es ist
aber Fußballeuropameisterschaft. Fußball ohne ein Bier nervt
ihn sehr und auch, dass ich sein klischeebehaftetes Verhalten
belustigend finde. Er fährt an die Tankstelle, um mit fünf weiteren von den Benzinpreisen genervten Menschen auf den letzten Drücker übeteuerte, ungekühlte Getränke einzukaufen.
Dann möchte er in Ruhe und möglichst wenig abgelenkt das
Spiel ansehen. Für ihn ist Fußball nämlich sehr wichtig.

»Frauen – Fußball – nerven« gebe ich also aus aktuellem Anlass in die Suchleiste ein. Das ist ja ein Dauerbrenner. Wie zum
Beispiel auch die zeitlosen Klassiker »Frauen – Autofahren –
nerven« oder »Frauen – Schuhe kaufen – nerven«.

Kurz danach stoße ich tatsächlich auf den total genervten
Autor Christian »Pokerbeats« Huber, der für *Welt Online* titelt: »Warum weibliche Fußballfans auch manchmal nerven«.
Wunderbar, genau mein Thema. Pokerbeats schreibt sehr gut.
Finde ich. Der Artikel liest sich federleicht. Erwartet hatte ich
eine Aufzählung von Klischee-Nervigkeiten im Zusammenhang von Frauen und Fußball im Fernsehen, die ihn nerven,

wie etwa diese: »Ist der Sami Khedira noch mit der Lena Gercke zusammen?« – »Oh, der Schweini ist hingefallen. Jetzt hat der aber derbe Grasflecken auf seinem Deutschland-T-Shirt.« – »Hat Deutschland nicht auch mal mit roten Socken gespielt?« – »Ist jetzt Spielpause? Bestellt mir jemand zwei Bier?« – »Was bitte singen die da?!« – »Ich mag ja die Farben bei so einem Fußballspiel so gerne: grün, weiß und blauer Himmel. Hübsch sieht das aus.« – »Gute Frisur, die der Hummels da hat. Ist auch ein schöner Name. Mats. Aber seine Frau nervt.« – »Wie? Ich soll mich auf das Spiel konzentrieren? Ich kann Abseits erklären, das reicht ja wohl.«*

Derlei Klischees treffen aber gar nicht das echte Nerv-Zentrum von Christian Huber. Die meisten Männer, die von solchen Kommentaren beim Fußball wirklich so sehr genervt sind, dass es ihnen die Freude am Spiel nimmt, ziehen nämlich alle dieselbe Konsequenz: Sie schauen sich wichtige Begegnungen alleine zu Hause im Wohnzimmer an. Oder nur mit handverlesenen Freunden. Der Autor tut das, zumindest zur EM und WM, aber nicht, sondern macht sich in Kneipen oder, noch härter, Public-Viewing-Areale auf. Er verlässt also seine Komfortzone und trifft da draußen viele andere Menschen mit unterschiedlichsten Bedürfnissen, Wahrnehmungen und Prioritäten – und geht mit einer offenbar besonders störenden Hardcore-Gruppierung unter den Fußballfans schwer ins Gericht. Ich bin überrascht, was die Nerven eines eingefleischten Fußballenthusiasten so zu erschüttern vermag, dass er tatsächlich »beleidigt« zurückbleibt und die Ehre des gesamten Sports verunglimpft sieht: Es sind Frauen, die leichtfertig deutschlandfarbene Blumenketten und Fahnentattoos tragen, obwohl sie dafür nicht

*Sätze notiert beim Fußballspiel Deutschland gegen Frankreich während der Europameisterschaft 2016 in der Hamburger Kneipe *Zum guten Tropfen*. Alle Sätze sind Eigentum meines sehr männlichen Freundes Franz.

die notwendige Qualifikation mitbringen. Das ist wahrlich ein neues Nerv-Level. Für Fortgeschrittene.

Deutschland-Accessoires soll man seiner Meinung nach nur tragen, wenn man ein »echter« Fan der Nationalmannschaft ist und sich generell für den Sport begeistert. Alle zwei Jahre »Fan des Nationalteams sein«, findet er nicht genug, um sich mit Deutschlandhüten und Trikots dekorieren zu dürfen. Es nerve ihn außerdem unendlich, wenn die bunten Frauen ganze Halbzeiten auf der Leinwand verpassen, weil sie lieber »draußen rauchen«, »Prosecco suchen« oder ein Handynetz. Sie nerven ihn also selbst dann, wenn sie gar nicht ansatzweise in seiner Nähe sind. Ihre bloße Existenz auf Erden belästigt ihn so sehr, dass er sie auffordert, diese Art der Kostümierung zum Schutze seines Seelenfriedens zu unterlassen.

Das Verhalten von Frauen, die keine Ahnung von Fußball, aber eine Fahne auf der Backe haben, soll wirklich dazu geeignet sein, jemandem, der den Heimatverein von Max Kruse spontan rückwärts buchstabieren und die Quersumme der Rückennummern aller Ersatzspieler kennt, ernsthaft den »wahren Fußballpathos« kaputt-zu-tussen?

Das kann und mag ich nicht glauben. Das wäre so schade für nahezu alle Festivitäten, die aus mehr als zwanzig Menschen bestehen. Vergällen all die Nicht-Bayern den echten Bayern das Oktoberfest? Weil die schunkelnden Rheinländerinnen ein kostengünstiges Dirndl nicht wegen des bayerischen Nationalstolzes anziehen, sondern weil vielleicht Brüste in keinem anderen Kleidungsstück schöner aussehen, selbst wenn man wie ich keine hat? Ist ein Hamburger Männerhintern, der in einer Lederhose fraglos mehr Sexappeal hat als in einer mintgrünen Röhrenjeans, tatsächlich geeignet, einem eingefleischten Bajuwaren den Spaß zu versauen? Machen die kostümierten Berliner den »echten« Kölnern die Freude am wahren Karneval madig, nur weil die Jungs von der Spree erst nach vierundzwanzig

Kölsch genug Kontrolle über das eigene Sprachzentrum verloren haben, dass sie Kölner Dialekt endlich halbwegs korrekt mitlallen können? Oder mal ohne Alkohol, dafür aber ebenfalls ein beliebter Ort für Public Viewing einmal im Jahr: Sollten alle Einmal-im-Jahr-Gottesdienstbesucher den Kirchen besser an Weihnachten fernbleiben, damit sie die allwöchentlich in Sonntagsmessen pilgernden »echten« Gläubigen in ihrer Jesus-Leidenschaft nicht beleidigen? Oder hat das eine mit dem anderen einfach nichts zu tun?

Christian Huber schreibt als Kolumnist humorvoll über weibliche Modeerscheinungen, die er befremdlich findet. Über Frauen äußert er sich niemals abfällig, sondern liebevoll augenzwinkernd. Hier hat er erstmals eine persönliche Leidenschaft, etwas, wofür er brennt, ins Bild gezogen – und plötzlich wird der eigene Mikrokosmos ganz groß. Zulasten des großen Ganzen.

I'm with you, Pokerbeats. Bei jeder deinen tollen Kolumnen und auch bei deinem von Pathos geschwängerten Herz für Fußball. Ich habe jemanden geheiratet, der drei Tage lang nicht spricht, wenn sein Heimatverein in die Vierte Liga absteigt. Themen, die einem wichtig sind, für die man brennt, die den Alltag bestimmen, die geeignet sind, ein Wochenende, das super anfing, zu einem beschissenen Wochenende zu machen, möchte man von anderen Menschen ernst genommen wissen. Bagatellisieren nervt manchmal fast so sehr wie manche Leute beim Fußball. Es ist in erster Linie großartig, wenn Menschen für etwas brennen. So wie Herr Huber für Fußball. Aber glitzernde Deutschland-Deko in Frauengesichtern als tatsächliches Problem eines »echten« Fußballfans ist einfach eine Steilvorlage, um etwas vorzubereiten, was unter »Think outside the box« passen soll.

Manchmal muss sich einfach der eigene Blickwinkel ändern, dann nervt's schon weniger. Kinder sind für die Überprüfung der eigenen Wahrnehmung ein wahnsinnig gutes Beispiel. Kinder sind wie Anwälte, jeder ist immer von ihnen genervt. Auch, und manchmal ganz besonders, ist man's von den eigenen. Gerade in den letzten fünf Minuten wollten sie mit der Katze baden gehen, dann wollten sie spontan ins Disneyland fahren, danach teilte unser Sohn uns mit, dass er von zu Hause auszieht, sobald er in die erste Klasse kommt, und schlussendlich lag meine Tochter heulend auf dem Fußboden, weil sie feststellte, dass sie heute nicht Geburtstag hat. Und morgen auch nicht. Echt voll nervig. Mag sein. Aber die meinen das ernst. Es ist die Welt, in der sie leben. Ihr eigener kindlicher Kosmos.

Kinder und ihr Kosmos haben aber keine Lobby.

Je mehr Menschen um uns herum also den eigenen Mikrokosmos höher bewerten als den Kosmos von Kindern, umso schlechter ist es um eine Gesellschaft bestellt.

Ein hervorragendes Beispiel für das, was ich sagen will (und gleichzeitig ein schönes Beispiel für eine gnadenlose Überdehnung des eigenen Mikrokosmos zur Kinderlobby) ist eine Kolumne von Lilian Fritze in der *Zuger Woche*. Lilian ist viel genervter als Christian Huber, aber im Gegensatz zu ihm kein bisschen lustig oder selbstironisch. Sie hat einen Brief an »die Mütter« geschrieben und sieht sich selbst als eine Vertreterin »aller anderen«. Sie ist von all denjenigen, die gerade »ihr Brustgewebe opfern«, generell ziemlich genervt und hat sich das Ziel gesetzt, das Zusammenleben von »Müttern und allen anderen« zu erleichtern. Am Ende ihres Briefleins heißt es:

»Wo ich gerade dabei bin, gut gemeinte Tipps zu verteilen, um das Zusammenleben von Müttern und allen anderen zu vereinfachen – zieht es doch mal in Erwägung (»natürlich nur, wenn es möglich ist«), euren Nachwuchs bei einer fürsorglichen Verwandten oder Nachbarin abzugeben, bevor ihr euch mit vier anderen Müttern trefft, um auf Shopping-Tour zu gehen und dann

wie eine Armee von Buggys, Zwillingskinderwagen und Dreirä-
dern den städtischen Fußgänger-Verkehr lahm zu legen. Danke!
Vielen Dank!«

Na ja. Ich sehe ein, dass es ein gewisses Urvertrauen in die eigene Hirn-Extremitäten-Verknüpfung benötigt, um bestimmten Hindernissen im städtischen Fußgängerverkehr adäquat begegnen zu können. Offenbar fällt das manchen Menschen schwer, allen voran Lilian. Ich selbst habe beispielsweise echte Schwierigkeiten mit Pollern. Da ich permanent auf mein Handy starre, renne ich oftmals dagegen und habe mir bei einer solchen Kollision sogar schon mal eine schmerzhafte, behandlungsbedürftige Schambeinprellung zugezogen. Ich folge Lilians Ratschlag für ein Zusammenleben also gerne, er passt so gut in meinen Mikrokosmos, und fordere Rücksicht auf … mich! Jawohl! Ich finde, das Sicherheitsbedürfnis der Bevölkerung, welches vermutlich durch Poller befriedigt wird, sollte hinter meiner eigenen Unfähigkeit, Hindernissen auszuweichen, endlich und dringend zurückstehen. Bitte, entfernt Poller aus dem städtischen Fußgängerverkehr und Litfaßsäulen gleich mit, oder gebt sie bei Freunden und Nachbarn ab. Erst recht sollen sinnlos herumlungernde Brunnen oder Statuen weichen! Fort mit euch! Liebe Rollstuhlfahrer und alte Menschen mit Rollatoren oder Kriegsveteranen mit Krücken, bitte, schafft euch eine Internetverbindung an und konsumiert notwendige Waren gefälligst online. Ihr beeinträchtigt meinen höchstpersönlichen Bewegungsdrang vor den Schaufenstern. Ihr legt den Fußgängerverkehr lahm, und der besteht eben aus Menschen wie mir, die nur geradeaus gehen können oder wollen. Überholen überfordert mich. Ausweichen belästigt mich. Humane Hindernisse sind eine menschliche Zumutung.

Ein Ansatz wie der von Lilian im Namen von »allen anderen«, der für gegenseitiges Verständnis wirbt, könnte nicht kontraproduktiver sein. Dieser hier ist dazu noch exemplarisch für den Kosmos einer immer größeren Gruppe von Menschen, denen Kinder und diejenigen, die sie betreuen, bis sie allein klarkommen, irgendwie immer »im Weg« sind. Bildlich und tatsächlich.

Die Bedürfnisse von Kindern sind mittlerweile selbst in Bereichen im Weg, die zum großen Teil auf Familien ausgerichtet sind. Auch hierfür eignet sich ein Ausflug in Lilians (und aller anderen) Mikrokosmos hervorragend. Lilian hat nämlich neben Kinderwagen in Fußgängerzonen noch ein weiteres Problem dargestellt. Sie isst mit Vorliebe in einem schwedischen Möbelhaus maschinell geformte Bällchen aus Hack und möchte dort nicht von stillenden Müttern belästigt werden, »die ihre Brüste in fremde Teller halten« (also auch in den von Lilian offenbar). Und von Babygeräuschen.

Was soll man dazu sagen? Sie hat ja recht, oder nicht? Eltern müssen Rücksicht nehmen. Der blau-gelbe Einrichtungsgigant IKEA ist jedem gemeinhin als ein Ort bekannt, an dem Kinder absolut nicht willkommen sind, oder etwa nicht? Hier sollen sich vornehmlich Menschen treffen, denen es nach hochwertiger Esskultur gelüstet und die in atmosphärischer Ruhe feinst speisen möchten. Das achtteilige Fischbesteck am liebevoll gedeckten Tisch ist auf Hochglanz poliert, und die Speisenauswahl derart exquisit, dass die Gerichte auch gern mal ein paar Euro mehr kosten dürfen. Das erwartet man, wenn man dort in der Mittagspause hingeht, nicht wahr?

Mit Kindern und Familien hat IKEA absolut nichts am Hut, daher ist Lilian dort mit ihren Ansprüchen an eine Umgebung »ohne spuckende Säuglinge« perfekt aufgehoben. Ist es denn zu viel verlangt, in diesem Haus babyfrei ein Drei-Gänge Menü aus Graved Lachs, Grönsaksbullar und einem exzellenten Stück Äppelkaka genießen zu wollen? Begleitet von einem schönen Glas eisgekühlten 2016er Dryck Lingon aus Preiselbeeren, automatengereift im Getränkespender aus Edelstahl?

Nicht mal im IKEA-Restaurant ist man ungestört. Liebe Mütter, horcht her. »Alle anderen« sind mit ihrer Toleranz am Ende. Geht bitte in familienfreundlich ausgerichtete Etablissements, wenn ihr euer abseitiges Schattendasein mit Säuglingen und Kleinkindern fristen möchtet und sie dort mit der Hilfe von euren Brüsten ernähren wollt. Sucht euch nicht ausgerechnet ein riesiges Möbelhaus mit Selbstbedienung, Geschirrtransportförderband und Bergen gestapelter Kinderstühle aus, wenn ihr mit eurem Nachwuchs einkaufen geht und Nahrung aufnehmen müsst. Man kann zumindest auf dem Klo stillen, oder? Körperausscheidungen gehören genau dorthin. Kein Grund also, in der Nähe von Lilian und allen anderen zu sitzen und sie mit Brüsten zu belästigen. GO HOME! Lilian und alle anderen haben ein Recht auf ihren Mikrokosmos in der Öffentlichkeit. In Fußgängerzonen. In Möbelhaus-Restaurants zur Mittagszeit. Ü-BER-ALL.

Biergärten wären doch vielleicht eine gute Alternative? Da könnt ihr euch eine Ofenkartoffel mit Piratenteller bestellen. Unter euresgleichen. Unter freiem Himmel. Dafür sind Biergärten erfunden worden.

»Halt!«, ruft da gleich ein Düsseldorfer Biergartenwirt. Er hat, ganz im Sinne von »allen anderen«, einen Teil seines Biergartens »für Hunde und Kinder« gesperrt, wie unter anderem die *Süddeutsche Zeitung* berichtete. Ein Schild am Eingang zeigt einen durchgestrichenen Wauwau, und daneben prangt ein weiteres Schild, auf dem vier durchgestrichene Kinder zu sehen sind, die sich an der Hand halten und Ringelreihen tanzen. Seine Gründe für das Kinderverbot in seinem Biergarten sind so naheliegend wie erschreckend. Kläffende Hunde und unkontrolliert spielende Kinder sind eine unzumutbare Belästigung für andere Gäste. »Viele Hundebesitzer und Kinderbesitzer haben heutzutage ihre Kinder und Hunde nicht mehr im Griff«, sagt er. Das hat einfach zu sehr genervt.

Der Strandbereich am Rheinufer des Biergartens ist nun generell für Kinder gesperrt. Die »Wir haben gar nichts gegen Kinder, sondern gegen Eltern, die sie nicht im Griff haben!«-Keule wurde auch hier geschwungen – und funktionierte, wie immer, ganz selbstverständlich als Generalrechtfertigung für die Wichtigkeit der eigenen Bedürfnisse. Und die haben natürlich mehr Gewicht als die der anderen. Ein Kinderfeind möchte nämlich keiner sein. Das klingt so unsympathisch. »Ich hab ja nichts gegen Kinder, aber ...«, ist ja ein allseits beliebter Anfang für Sätze, die immer gegenteilig ausgehen. Ein Elternfeind sein ist dagegen offenbar okay. So kann man sich gesellschaftsfähig kinderfeindlich positionieren: »Die heutigen Eltern haben ihre Kinder nicht mehr im Griff.« Sofort stimmen alle, auch alle Eltern, eifrig nickend zu. Schließlich zählt sich ja ein jeder selbst zu dem Typ Eltern, der seine Kinder auch in den heutigen Zeiten »im Griff hat«.

Ich mag mich gar nicht auslassen über Eltern, deren Kinder in Biergärten Palmen anzünden, Sandburgen auf Restaurantstühlen bauen oder anderen Gäste unter dem Tisch in die Wade beißen dürfen. Das ist selbstverständlich inakzeptabel. Jede Diskussion um Kinder in der Öffentlichkeit landet aber immer genau dort: bei den Einzelfällen, die krass auffallen. Jeder hat dazu eine aufsehenerregende Story parat. Wie übrigens auch zu halsbrecherisch überholenden Motorradfahrern auf der Autobahn, zu betrunkenen Männern an der Bushaltestelle oder zu alten Leuten im Straßenverkehr, die ungerührt über einen Blumenkübel fahren. Niemand kommt hier aber auf die Idee, deswegen Motorradfahren zu untersagen, Busse mit verpflichtenden Alkoholtestern an der Fahrertür auszustatten oder bei Menschen über achtzig generell den Führerschein einzuziehen.

Bei Kindern und Eltern in der Öffentlichkeit reichen die Ausreißer aber, um einschneidende Verbote zu rechtfertigen oder ernsthaft kinderfreie Bereiche in Flugzeugen oder kinderwagenfreie Fußgängerzonen zu fordern. Oder Biergärten für Eltern mit ihren Kindern zu sperren. Bei keiner anderen Gemeinschaft in unserer Gesellschaft wird so bereitwillig akzeptiert, dass von Einzelnen auf die ganze Gruppe geschlossen wird.

Ein durchgestrichenes, südländisch aussehendes Gesicht an einer Diskothek würde einen Shitstorm, massenweise twitternde Politiker und Schlagzeilen auf Tageszeitungen auslösen, alle würden ihr Entsetzen darüber zum Ausdruck bringen. Zu Recht. Es gehört sich nicht. Es ist diskriminierend, menschenverachtend und unfassbar unsympathisch. Es ist das falsche Zeichen. Es führt zu Ausgrenzung und spielt den Intoleranten in die Karten, die Toleranz für ihre Intoleranz einfordern.

Das Biergartenschild verursachte keine politische Grundsatzdiskussion in Talkshows. Es verpuffte in Facebook-Kommentarspalten unter Hunderten von »Ja, manche Eltern sind aber auch wirklich schlimm!«-Beiträgen.

Bei den Reaktionen im Netz arbeitete man sich dazu noch an einem grandiosen Missverständnis des Rechts ab, wenn das »Hausrecht« eines jeden Gastwirts mit dem kurzsichtigen Fazit, dass »es ja jedem freistehe, wen er hereinlasse und wen nicht«, ins Feld geführt wurde. Rechte zu zitieren, macht sich immer gut. Ich mache das beruflich. Das »Recht auf Meinungsfreiheit« ist beispielsweise das falsch verstandene Lieblingsrecht der Hassprediger, und das »Hausrecht« eines Gastwirts findet genau dort seine ethisch-moralische sowie rechtliche Grenze, wo Ausgrenzung anfängt. Ein ähnliches Prinzip gilt für die Betreiber öffentlicher Verkehrsbetriebe, wenn sie mit Schildern das Verzehren von Burgern und das Trinken von Alkohol in Bussen oder Bahnen verbieten. Das dürfen sie. Aber sie dürfen nicht das Befördern von jungen Männern einstellen, nur weil die im Bus öfter Bier trinken und dabei einen Whopper essen als betagte Damen über sechzig. Der Denkfehler des Hausrechts, das alles erlaubt, auch die Ausgrenzung von Menschen, wird offensichtlich, wenn Schwarze im Bus nur noch hinten sitzen dürfen. Hatten wir schon mal. Worte haben Macht. Deswegen hab ich jetzt auch dreißig Minuten ergebnislos recherchiert, ob man heute noch »Schwarze« sagen darf.

Schilder haben auch Macht.

Kinder sind offenbar auf dem Niveau von Straßenschuhen, Handys, Schusswaffen, Hunden und Zigaretten angekommen. Eine Zuschauerin des *Sat. 1 Frühstücksfernsehens* schlug im Mai 2016 »kinderfreie Einkaufszeiten« vor, weil es »immer schlimmer werden würde mit den nervenden Blagen im Supermarkt«. Und kein Moderator zog die rote Karte. Der Biergartenwirt erklärte, er habe ausnahmslos positive Reaktionen auf sein Verbot bekommen, mündlich wie schriftlich. Es erfüllt mich mit tiefster Besorgnis, dass es wahr sein könnte, was er sagt.

Bisher waren es serviceorientierte Schilder, die sich direkt an Kinder in der Öffentlichkeit richteten. Sie sollen den Bedürfnissen von Eltern mit Kindern gerecht werden. Die Kinderabteile im ICE und die Mal-Ecken in Restaurants, das Småland bei IKEA, die Kinderbetreuung in Einkaufszentren oder das Familienhotel im Spessart. Das ist schön, dafür sind Eltern oftmals dankbar, keine Frage. Aber wie so oft, hat auch dieses Bonbon eine Kehrseite. Schon die Existenz dieser »Spezialbereiche« führt teilweise dazu, dass ganz leise bei manchen sogar ein vermeintlicher Anspruch entsteht, im ICE-Großraumwagen »von Kindern unbehelligt« Zug fahren zu dürfen. Oder nicht neben einer vierköpfigen Familie eine Ofenkartoffel essen zu müssen. Oder Kinderwagen beim Einkaufen in der Fußgängerzone nicht ausweichen zu müssen. Oder sich den Hotelstrand generell nicht mit um eine Schaufel streitende Kinder teilen zu müssen, weil sich deren Eltern unverschämterweise gegen ein »Familienhotel« mit 499 Kindern am Frühstücksbuffet entschieden haben. »Wir haben extra ein Hotel gebucht, das nicht als kinderfreundlich beschrieben wurde, und was sahen unsere Augen gleich bei der Ankunft: Kinder. Da wollten wir am liebsten gleich wieder wegfahren.« Ja bitte, fahrt ganz schnell wieder weg zurück ins Wohnzimmer. Euch mag keiner.

Meine Eltern sind mittlerweile Senioren, auch wenn sie das nicht gerne hören. Die würden nicht im Traum daran denken, eine »Seniorenreise« zu buchen, weil es, wie verdammt noch mal überall, auch hier die Mischung ist, die den Charme des »Rausgehens« ausmacht. Wer älter ist, aber nicht zwingend einen Rollator braucht, nicht den Gepäckservice, das diabetikerfreundliche Essen, barrierefreie Unterkünfte oder geschultes Krankenpflegepersonal vor Ort, der muss den speziellen Service nicht nutzen, den das Label »Seniorenhotel« verspricht. Wer »normale« Kinder hat, die mal weinen, bellen, streiten, einem Ball hinterherkrabbeln, laut lachen, andere ansprechen, Fremden einen Witz erzählen, etwas umwerfen, beleidigt weglaufen oder unvermittelt ein Lied über Pupsen anstimmen, der sollte auch keinen »Kinder-Service« mit Kinderanimation am Pool und Schokobrunnen am Buffet nutzen müssen, wenn er ihn nicht nutzen möchte, nur weil andere pauschal von Kindern genervt sind. »Aber dann müssen sich die Kinder auch benehmen«, ist der Reflex, der schon wieder darauf folgt. Kinder benehmen sich! Sie benehmen sich wie Kinder. Senioren wie Senioren. Menschen wie Menschen. Benehmen sollten sich alle, und Kinderverbote sind ganz sicher kein gutes Benehmen. Live and let live.

Der Servicegedanke für die einen wird für immer mehr Menschen zu einem missverstandenen »Recht« der anderen auf kinderfreie Zonen. Von der Fußgängerzone bis hin zum Düsseldorfer Biergarten.

Schilder setzen Zeichen, und das sollen sie auch. Sie sollen die potenziellen Täter einschüchtern und gleichzeitig den Opfern dabei helfen, ihre (berechtigten) Bedürfnisse zu unterstreichen. Ein räuspernder Fingerzeig auf ein durchgestrichenes Handysymbol im Zug fällt leichter als eine mündliche Ansprache des telefonierenden Täters. Ohne das Schild nervt der mich zwar auch, aber nicht ansatzweise so sehr, denn er macht durch das Schild etwas extra »Verbotenes«. Das Bedürfnis nach Nikotinschwadenfreiheit wird durch ein Verbotsschild bei dem einen Gast verstärkt, bei dem anderen aber vielleicht überhaupt erst geweckt.

Was macht ein Schild mit durchgestrichenen Kindern in unseren Köpfen?

Sind kinderfreie Bereiche ein berechtigtes Bedürfnis? Oder sind die Eigenheiten von Kindern ein ebenso natürlicher Bestandteil einer Gesellschaft wie der Platz für den Rollator im Gang oder die gackernde Prosecco-Runde eines fünfzigsten Geburtstags oder der sonore Stammtisch der Dackelbesitzer aus Zeulenroda mit den fragwürdigen Blicken auf das Dekolleté der Kellnerin? Kann man Kinder einfach verbieten, oder ist es eine gesellschaftliche Verpflichtung, sie willkommen zu heißen und, meinetwegen wieder und wieder, diejenigen anzumahnen, die sich so unfassbar schlecht benehmen, dass sie tatsächlich über die Gebühr nerven? Wie wir es bei allen anderen erwachsenen Besuchern, Gästen, Kunden und Klienten auch tun, die klare gesellschaftliche Grenzen höchst individuell sprengen?

Der Maßstab verschiebt sich, wenn Kinder pauschal durchgestrichen werden an Orten, an denen sie selbstverständlich dazugehören. Ein Biergarten ist keine Nacktbar, kein Pornokino oder ein Schlachthaus. Wenn Kinder in diesem Biergarten in Düsseldorf draußen bleiben sollen zur Bedürfnisbefriedigung von Nicht-Kindern, warum denn nicht immer dort, wo »ICH« gerade bin? Im Supermarkt, im Restaurant, im Strandkorb, in der Fußgängerzone, im Nachbargarten, im Naherholungsgebiet, in Zügen, Flugzeugen oder auf Straßenfesten?

Eine Neuruppiner Familie hat die bereits verschobenen Maßstäbe besonders gespürt. Sie erhielt im Mai 2016 einen Bußgeldbescheid der Stadt, weil ihre siebenjährige Tochter mit Kreide »Parkplätze« für ihren anreisenden Onkel auf die Straße vor dem Haus gemalt hatte. Das Haus steht in einer Spielstraße. Der Bußgeldbescheid enthielt zudem eine Androhung, dass die Familie die Beseitigungskosten einer Fachfirma ebenfalls tragen müsse, sollte sie »die Verunreinigungen des öffentlichen Raumes« nicht unverzüglich selbst vornehmen. Mit Kreide auf der Straße zu malen wird zur »Verunreinigung« durch den Paragraphen 4 der Stadtordnung von Neuruppin. Der nächste Regen reicht nicht, da braucht es die Beseitigung von einer Fachfirma. Man muss seine Umwelt nur mit dem entsprechenden Horizont auslegen, dann ist alles ein Affront. So tat es der zuständige Verwaltungsmensch. Diese Meldung hat in den Medien Hohn und Spott verursacht. Zum Glück.

Einkaufen mit Kinderwagen in der Fußgängerzone wird in einer Gesellschaft, die immer eindimensionaler wird, leicht zum »Lahmlegen des städtischen Fußgängerverkehrs«, wenn es Schilder mit durchgestrichenen Kindern an Biergartenzäunen gibt.

»Kinderfreier Flug« als neues Serviceangebot für »normale« Pauschaltouristen? Schwarzmalerei? Von dreihundert Passagieren haben die meisten sicherlich kein Problem mit kleinen Kindern an Bord. Nur wenige Passagiere sind der Meinung, dass Flugreisen mit Kindern aus Rücksicht auf »alle anderen« grundsätzlich nicht sein müssten. Einen Aufenthalt im Streichelzoo nebenan sehen diese Wenigen als feine Lösung, die als Urlaub gelten müsse, wenn man sich denn nun mal Kinder »angeschafft hat«. Diese wenigen Motzer fallen aber viel mehr auf. Diesen Effekt haben sie mit den Eltern, die ihre Kinder Essen im Restaurant herumwerfen lassen, ironischerweise gemeinsam. Und Eltern reagieren auf diese Menschen so.

Die *Bild* und die Zeitschrift *View* berichteten 2014, lange vor dem biergärtnerischen Kinderverbotsschild, von der »total süßen Aktion« der Eltern der dreizehn Monate alten Zwillinge Jan und Anna. Die Familie flog nach Teneriffa in einem Flugzeug. In Flugzeugen gibt es keine Kinderabteile wie in einem ICE, dafür aber eine enorm hohe Pulsfrequenz unter den reisenden Eltern. Das Zwillingselternpaar machte sich viele Gedanken, was diese Urlaubsreise betraf. Ob die Unterkunft kinderfreundlich war, ob der Mietwagen Kindersitze hatte, ob es passende Ausflugsziele gab. Dazu kam der Transport von vier Koffern mit Kleidung für jede Wetterlage und die richtige Sonnencreme. Bis hierher unterschieden sie sich nicht von allen anderen Urlaubern. Die Zwillingseltern bereiteten aber noch mehr für ihre Reise vor. Am Wohnzimmertisch packten sie für eine ganze Boeing 747 Tüten mit Naschkram. Kinderschokolade, Traubenzucker und Gummibärchen. Und sie verfassten einen Entschuldigungsbrief:

Liebe Passagierin, lieber Passagier,
wir sind die Zwillinge Anna und Jan. Wir sind genau 13 Monate und 4 Tage alt und mit Ihnen heute auf dem Flug nach Teneriffa. Unsere Mama und unser Papa begleiten uns natürlich. Sie kümmern sich wirklich liebevoll um uns ... Aber manchmal gibt es Kommunikationsschwierigkeiten. Sie müssen wissen, wir können noch nicht sprechen. Zudem können wir ungeduldig sein – eine tückische Mischung. Während dieses 4-Stunden-Fluges werden wir sicherlich viele Wünsche und Wehwehchen haben. Es kann passieren, dass unsere Eltern unsere Wünsche fehlinterpretieren oder viiieeeel zu lahm sind. Die Erfahrung zeigt, dass wir in diesem Fall lauthals losbrüllen. Bitte sehen Sie uns die eine oder andere Ruhestörung nach. Wir bitten um Verständnis. Damit sie uns vielleicht verzeihen können, haben wir eine schöne Auswahl an

Leckereien zusammengestellt. Einen guten und hoffentlich ru-
higen Flug wünschen ANNA UND JAN
PS: Wenn es wirklich ZU laut wird, kommen Sie doch zu Sitz
13 F. Unser Papi hat ein paar Ohropax dabei.

Natürlich ist es nett, anderen Mitmenschen Süßigkeiten zu schenken. Die Eltern von Jan und Anna haben das in diesem Fall aber nicht getan, weil sie zu viel Zeit oder Geld übrig hatten und andere Mitreisende selbstlos glücklich machen wollten. Sie packten eine wahnsinnige Menge Päckchen, damit sie nicht durch den Zorn, das Unverständnis und die Ignoranz anderer Passagiere selbst unglücklich gemacht werden. Das ist ein Unterschied. Und ein exemplarisches Armutszeugnis für die Wahrnehmung von Kindern in unserer Mitte. Wenn sich Eltern, die mit zwei kleinen Kindern in den Urlaub fliegen, bemüßigt fühlen, ein komplettes Flugzeug im Vorfeld schriftlich um Verständnis für Selbstverständlichkeiten zu bitten und mit Süßigkeiten milde zu stimmen und die Presse das auch noch »total süß« findet, sind wir auf dem falschen Weg.

Das Fazit der Nerv-Los-Wochos?

Die halbe Welt stöhnt über die kleinen Stubenhocker von heute und ihre Helikopter-Eltern. Ich höre sie alle alltäglich murmeln: »Früher haben wir noch Indianer gespielt, uns die Knie aufgeschürft und in der Erde gewühlt. Wir haben Banden gegründet, mit Stöcken gekämpft, auf der Straße gekickt und mit dem gespielt, was wir vorgefunden haben. Heute sitzen die Kinder nur noch debil vor ihren PlayStations, zocken am Handy, glotzen dämliche Cartoons, und ihre verweichlichten Eltern tragen ihnen den Wohlstand hinterher.«

Sobald unsere Kinder heute aber unhelikopterisch nach draußen gehen und am Leben teilnehmen, werden sie durchgestrichen, mit Bußgeldern belegt oder mit all unserem Erwachsenenlärm aus Laubpustern, Rasenmähern, Heckenscheren, Baustellen und Dieselfahrzeugen übertönt. Außer man besticht »die anderen« mit Gummibärchen und verteilt großzügig Ohropax.

Meinungsvielfalt ist die Basis politischer Bildung und der Diskurs ihr Motor, darum müssen wir uns auch Meinungen, die wir vollkommen beknackt finden, anhören und uns sogar mit ihnen auseinandersetzen. An dieser Stelle herzlichen Dank für den Kauf dieses Buches. Gehen wir in den Diskurs. Die Meinungsfreiheit ist eines unserer höchsten Güter. Sie ist das Fundament unserer Demokratie, so drückte es einst das Bundesverfassungsgericht in komplexerem Juristendeutsch aus, als es im sogenannten Lüth-Urteil von 1958 den Artikel 5 des Grundgesetzes beackerte. Nur weil jemand anders denkt, ist er nicht dumm, falsch informiert oder gar böse. Er ist vielleicht ähnlich schlau wie man selbst, hat ebenfalls Moral und ist vielleicht ebenso informiert, obwohl wir ihm wegen seiner Meinungshaltung die Pest an den Hals wünschen möchten.

Der Kolumnist Harald Martenstein schrieb einst sinngemäß: »Wer nur liest, um sich in seiner Meinung bestätigt zu wissen, sollte das Lesen lieber ganz aufgeben«, und die britische Schriftstellerin Evelyn Beatrice Hall legte dem französischen Aufklärer Voltaire in ihrem Buch *The Friends of Voltaire* ein Zitat in den Mund, das er zwar selbst nie geäußert hatte, aber das Recht auf einen eigenen Mikrokosmos wunderbar umschreibt: »Ich missbillige, was Sie sagen, aber ich werde bis zum Tod Ihr Recht verteidigen, es zu sagen.«

Das Recht versucht das Spannungsfeld von »Leben und leben lassen« ohne Pechfackeln, Mistgabeln und ohne »F*** Y** VERY MUCH« zu lösen. Das ist zugegebenermaßen deutlich langweiliger – ich kämpfe bei jedem zehnten Schriftsatz mit Narkolepsie, weil ein gemalter Mittelfinger oder ein hübscher Kussmund manchmal so viel mehr sagen würden als zwei

Seiten juristische Argumentation. Aber ich bin jeden Tag dafür dankbar, dass uns die Judikative weitgehend zivile Möglichkeiten des Zusammenlebens sichert, ohne dass ich mit Mandanten Pistolenduelle ausfechten oder mich selbst vom Scheiterhaufen schneiden müsste.

Unsere Verfassung und die darauf basierende Rechtsprechung zeigt all unseren Grundrechten, die uns im täglichen Leben begleiten, sogenannte »Schranken« auf. Diese Grenzen beschränken die Grundrechte eines jeden Einzelnen, und meist werden sie dort gezogen, wo die (Grund-)Rechte des einen mit den (Grund-)Rechten eines anderen kollidieren. Nur die »unantastbare Menschenwürde« aus Artikel 1 GG (Grundgesetz) soll ohne jegliche Einschränkung felsenfest stehen, sie ist das einzige »schrankenlose« Grundrecht.

Das Grundrecht auf Meinungsfreiheit ist also keineswegs eine Generalrechtfertigung, alles sanktions- und rücksichtslos raushauen zu dürfen, was man so »meint«. Man darf beispielsweise niemanden einfach so beleidigen, auch wenn man ihn ganz beschissen findet und ganz schrecklich von ihm genervt ist. Eine weitere klassische Schranke der Meinungsfreiheit ist der Schutz des öffentlichen Friedens, daher sind Hetze und Hass auch keine Meinung, sondern strafbar und keineswegs von einem Grundrecht gedeckt.

Was aber genau eine »Beleidigung« ist oder gar »Hass« oder »Hetze« und was noch »Meinung«, entscheiden der Einzelfall und die Justiz. Mein Lieblingsurteil als Schwäbin ist ja das des Amtsgerichts Ehingen aus dem Jahr 2009. Der Ausspruch des Beschuldigten, »Leck mich am Arsch«, stellte nach Ansicht des Richters im schwäbischen Sprachgebrauch keine strafbare Beleidigung dar. »Leck mich am Arsch« sei zwecks »Beendigung eines Gesprächs oder Zurückweisung einer als Zumutung empfundenen Bitte« im Schwabenland gesellschaftlich akzeptiert.« Heilig's Blechle!

Die Schaltfläche »Jetzt hassen« meiner neuen Lieblings-homepage www.ichhasse.es ist ebenso ein wunderbarer Ausdruck von Meinungsfreiheit und ein gutes Beispiel für Satire, die ebenfalls einen sehr hohen Schutz genießt. »Das Drecksdorf Ahaus-Ottenstein« sowie »vorgewärmte Einkaufswagengriffe« oder »Menschen, die einfach stehen bleiben« kann man bedenkenlos kacke finden, und man kann den lieben langen Tag darüber meckern. Genauso darf man kreischende Tussi-Gruppen mit Deutschland-Tattoos, Kinderwagen-Kavallerien in Fußgängerzonen oder straßenbemalende Bälger in der Spielstraße atom-belästigend finden und das auch so sagen. Das ist die geschützte Meinungsvielfalt, und die Freiheit des anderen endet nicht dort, wo er nicht der eigenen Meinung ist. Sobald man aber diejenigen, die einem unfassbar auf den Zeiger gehen, verbieten, einschränken oder ausschließen möchte, berührt man deren Grundrechte ganz unmittelbar, und dafür braucht es gute Gründe, die sich an den Rechten der Betroffenen messen lassen müssen. Ob eine solche Einschränkung gerechtfertigt sein kann, ist also nicht eine Frage der eigenen, sondern vielmehr eine juristische Abwägung: So kam es in unserem Zusammenleben also zu Rauchverboten in Kneipen, autofreien Zonen in der Innenstadt, Dezibel-Grenzen bei Rockkonzerten, Naturschutzgebieten im Harz oder dem Solarium-Verbot für bleichgesichtige Minderjährige in ganz Deutschland.

Die Juristen schauen sich immer den Einzelfall an und wägen vor Gericht in einem Diskurs ab, welches Recht das andere »sticht«. Deswegen sind die Richterbänke, je höher die Instanz und je schwerwiegender eine Entscheidung ist, nicht nur mit einem Richter besetzt, sondern mit mehreren. Die Richter sind nämlich auch nicht immer einer Meinung, hier entscheidet schlussendlich die Mehrheit. Ganz speziell Grundrechte und ihre Auslegung sind, wie schon erwähnt, dem Wandel der Zeit, politischen Strömungen, gesellschaftlichen Werten und

Normen unterworfen. Recht wird von Menschen geprägt. Den Anwälten, die die Klagen überhaupt formulieren, einreichen, argumentieren und widerlegen. Den Staatanwältinnen, die ermitteln oder es sein lassen, weil keine Veranlassung besteht. Den Richtern, die auswerten, interpretieren und entscheiden.

Sie alle bieten unterschiedliche Charaktere, Kindheiten, Liebesgeschichten und Schicksalsschläge auf und nähern sich den Bewertungen »was nervt« aus unterschiedlichsten Richtungen. Daher wäre eine möglichst vielschichtige Besetzung beim Bundesverfassungsgericht, dem Hüter der Grundrechte, natürlich umso wünschenswerter. Eine alleinerziehende Mutter von drei Kindern hat es auf dem Weg zur Verfassungsrichterin sicherlich sehr schwer, aber vielleicht steckt ja unter den Roben auch jetzt schon die Tochter oder der Sohn einer Alleinerziehenden, der Bruder eines Behinderten oder die Cousine eines adoptierten Kindes und behält deren Lebenswirklichkeiten bei all den Abwägungsfragen im Hinterkopf.

Ein gutes Beispiel dafür, wie die Stimmung in der Gesellschaft und der Blick auf Familien unser aller Rechte und Grenzen beeinflussen kann, ist das »Elternrecht«. Was unter »Elternrechten« und »Erziehung« zu verstehen ist, hat sich in den letzten hundert Jahren einmal um sich selbst gedreht. Ja, früher hatten Eltern ihre Kinder noch im Griff! Und wie!

Unser Bürgerliches Gesetzbuch von 1900 ist viel älter als unser Grundgesetz, denn das gibt es erst seit Ende des Zweiten Weltkriegs. Was Erziehung bedeuten soll und was Eltern und die Gesellschaft darunter zu verstehen haben, wird also erst seit 1949 an den Statuten unserer Verfassung gemessen, nämlich am »Elternrecht« aus Artikel 6 Abs. 2 GG.

Im Jahre 1900 wurde das »Züchtigungsrecht des Vaters« in § 1631 BGB verankert. Väter galten lange Zeit unangefochten als das Familienoberhaupt. Gesellschaftliche Strömungen veränderten sich, und erst knapp sechzig Jahre später wurde diese Differenzierung mit dem »Gleichberechtigungsgesetz« aufgehoben, nachzulesen bei meinen Ausführungen über »Social Butterflies« in diesem Buch. Dies allerdings mit der denkbar merkwürdigen Auswirkung, dass ab diesem Zeitpunkt beide Eltern ihre Kinder »gleichberechtigt« verhauen durften. Das Züchtigungsrecht wandelte sich im Lichte des Grundgesetzes über »Lehrer dürfen nicht mehr körperlich züchtigen« (1976) hin zu einer Änderung des § 1631 BGB mit dem Zusatz »entwürdigende Erziehungsmaßnahmen sind unzulässig« (1980). Weiter ging es über ein (heute) unfassbares Urteil des BGH von 1986, das Eltern noch immer »eine Befugnis zur maßvollen körperlichen Züchtigung« zusprach. Die Erziehung mit einem stockähnlichen Gegenstand war nach Ansicht der fünf Richter also noch vor dreißig Jahren ein Ausdruck des Elternrechts aus Artikel 6 GG.

Die Jahrhundertwende musste erst ihren Einzug halten, damit die gewaltfreie Erziehung als »Schranke« des Elternrechts aus Artikel 6 GG in § 1631 Abs. 2 BGB manifestiert wurde: »Kinder haben ein Recht auf gewaltfreie Erziehung. Körperliche Bestrafungen, seelische Verletzungen und andere entwürdigende Maßnahmen sind unzulässig.« Eltern begehen außerdem eine strafrechtlich relevante Körperverletzung nach § 223 StGB, wenn sie ihre Kinder züchtigen, genau wie alle anderen auch.

Man sieht also hier sehr schön, wie sich Mütter- und Väterbilder in der Gesellschaft auswirken, wie sich der Blick auf Kinder und der Umgang mit ihnen im Recht niederschlägt, und wie lange es dauern kann, bis verkrustete Wahrnehmungen aufbrechen.

Ich möchte keine neuen Verkrustungen akzeptieren, nur weil Kinder immer mehr aus unserer Öffentlichkeit verschwinden. Sonst werden sie noch komplett unsichtbar. Ich will kein gefühltes Recht auf kinderfreie Zonen. Auch nicht unter dem

Deckmantel des »Hausrechts« eines Gastwirts, eines Vermieters oder eines Veranstalters.

Es ist schon richtig, es gibt das Hausrecht des Gastwirts, des Eigentümers, des Mieters. Es kommt aus dem Grundsatz des »Hausfriedens« und basiert unter anderem ebenfalls auf einem Grundrecht, der »Unverletzlichkeit der Wohnung« aus Artikel 13 GG. Das Hausrecht gibt prinzipiell jedem das Recht, einen anderen, der ihn einfach nur nervt, nicht willkommen zu heißen und auszuschließen. Man braucht dafür keinen Grund. Ein solches Hausrecht gibt es nicht nur für das eigene Haus oder die eigene Wohnung, es gilt auch für gewerblich genutzte Grundstücke. Verstößt jemand gegen das Hausverbot, das man ihm ausdrücklich erteilt hat, liegt ein strafrechtlich relevanter »Hausfriedensbruch« vor. Eltern, die mit Kindern also den besagten Biergarten am Rheinufer betreten, begehen folglich einen Hausfriedensbruch nach § 123 StGB.

Demgegenüber steht aber ein verfassungsmäßig und im Antidiskriminierungsgesetz verbrieftes Recht, den Zugang zu Dienstleistungen diskriminierungsfrei zu gewährleisten. Wer einem Blinden mit Blindenhund den Zugang zu einem Restaurant verwehrt, weil er Stevie Wonder noch nie leiden konnte, oder wer seine Wohnung nicht an eine Frau vermietet, deren Freund eine dunkle Hautfarbe hat, mag dies aufgrund einer Hausordnung, einer Dienstanweisung oder aufgrund einer persönlichen Entscheidung tun. Trotz allem bewegt er sich mittendrin im Anwendungsbereich des AGG, unseres Antidiskriminierungsgesetzes, und das verbietet Ungleichbehandlungen, wenn sie nicht ausreichend gerechtfertigt sind im Sinne des Gesetzes.

Das Gesetz selbst setzt hierbei den »Gleichbehandlungsgrundsatz« aus Artikel 3 GG um und gibt die Möglichkeit, dieses Grundrecht direkter auf zwischenmenschliche Beziehungen anzuwenden und nicht nur im Verhältnis Staat und Bürger. Die Begründung »Kinder nerven, sind oft laut und machen öfter Sachen kaputt« ist juristisch im Sinne des AGG betrachtet lediglich eine »reine Zweckmäßigkeitserwägung«, wenn man es gerne ruhig hat. Es ist aber kein Rechtfertigungsgrund im Sinn des Gesetzes. »Kinder müssen sich in Begleitung ihrer Eltern befinden, um hier hinein zu dürfen« – diese Formulierung findet dagegen oftmals eine juristische Rechtfertigung im Jugendschutzgesetz und hat ein völlig anderes Ziel: den Schutz der Kinder. »Kinder dürfen nicht in die Pornovideothek.« Aber nicht, weil sie dort rumtoben und die Erwachsenen bei der konzentrierten Auswahl stören, sondern weil es Kindern schaden könnte, von dem wilden Potpourri der sexuellen Bedürfnisse der Erwachsenen ungefiltert zu erfahren.

Juristisch betrachtet sind Kinderverbotsschilder aber nicht nur aus Diskriminierungsgründen inakzeptabel. Sie sind dazu noch komplett unpraktikabel. Hier ist nämlich schon fraglich, welche Altersgrenze sich der Biergartenwirt bei den verbotenen Kindern so vorgestellt hat.

Minderjährig und somit beschränkt geschäftsfähig ist man bis zum achtzehnten Geburtstag. Nach dem Jugendschutzgesetz ist man rechtlich ein Kind, bis man vierzehn Jahre alt wird. Also keine siebzehnjährigen, gackernden Teenagergruppen an den Bierbänken? Oder zumindest keine zwölfjährigen Freizeitkicker auf dem Rasen?

Eine weitere Altersgrenze, die sich der Wirt vielleicht vorstellt, liegt bei der Haftung für Schäden. Nicht selbst haftbar sind Kinder, bis sie sieben Jahre alt sind. Hier haben die Eltern die Aufsichtspflicht und haften für die Schäden, die ihr Kind anrichtet, wenn sie die Aufsichtspflicht verletzt haben. Je jünger und unvernünftiger ein Kind ist, umso engmaschiger muss es in der Öffentlichkeit beaufsichtigt werden. Der BGH hat in einem Urteil vom 24. März 2009 sehr schön zusammengefasst, wie die Rechtsprechung bis dato mit der Aufsichtspflicht für Kinder unter sieben Jahren umging, und bis heute hat sich daran nicht viel geändert. Nach Ansicht des Bundesgerichtshofs haben Kinder ab einem Alter von vier Jahren einen gewissen Freiraum, in dem sie unbeaufsichtigt sein können und sogar sollen. »Kinder in diesem Alter dürfen ohne ständige Überwachung im Freien, etwa auf einem Spielplatz oder Sportgelände oder in einer verkehrsarmen Straße auf dem Bürgersteig spielen und müssen dabei nur gelegentlich beobachtet werden. Ein Kontrollabstand von 15 bis 30 Minuten wird als zulässig angesehen, um das Spiel von bisher unauffälligen Kindern außerhalb des elterlichen Hauses zu überwachen.«

Man sieht an der Zeitspanne von fünfzehn Minuten, wie groß der Spielraum ist und wie es letztendlich individuell auf das eigene Kind ankommt. Was die Gerichte hiermit ganz klar sagen wollen: Zünden Sechsjährige plötzlich eine Palme an und waren sie bisher nicht als kleine Brandstifter in Erscheinung getreten, ist ein solches Vorkommnis nicht pauschal eine Pflichtverletzung der Eltern, nur weil sie gerade damit beschäftigt waren, die Reste vom Kinderteller aufzuessen. Scheiße ist so eine brennende Palme trotzdem. Keine Frage. Die Gerichte und das Recht wollen aber trotzdem eines nicht: Kinder generell in ihrem Spieltrieb einschränken, weil sie auch mal etwas anstellen, was aus dem Ruder läuft. Sie geben daher Eltern nicht auf, die Kinder pausenlos zu beobachten. Zum Spieltrieb gehört sogar fieser Schabernack, mit denen die Eltern nicht rechnen konnten. Ein brennender Palmwedel ist im Mikrokosmos kleiner Kinder nicht weit entfernt vom buschigen Blätterzweig beim Osterfeuer letzte Woche. Shit happens. Das sagt der BGH ganz deutlich.

Wer aber einen familienbekannten Feuerteufel daheim hat, für den gelten die fünfzehn Minuten unbeaufsichtigtes Spielen nicht. Diese Eltern müssen ihr zündelndes Kind im Hinblick auf brennbare Gegenstände genauer im Auge behalten. Tun sie es nicht, müssen sie für den entstandenen Schaden haften.

Baut ein kleines Kind also unerwartet mal Mist, dann ist das ärgerlich für alle Beteiligten und ein Gebot des gesunden Menschenverstands, hierfür Lösungen zu finden. Juristisch wird man hier aber nicht weiterkommen, und ein Schild mit »Kinder verboten« ist von gutem Menschenverstand so weit entfernt wie ein »generelles Badeverbot für männliche Flüchtlinge« in der Schwimmhalle von einer Gesellschaft, in der ich leben will.

Die »Lärmbelästigung« im Flugzeug durch weinende Zwillinge ist im Übrigen, juristisch betrachtet, nicht mal Lärm. »Kinder machen keinen Lärm«, so der BGH sinngemäß, wenn er Mietminderungen prüfen muss oder Kinderspielplätze vor Wohnhäusern abgebaut werden sollen. Kinder machen keinen Lärm? Das dürfte nun bei so einigen Eltern, die gerade einen kreischenden Zweijährigen beruhigen müssen, weil dessen Knäckebrot zerbrochen ist, während die Vierjährige mit einem Bobby-Car über den Dielenboden brettert und der Elfjährige seinen Basketball taktvoll gegen das Garagentor wirft, den beginnenden Tinnitus vollständig aus dem Takt bringen. Nach § 22 Abs. 1a des »Gesetzes zum Schutz vor schädlichen Umwelteinwirkungen durch Luftverunreinigungen, Geräusche, Erschütterungen und ähnliche Vorgänge«, nett und kurz auch BImSchG, sind Geräusche, die beispielsweise von Kinderspielplätzen oder auf der Straße hervorgerufen werden, im Regelfall keine schädlichen Umwelteinwirkungen im Sinne des Gesetzes. Immissionsgrenz- und Richtwerte, wie sie beispielsweise für Laubpuster oder Rasenmäher oder Düsenjets gelten, sind bei Kinderlärm nicht gültig, obwohl sie diese teilweise locker überschreiten. Meine Kinder zumindest, wenn sie Zähne putzen sollen.

Kindergeräusche stehen unter einem besonderen Toleranzgebot der Gesellschaft, und die Geräusche spielender Kinder gelten rechtlich als »Ausdruck der kindlichen Entwicklung und Entfaltung« und sind daher grundsätzlich zumutbar für den Rest der Gesellschaft. Das Wissen um diesen rechtlichen Grundsatz dürfte Eltern erleichtern, die eine nachbarschaftliche Diskussion über basketballspielende Kinder am Nachmittag führen müssen, während die baumfällende Kettensäge des Nachbarmanns so laut ist, dass man seine schimpfende Nachbarsfrau nicht mal hören kann. So geschehen bei uns in der Spielstraße letztes Jahr.

Kinderspielplätze müssen auch generell keine »Schließzeiten« in der Mittagszeit einhalten, nicht auf Kinder unter zwölf beschränkt oder gar ins Gewerbegebiet verlegt werden, weil die Geräuschkulisse durch schreiende, schaukelnde Kinder auf normalen Spielgeräten den Nachbarn in einem Wohngebiet auf den Zeiger geht. Das Gebot der gegenseitigen Rücksichtnahme ist nicht pauschal durch einen Kinderspielplatz im Wohngebiet verletzt, so das Verwaltungsgericht Trier mit Urteil vom 15. Oktober 2015.

Der verkaterten Jurastudentin (mir) half dieses Wissen faktisch natürlich überhaupt nicht. Ich litt Höllenqualen, wenn der einjährige Rasmus über mir sonntags um acht sein eigenes Wacken-Open-Air veranstaltete und wild headbangend und mit Metallketten rasselnd den Teufel anbetete. So stellte ich mir zu dieser Zeit jedenfalls die Situation in seinem Kinderzimmer vor. Heute weiß ich, dass seine Eltern vermutlich nur versucht haben, ihm die Haare zu kämmen. Juristisch war ich komplett chancenlos. Genauso hätten aber auch Rasmus' Eltern juristisch keine Chance gehabt, wenn gegen 21 Uhr meine Stiletto-Freundin Kathrin durch den Flur trampelte und wir mit einer guten Flasche französischen Rotweins die Marseillaise zweistimmig einstudierten, um die Sexgeräusche von Andi aus der Wohnung nebenan angemessen musikalisch zu untermalen.

Geräusche, die andere machen, sind meistens nervig. Das gilt vermutlich für alle fremdverursachten Laute, außer die desjenigen, mit dem man gerade schläft. Allerdings wurde mir auch hier schon von absoluten Unzumutbarkeiten berichtet. Meine Mutter wiederum muss reflexartig den Raum verlassen, wenn jemand neben ihr einen Apfel isst. Sie kann die Kaugeräusche nicht ab. Mir hat mal ein Ex-Freund im Zuge einer Trennung vorgeworfen, ich würde nachts zu geräuschvoll mit den Zähnen knirschen, und ich schwöre, es gibt niemanden auf der Welt, der jemals lauter seine Zähne geputzt hat als er. Der Arsch.

Für Mietverhältnisse und das Zusammenleben mit Kindern gilt vereinfacht also folgender Grundsatz: Alles, was normale Menschengeräusche sind, muss man schlicht und einfach aushalten. Herabfallende Bauklötze in der Mittagspause, kreischende Babys nachts um drei, Bibi Blocksberg nach Feierabend, Basketball-Freiwürfe auf dem Innenhof oder planschende Kinder in der Regentonne am Ostermontag sind normale Menschenkindergeräusche, und die gehören, auch nach Ansicht der obersten Richter, zu einer Gemeinschaft dazu. Mit Rollschuhen hin- und herfahrende Kinder im Hausflur oder Schraubenzieher-Klopfkonzerte auf der Heizung von achtjährigen Abkömmlingen von Dave Grohl aber ganz klar nicht.

Gesetzliche Ruhezeiten gibt es im Übrigen nicht. Manchmal legen Bundesländer, Gemeinden oder Hausordnungen Ruhezeiten fest, die sind aber für Kindergeräusche komplett irrelevant. Die gelten nur für Erwachsenenlärm. Das Gebot der gegenseitigen Rücksichtnahme ist wünschenswert und existenziell für ein friedliches Zusammenleben. Wer Nachbarn hat, die im Schichtdienst arbeiten, ist gerne gehalten, Benjamin Blümchen morgens um zehn ein paar Stufen runterzudrehen oder Bobby-Car-Rennen über die Schwellen zu unterbinden, wenn das Paar im Erdgeschoss die Sonntagszeitung liest. Im Gegenzug kann man menschlich erwarten, dass nicht aus dem Fenster gekeift wird, wenn die Kinder eine Wasserbombenschlacht im Garten veranstalten. Die Schlafenszeiten von Kindern beim Rasenmähen um 20 Uhr könnten auch berücksichtigt werden. Das setzt jedoch etwas sehr Schwieriges voraus: Aus dem eigenen Mikrokosmos auszubrechen. »Think outside the box. F*uck the box.«

Wer mit alledem nicht leben kann, mit der Kleidung, die andere Menschen tragen, mit den Geräuschen, die sie machen, mit den Bedürfnissen und Eigenheiten, die sie ausmachen, der zieht woanders hin. Ich empfehle, in ein hübsches Tipi auf einer einsamen Insel auszuwandern. Wenn man Pech hat, wohnt dort aber Familie Fettschwalm nebenan. Das sind die einzigen nachtaktiven, früchtefressenden Vögel der Welt, und sie produzieren Klickgeräusche von bis zu 100 Dezibel pro Vogel. Sie leben in Kolonien mit ungefähr tausend Mitgliedern. Da wünscht man sich dann von Herzen die fünfköpfige Familie im Biergarten zurück, wetten?

TELESHOPPING FÜR ARSCHGEIGEN

Der Apfel fällt nicht weit vom Stamm, heißt es so schön. Das ist ein sehr wahrer Satz. Meine Kindheit war geprägt von diversen Fitnessgeräten aus dem Teleshop. Mein Vater, fasziniert von der Möglichkeit, seine wohlverdiente Sonntagabend-Couch nicht verlassen zu müssen und trotzdem ein wahnsinnig passionierter Sportler zu sein, bestellte in regelmäßigen Abständen Bauchmuskeltraining-Equipment vor dem Fernseher. Ein Anruf »noch heute« – und sieben Tage später war der Waschbrettbauch quasi schon da. Weitere sieben Tage später stand der Wonder-Core-Smart-Ganzkörpertrainer neben der Slashpipe-Mini-Bizepshantel, dem Plexx-Knie-Trainer, dem Duo-Wheel-AB-Bauchmuskelroller, der Schlank-Schwitzhose und dem aufblasbaren Fahrradhelm in der Garage. Das Ganze nahm erst ein Ende, als er den AbTronic-Muskelstimulationsgürtel bestellte und ihn meiner Mutter schenkte. Meine Mutter, von Natur aus mit einem flachen Bauch gesegnet, schnallte sich diesen Gürtel um ihre vermeintliche Problemzone »Wade« und bekam eine Krampfader. Das beeindruckte meinen Vater nachhaltig, und seitdem kauft er nur noch Haushaltsgeräte oder Werkzeuge, die keiner braucht, in Warenhäusern auf der Resterampe im Angebot.

Ich habe diesen vom Stamm gefallenen Apfel leider aufgesammelt. Ich hege eine seltsame Faszination für Dinge, die »gleichzeitig auch etwas anderes sind«, und die gibt es halt nur in den einschlägigen Medien. Ich besitze eine Fernbedienung, die gleichzeitig ein Dosenöffner ist, eine Taschenlampe, die gleichzeitig ein Elektroschocker ist, eine Tasse, die gleichzeitig ein

Kompass ist, Hausschuhe, die gleichzeitig Staubwischer sind, einen Ring, der gleichzeitig ein Nagellackflaschenhalter ist, ein Bügelbrett, das gleichzeitig eine Leiter ist, und für den Stehtisch, der gleichzeitig ein Tischkicker *und* ein Flaschenkühler ist, hätte ich jeden Preis gezahlt, aber er war zu schnell ausverkauft und bis auf weiteres nicht lieferbar. Ich war am Boden zerstört. Natürlich habe ich keines dieser Dinge jemals benutzt.

Erstmals brach sich mein Erbgut seine Bahn, als ich die letzte Klausur im zweiten Staatsexamen gerade hinter mir hatte. Ich wachte am nächsten Tag pünktlich um sechs Uhr morgens auf, mein Puls raste, und als ich feststellte, dass der Horrortrip meiner Prüfungszeit nach langen Jahren vorbei war, sank ich zurück in mein Kissen und machte seufzend vor Glück nach vielen Wochen endlich mal wieder den Fernseher an.

Unsere Wohnung befand sich prüfungsbedingt in einem katastrophalen Zustand. Da kam mir der Teleshopping-Fuzzi auf Kanal 182 mehr als gelegen, der mir versprach, nie wieder putzen zu müssen, wenn ich noch heute den Lotuseffekt-Glasreiniger für einen Schnäppchenpreis von nur 39,99 Euro kaufen würde. »Rufen Sie jetzt an!« JA! Blitzschnell griff ich zum Festnetztelefon, bevor dieser Reiniger für immer ausverkauft sein würde, bedankte mich herzlich bei dem Call-Center-Agenten für das grandiose Angebot und gab meine Kreditkartenummer bei der vierundzwanzig Stunden für mich erreichbaren Bestellhotline durch. Wenige Tage später traf das verheißungsvolle Paket ein. Voller Elan packte ich es aus und sprühte unsere Duschabtrennung gut gelaunt und großzügig mit Lotusblumeneffekten ein. Ich wischte mit den mitgelieferten Gratis-Mikrofasertüchern, die gleichzeitig auch zaubern können, alles trocken und ließ Düsseldorfer Duschwasser darüber laufen. Unser Bad stank wie ein Chemielabor, und die Duschwand ist bis heute so blind, dass wir sie dem Nachmieter als Milchglasscheibe verkauft haben. Was für ein Müll!

Desillusioniert und schimpfend packte ich den Reiniger ein und schickte ihn retour. Natürlich war auch sechs Wochen später keine Rückerstattung des Geldes auf meinem Konto, natürlich rief ich bei der Hotline für 1,99 Euro pro Minute in Liechtenstein an, und natürlich sprach der Call-Center-Mitarbeiter, der nach achtzehn Minuten in der Warteschleife mein Gespräch annahm, kein Deutsch mehr. Er wirkte allerdings nicht überrascht von meiner Unzufriedenheit über die unzureichende Qualität des Produkts und versprach eine sofortige Rückerstattung von 12,00 Euro. Ich hielt es erst für ein Kommunikationsproblem, aber er erklärte mir die fehlenden 28 Euro zu den bezahlten 40 Euro noch einmal ganz geduldig wie folgt: »Frau Straßner, Sie müssen wissen, wir erstatten unseren Kunden nur den Betrag zurück, den unsere Ware wirklich wert ist.«

Mein fassungsloses Schweigen beeindruckte mich selbst. Ich sprach mir, frisch examiniert, jegliche Eignung für einen juristischen Beruf ab, als ich einsehen musste, dass ein Rechtsstreit bei einem Streitwert von 30 Euro mit einer in Liechtenstein ansässigen Briefkastenfirma in keinem Verhältnis zum Aufwand stehen würde, und lernte bei dieser Kosten-Nutzen-Rechnung immerhin fürs Leben. Seitdem kaufe ich Dinge, die gleichzeitig auch andere Dinge sind, nur noch per Rechnung und in deutschen Waren- und Versandhäusern mit funktionierender Kundenbetreuung.

Hier möchte ich jedoch rechtlich auf etwas anderes hinaus, nämlich auf den wirklichen Kampf von David gegen Goliath und einen wahren Ritt gegen die Windmühlen all der Don Quichotes in einem Land, das Einigkeit und Freiheit möchte und dann eine ganze Generation, nämlich meine, egal ob männlich oder weiblich, über die Klinge des Arbeitsrechts springen lässt. Auf dem Boden der Tatsachen liegt hier mal so gar kein Glitzer.

Als ich jüngst für ein Mandat oberflächlich nach Urteilen recherchierte, stolperte ich über die umfangreiche Homepage eines Kollegen. Meiner mit dem zweiten Kind schwangeren Mandantin, einer Zahnarzthelferin, war gekündigt worden. Fraglich war, ob sie zum Kündigungszeitpunkt bereits schwanger war und damit der Kündigungsschutz greift oder nicht. Pauschal geht die Rechtsprechung davon aus, dass sich der Zeitpunkt der Schwangerschaft aus dem ärztlich bescheinigten Geburtstermin ergibt, indem man 280 Tage zurückrechnet. Der errechnete Geburtstermin des Babys meiner Mandantin passte aber ganz und gar nicht mit dem Tag des einzig in Frage kommenden, elterlichen Matratzentangos zusammen. Eltern von kleinen Kindern wissen um die absolute Glaubhaftigkeit solcher Aussagen: Manchmal gibt es eben nur »die eine Nacht«. Herrgott. Irgendwann muss man ja auch mal schlafen.

Meine Recherche führte mich zu einem BAG-Urteil aus dem Jahr 2015, das der Kollege, ebenfalls ein Fachanwalt für Arbeitsrecht, auf seiner Homepage vorstellte. In diesem Fall war eine Frau von ihrem Arbeitgeber, einer kleinen Versicherungsagentur, gekündigt worden, nachdem ihr Chef erfahren hatte, dass sie sich einer künstlichen Befruchtung unterzogen hatte. Die befruchtete Eizelle war bereits zurück in die Gebärmutter gesetzt worden, sollte sich dort einnisten und hoffentlich zehn bis vierzehn Tage später einen positiven Schwangerschaftstest bescheren. Der Arbeitgeber kündigte der Frau kurz entschlossen und fristgerecht zum Monatsende – und zwar noch in der Zeit, in der die Frau mit einer dreitägigen Krankschreibung im Bett lag. Ihr wurde die Arbeitsstelle schneller unter den schmerzenden Eierstöcken weggezogen, als sie auf ein positives Ergebnis einer Schwangerschaft hätte hoffen können, oder bevor klar war, ob diese eventuelle Schwangerschaft die bangen ersten zwölf Wochen übersteht. Im Zweifel bleibt sie also sogar ohne Baby und dazu noch ohne Job zurück, mit dem sie das nötige Geld verdienen kann, um eine künstliche Befruchtung überhaupt zu bezahlen. Ein übelkeitserregender Kreislauf für die Eltern.

Mit derselben »Sorge«, die den Arbeitgeber hier wohl antrieb, müsste man jeden Mitarbeiter schnellstens loswerden, der sich im Teleshop einen Elektromuskelstimulationsgürtel gekauft hat. Krampfaderentfernung ist kein Kinkerlitzchen. Jeder Bandscheibenvorfall eines Arbeitnehmers macht mehr Probleme als eine durchschnittliche Schwangerschaft, bei der darüber hinaus die finanziellen Risiken für den Arbeitgeber durch die Krankenkassen und Erstattung von Lohnkosten für Schwangere mit Beschäftigungsverbot auf ein absolutes Minimum reduziert sind. Es ist zum Kotzen. Fand das Bundesarbeitsgericht auch und gab der Frau recht.

Trotzdem bleibt es ein Skandal, dass diese Frau dafür überhaupt bis zum Bundesarbeitsgericht ziehen musste, und ich weiß nicht, ob sie heute wenigstens eine Mama ist. So ein Ritt durch alle arbeitsgerichtlichen Instanzen ist kein Spaziergang, und er kostet eine Menge Nerven, Zeit und vor allem auch Geld. Kaum eine Familie hat all diese Dinge übrig, schon gar nicht diejenigen, die nicht rechtsschutzversichert sind oder von Gewerkschaften oder Betriebsräten moralisch unterstützt werden. Ich sehe die Resignation und die Unsicherheit in den Gesichtern von jungen Mandanten ständig, wenn ich ihnen erkläre, was ein »Prozessrisiko« ist und dass bei einem Verfahren vor dem Arbeitsgericht nicht der bekannte Grundsatz gilt: »Der Verlierer zahlt alles.«

In arbeitsgerichtlichen Verfahren gilt Kostenteilung. Das heißt, jede Partei trägt die eigenen Kosten selbst. Ursprünglich war das als Schutz für Arbeitnehmer gedacht. Sie sollten nicht von der Geltendmachung ihrer Rechte absehen müssen, weil sie vielleicht die Kosten des Arbeitgebers auch noch zahlen müssten, wenn sie verlieren sollten. In der Realität vor den Arbeitsgerichten verkehrt sich dieser Schutzgedanke jedoch oft ins Gegenteil. Selbst wenn man eine unwirksame Kündigung erhalten hat und die Sache vor dem Arbeitsgericht glatt gewinnt, hat man im Zweifel erhebliche Kosten zu tragen.

Dazu kommt ein Aspekt, den man gar nicht hoch genug bewerten kann: Das Arbeitsrecht ist ein sehr emotionales Rechtsgebiet. Es geht um Existenzen. Nur das Familienrecht ist schlimmer. Eine gekündigte Schwangere, ein erneut grundlos befristet eingestellter junger Vater oder eine Mutter, die Elternteilzeit einklagt, müssen sich seitenweise Schriftsätze durchlesen, die in jedem Satz deutlich machen, wie unerwünscht sie eigentlich sind. Sie lesen, wie schlecht sie gearbeitet haben und wie wenig Zukunft es für sie bei ihrem Arbeitgeber gegeben hätte. Sie kämpfen plötzlich um etwas, was sie haben wollen, haben sollten und brauchen, obwohl ihnen zeitgleich und in feinster Schreibe klargemacht wird, wie sehr man sie doch in Wirklichkeit ablehnt. Wie hart das ist, kann sich auch jeder vorstellen, der noch einen Job hat.

Ich kann jeden verstehen, der resigniert den Mittelfinger hochhält und sich in den Schlaf weint. Das tun viele Mandanten nämlich tatsächlich. Obwohl sie die Kläger sind, was so schön kämpferisch klingt, können sie schon Tage vor den mündlichen Verhandlungsterminen kaum schlafen. Sie rufen fast täglich an. Sie steigen bleich aus ihren Autos vor dem Gerichtsgebäude, kriechen auf dem Zahnfleisch in den Gerichtssaal und sitzen völlig steif neben mir in meiner Harry-Potter-Robe. Die normale bis gute Alltagslaune der auf der beruflichen Seite beteiligten Juristen und der freundliche Small Talk (je nach Kollegenlage und Richterschaft) ist in dieser Situation maximal irritierend und wirkt sicherlich oft wie der blanke Hohn. Für die Juristen ist es Alltag, für die Mandanten einer der TOP 10 Shitty-Days-Of-All-Time. Die angespannten

Kläger für ihren Arbeitsplatz antworten auf direkte Fragen des Gerichts mit zitternder Stimme und einem Herzschlag in der Brust, den man fast hören kann. Oder es brechen die Emotionen durch. Wenn die Gegenseite, der Arbeitgeber, seine Sicht der Dinge schildert, ist das oft schwer zu ertragen. Es geht um die berufliche und finanzielle Existenz, die nur deswegen auf dem Spiel steht, weil man etwas mit seinem Privatleben angestellt hat, was dem Arbeitgeber nicht gefällt. Zum Beispiel ein Kind bekommen. Frauen und Männer, die im Beratungstermin in meinem Büro noch voller Energie und Wut waren, werden immer kleiner und fühlen sich hundeelend. Monatelang. Guter Hoffnung sein und eine hoffnungslose Zukunft vertragen sich nicht miteinander, selbst wenn man in letzter Instanz gewinnt. Die Ärztin rät den Eltern zu Ruhe und Gemütlichkeit. Der Anwalt bläst zum Angriff. Eine fiese Zwickmühle mit nur einem Verlierer. Das ist ein Skandal.

Viele Arbeitgeber wissen um diesen Hexenkessel, und manche pokern im Vertrauen darauf, dass ihre Arbeitnehmer nicht das Geld oder die Nerven haben, einen Prozess anzugehen oder durchzuhalten. Ich kenne auch diese Seite. Ich berate und vertrete auch Arbeitgeber, die einen Mitarbeiter widerrechtlich rausgeworfen haben. Dann ist die Kündigung schon in der Welt und das Kind in den Brunnen gefallen. »Warten Sie ab, ob Sie überhaupt verklagt werden«, habe ich diesen Arbeitgebern selbst schon deutlich öfter gesagt als: »Uiuiui! Den Rechtsstreit werden Sie verlieren.« Es geht ja gar nicht anders: Wer nicht klagt, verliert auf jeden Fall! Viele klagen nicht, weil sie das Geld nicht haben oder weil es ihnen widersinnig erscheint, um etwas zu kämpfen, wo man sie offensichtlich gar nicht haben will.

Längst nicht alle Arbeitgeber sind so. Es gibt eine ganze Menge von ihnen, die sich zu Recht »familienfreundlich« nennen, eine tolle Personalabteilung haben und versuchen, gerichtliche Auseinandersetzungen mit den besten Motiven zu vermeiden. Es gibt tolle Richter und gute Vergleichsverhandlungen, gar keine Frage. Tage, in denen ich am runden Tisch konstruktive Modelle und Lösungen diskutieren kann, sind gute Anwaltstage. Dann fühle ich mich ein bisschen wie eine Mischung aus Angelina Jolie (wegen des sozialen Engagements, nicht wegen der Brüste) und Ally McBeal. Wenn aber eine ungerechtfertigte Kündigung erst einmal im Raum steht, sind die Waffen gezogen. Dann ist der Stein meist schon so losgerollt, dass es nur noch um Schadensbegrenzung gehen kann.

Exkurs Ende – wie mein Professor für Rechtsgeschichte und Gedöns zu sagen pflegte: Das BAG erklärte, wie gesagt, die Kündigung der gerade erst befruchteten Frau nach langem Ringen für unwirksam. Warum? Das mutterschutzrechtliche Kündigungsverbot galt in diesem Fall bereits ab dem Zeitpunkt der Einsetzung der befruchteten Eizelle in die Gebärmutter und nicht erst mit erfolgter Einnistung, denn die dauert ein paar Tage länger. Die Frau wurde also als schwanger angesehen und war damit nicht kündbar. Allerdings darf man davon ausgehen, dass sie mit den Nerven komplett am Ende war. Mein Fall »Straßer gegen Lotuseffektmüll-Firma« wäre dagegen tatsächlich ein Spaziergang gewesen. Ich ruf gleich nochmal in Liechtenstein ein.

Für meine eigene Mandantin, der Zahnarzthelferin, bei der es einen Rechenfehler zum Geburtstermin gegeben hatte, war dieser Fall aber ein guter Anhaltspunkt. Frohen Mutes las ich die Urteilsbesprechung des Kollegen auf seiner Homepage zu Ende, dankbar für den Überblick. Am Ende jedoch erteilte er noch gut gemeinte »Tipps vom Fachanwalt«, und da blieb selbst mir die Spucke weg. Auch ich vertrete Arbeitgeber. Auch ich weiß um bestimmte Sachverhalte und berate entsprechend und bin manchmal auf beiden Augen blind und auf beiden Ohren taub, um nicht komplett durchzudrehen. Aber derartige Statements des Kollegen an populärer Stelle im Internet sind nicht nur in dem von ihm gewählten Zusammenhang an fehlender Maßhaltigkeit kaum zu überbieten. Arbeitsrechtlich und dogmatisch korrekt und zeitgleich ein Aufruf zu einem Verstoß gegen das AGG, der in dieser Deutlichkeit seinesgleichen sucht. Zumindest unter Profis außerhalb der Kommentarspalten. Direkt unter einem Urteil, das ganz klarmacht, wie wenig diese Denke der Arbeitgeber in unserer Gesellschaft Platz haben sollte, gibt der Kollege den Arbeitgebern einen Tipp, damit ihnen das Risiko der BGH-Rechtsprechung erspart bleibt und sie junge Frauen rechtssicher benachteiligen können:

»*Fachanwaltstipp Arbeitgeber: Gerade bei Neueinstellungen fragen mich Arbeitgeber oft, wie sie sich gegen das Risiko, dass die Arbeitnehmerin sich gleich schwanger meldet, absichern können. Dies geht ganz einfach über eine Befristung des Arbeitsverhältnisses. Bei wirksamer Befristung endet das Arbeitsverhältnis auch dann, wenn die Arbeitnehmerin zum Zeitpunkt der Beendigung schwanger ist. Es handelt sich dann gerade nicht um eine Kündigung.*«

Wow. Das sollte man noch mal ganz langsam lesen, was hier vollkommen unkritisch ins Internet gesetzt und als »guter Tipp« getauft wird. Wie einfach es doch ist, genau das zu untergraben, was der BGH verhindern will. Mensch, großartig! Ein toller Tipp! Und so freimütig, ohne rot zu werden. Respekt!

Ich sehe den solariumverbrannten Moderator meines Teleshopping-Senders von 2007 in Gedanken wieder auferstehen und mich mit offenem Mund und fassungslos vor der Glotze sitzen. Der frisch geföhnte Anheizer, der sonst das Titanium-Messerset anpreist, zeigt ganz aufgeregt auf das Telefonsymbol am Bildschirmrand. Warum nicht gleich so:

Liebe Zuschauer, rufen Sie noch heute an! Sehen Sie, wie einfach es ist, sich gegen das Risiko von eventuell funktionierenden Gebärmüttern abzusichern? Es ist wirklich »ganz einfach«! Geben Sie jungen Frauen im kritischen Alter »ganz einfach« einen befristeten Vertrag, dann können Sie sich die Kündigung dieser belastenden Kreaturen sparen, wenn die sich »schwanger melden« sollten. Sie haben schon genug mit all den Krankmeldungen der anderen Mitarbeiter zu tun? Sie sind genervt? Setzen Sie dort den Hebel an, wo sie es noch können: Bei den jungen Frauen! Sortieren Sie Schwangermeldungen gleich zu Anfang aus. Ist das nicht wunderbar? Greifen Sie zu, denn unser Angebot ist multifunktional! Es gilt auch für andere Störenfriede des arbeitsrechtlichen Zusammenlebens. Sie kennen diese Homosexuellen? Die, die ständig Aids bekommen und dann möglicherweise nicht zur Arbeit erscheinen? BÄM! Nutzen Sie unser Angebot, denn es kann gleichzeitig so viele tolle Dinge! Befristen Sie den jungen Mann, den Sie nach dem Hodenkrebsrisiko in seiner Familie befragt haben vorsorglich gleich mit, und erwerben Sie unser Zusatzangebot »Verbotene Fragen in Bewerbungsgesprächen galant verpacken!« Kein Problem. Machen Sie es sich endlich »ganz einfach« und bestellen Sie noch heute das Sparpaket »Befristete Verträge für Arschgeigen« zum Vorteilspreis von 39,99 Euro. Eine Geling-Garantie und kostenlose Arschkarten legen wir noch obendrauf. Das Recht ist auf Ihrer Seite! Ist das nicht toll? Nutzen Sie es doch, und lehnen Sie sich zurück. Sie müssen sich nur gleich am Anfang schlau anstellen. Machen Sie sich endlich frei von Ihrer Verantwortung für die Rentenkassen der jungen Leute, schließlich geht es nicht um diejenigen, die für Sie arbeiten, sondern um Business! Frauen werden schnell zur wirtschaftlichen Belastung, seien wir ehrlich. Zeit ist Geld! Denken Sie wirtschaftlich auf Kosten der jungen Paare und denken Sie auch an unser Paket »Rechtsschutzversicherung Deluxe«. Denn wenn es an den Kragen der eigenen Frau oder Tochter geht, ist die Empörung schnell und sehr groß.

Unser Multifunktions-Paket ist unschlagbar. Holen Sie die goldene Kreditkarte raus und rufen Sie an!

Jungen Frauen »ganz einfach« befristete Verträge zu geben, um sich gegen das »Risiko abzusichern«, dass sie sich vielleicht mal »schwanger melden«. Was für ein toller »Tipp vom Fachanwalt«, der nicht nur wenig Stil hat und schädlich ist, sondern zudem ein aalglatter Verstoß gegen geltendes Recht zum Schutze vor ungerechtfertigten Einstellungskriterien nach dem Allgemeinen Gleichbehandlungsgesetz (AGG). Wer diesem Tipp folgt und aus diesen Gründen befristet, wird eine Entfristungsklage auf Grundlage des AGG verlieren. Es ist schlicht nicht erlaubt, aus diesen Gründen zu befristen. Es ist zutiefst benachteiligend für junge Frauen im Vergleich zu allen anderen. Das AGG ist aus der Senke gehoben worden, um genau solche Vorgehensweisen und gedanklichen Automatismen unterbinden oder zumindest sanktionieren zu können. Ohne eine zuckende Wimper wird unter der eigenen Urteilsbesprechung zu genau der gedanklichen Vorgehensweise aufgerufen, die der BGH hier zu Recht kassiert hat. Was für ein hübscher, juristischer Schachzug zu Lasten einer ganzen Generation junger Frauen und Paare. Es schüttelt mich.

Es ist schlimm genug, dass wir so etwas wie das AGG überhaupt brauchen, aber so offen und ohne eine Spur des Unrechtsbewusstseins zur glasklaren Benachteiligung von jungen Frauen zu ermuntern, ist schon beeindruckend. Man sieht daran, wie sehr eine solche Denke in den Köpfen der Menschen irgendwie »okay« zu sein scheint. Nicht einmal die Frauen selbst begreifen im ersten Moment, wie viel Unrecht ihnen geschieht. Sie meinen tatsächlich, das Argument »schwanger werden können« in Verbindung mit »Belastung« oder »Risiko« sei eine Frage von gerechtfertigtem unternehmerischen Denken eines jeden Arbeitgebers. Das ist es ganz klar nicht. Wir können uns unser Geschlecht nämlich nicht aussuchen. Kein Paar kann eine Runde Schnick-Schnack-Schnuck um die Entscheidung spielen, wer denn das erste oder das nächste Kind bekommen soll. Das müssen die Frauen erledigen, wenn ein Paar ein Kind möchte. Das hat die Natur so festgelegt. Genau wie unsere Hautfarbe oder unsere körperlichen Besonderheiten. Vermeintlich legitime wirtschaftliche Erwägungen, wie angebliche Unzuverlässigkeiten oder mangelnde Planbarkeit, sollen es tatsächlich rechtfertigen, junge Frauen pauschal zu benachteiligen? Schutzrechte werden unverhohlen zum Bumerang erklärt und zu einem Risiko ernannt, gegen das »man sich absichern muss durch befristete Verträge«?

Es gibt gute Gründe, die uns alle nutzen, eine schwangere Frau mit Schutzrechten auszustatten. Spätestens nach einem Arte-Dokumentarfilm über hochschwangere Näherinnen in Bangladesch, die aus Sorge um ihren notwendigen Lohn ihre Frühgeburt unter der Nähmaschine bekommen, dürften wir uns bei dem Thema »notwendige Schutzrechte« alle einig sein. Wie unendlich satt und borniert ist eine westliche Gesellschaft, Schutzrechte in diesem Bereich zu einem wirtschaftlichen Faktor umzukehren? So eine Denkweise überhaupt anzuführen und mit »guten Tipps« zu versehen und Frauen diese Schutzrechte völlig freimütig um die Ohren zu hauen, noch dazu, ohne zu wissen, ob die jeweilige Frau diese Rechte überhaupt jemals nutzen will oder kann, ist abscheulich. Es ist doppelzüngig, hier von »wirtschaftlichen Erwägungen« zu sprechen, die jedem Arbeitgeber freistünden. Die Eigenheiten des weiblichen Körpers sind so lange kein Maßstab für Wirtschaftlichkeit, bis Männer ebenfalls schwanger werden können. Halleluja.

Betrachtet man nur die Befristung als arbeitsrechtliche Gestaltungsmöglichkeit und die geltenden Regeln im Teilzeit- und Befristungsgesetz, ist die Darstellung des Kollegen absolut korrekt. Befristungen machen Kündigungen von Schwangeren tatsächlich entbehrlich. Der Kampf vor den Arbeitsgerichten ist mit einem wirksam befristeten Vertrag erledigt, bevor die Kavallerie überhaupt anrücken kann, und erspart dadurch genau der Seite den »Nervkram« des Kündigungsschutzes, die keinen Schutz verdient hat: dem Arbeitgeber, der von vornherein unfair spielt, wenn er dem Gedankengut des »Fachanwalt-Tipps« folgt und sich gegen das »Risiko junge Frau« absichern will.

Was ist da los?

Befristete Verträge in der heutigen Fassung des Teilzeit- und Befristungsgesetzes (TzBfG) »ohne Sachgrund« gibt es noch gar nicht so lange, nämlich erst seit 2001. Befristete Verträge enden, ohne dass es einer Kündigung bedarf. Sie enden in der Schwangerschaft, während des Mutterschutzes und während der Elternzeit. Sie werden nicht um diese Zeiten verlängert, und der Arbeitgeber muss keine personen-, verhaltens- oder betriebsbedingten Gründe vorbringen, um das Arbeitsverhältnis beenden zu können. Es endet einfach durch Zeitablauf.

Nach dem Zweiten Weltkrieg, in den Anfängen der arbeitsrechtlichen Rechtsprechung, waren Befristungen überhaupt nicht vorgesehen. Arbeitsplätze sollten sicher sein und nur aus gutem Grund aufgelöst werden können. Das Bundesarbeitsgericht erklärte sie nur im Ausnahmefall für zulässig, dann nämlich, wenn ein besonderer, die zeitliche Befristung des Arbeitsverhältnisses rechtfertigender Sachgrund bestand. Beispielsweise bei Schauspielern für die Dauer eines Theaterstücks oder bei Dozenten an Hochschulen, damit immer wieder Platz für »frischen Wind« gemacht werden konnte. Diese Nischen wurden politisch nach und nach ausgehöhlt, und befristete Verträge wurden schrittweise immer mehr zugelassen, bis hin zum heutigen TzBfG. § 14 Abs. 2 TzBfG sieht die Möglichkeit vor, einen Arbeitsvertrag zu befristen, ohne dass hierfür Gründe vorliegen müssten, und zwar bis zu einer Höchstdauer von zwei Jahren. Innerhalb von zwei Jahren kann ein Vertrag bis zu dreimal verlängert werden. Die Folge ist ganz klar: Kleine berufliche Trippelschritte mit großer Unsicherheit für den Arbeitnehmer. Noch dazu können befristete Verträge sogar vor dem vereinbarten Ende gekündigt werden, wenn der Arbeitgeber das vereinbart. Befristungen sind also nicht einmal eine Garantie, dass man zumindest zwei Jahre bleiben kann.

Die Einführung dieser sachgrundlosen Befristungsmöglichkeiten war dazu gedacht, die bis dahin geltende Rechtsprechung der Gerichte politisch zu unterbrechen und es Arbeitgebern einfacher zu machen, Arbeitnehmer einzustellen. Selbstverständlich ging es aber in Wahrheit darum, sie einfach leichter wieder loswerden zu können. In der Praxis hat sich diese Gesetzesänderung vor allem als das erwiesen, was der Fachanwaltstipp offenbart: als eine gern genutzte legale Maßnahme, junge Frauen zu benachteiligen, einfach nur deshalb, weil sie vielleicht mal schwanger werden könnten. Das AGG aus dem Jahr 2006 stellt Gedankengut wie dieses explizit unter eine Schadenersatzpflicht, die man aber beweisen muss. Wer also still und leise dem »Tipp« folgt und einfach pauschal eine ganze Generation befristet und sein Gedankengut für sich behält, ist auf der sicheren Seite. Warum erspart man den jungen Paaren nicht gleich und konsequent den Kampf um Schadenersatz und schafft sachgrundlose Befristungen endlich wieder ab?

Mit der Einführung von befristeten Verträgen ohne Sachgrund hat, wie so oft, die ältere Generation vor fünfzehn Jahren etwas entschieden, was in der Mehrheit die jüngere Generation ausbaden musste und bis heute ausbaden muss. Das Problem der befristeten Verträge betrifft längst nicht nur junge Frauen, sondern eine ganze Generation, nämlich meine, die 2001 mitten in der Ausbildung war oder so drum herumkreiste. Die Frauen trifft es, wie der Fachanwaltstipp verdeutlicht, nur besonders hart und damit mittelbar auch die Männer. Die lieben nämlich diese Frauen und möchten mit ihnen Familien gründen. Welches junge Pärchen mit einem Funken Verantwortungsbewusstsein setzt Kinder in die Welt, wenn einer oder beide sich von einer Befristung zur nächsten hangeln müssen? Wer in München mit einem befristeten Vertrag eine Wohnung mieten will, kann gleich in ein Zelt investieren und auf dem Campingplatz wohnen. Allein. Familiengründung im Zeltlager ist nämlich nur für einen sehr kleinen Bruchteil der Bevölkerung eine echte Alternative. Meine Generation füllt ganze Ordner mit Arbeitsverträgen, die immer wieder befristet werden und zum Teil sogar glatt unzulässig sind, da sie regelmäßig über die gesetzlich erlaubte Zweijahresgrenze hinausgehen. Für eine Entfristungsklage, die ein Arbeitnehmer in einem solchen Fall gegen den Arbeitgeber führen kann, gilt aber genau das Gleiche wie für die oben beschriebene Kündigungsschutzklage: Man muss eine Menge Zeit, Nerven und Geld investieren und sich der Tatsache stellen wollen, dass man den eigenen Arbeitgeber auf eine unbefristete Stelle verklagt, die er einem nicht geben will. Gute Laune im Büro und eine angenehme Atmosphäre am Arbeitsplatz gehen anders. Deswegen haben viele Arbeitgeber gar nichts zu befürchten, wenn sie unwirksam befristen, und pokern gut gelaunt darauf, dass man sie eh nicht verklagen wird.

Nicht nur aus diesem Grund, sondern weil befristete Verträge (ohne Sachgrund) eine ganze Generation junger Menschen gängeln, benachteiligen und verunsichern, müssen sie schlicht wieder weg.

Ganz perfide Kritiker wenden hierzu ein, dass dann eben gar keine Frauen mehr eingestellt würden. Nicht einmal mehr befristet. Das ist Zynismus in Reinform und soll eine Benachteiligung durch andere rechtfertigen. Wo sind wir denn? Das Motto »Friss die eine Scheiße, sonst schlage ich dich mit der anderen« ist so fern von jeglichem Problembewusstsein und so bocklos, dass es kracht. So etwas sagt nur jemand, der keine Gebärmutter, Freundin oder Tochter hat und zudem eine unbefristete Stelle. Oder reich genug geboren wurde, um sich im Alter einen faulen Lenz machen zu können. Es ist arrogant und von oben herab. Wer so denkt, hat aus selbstgemachten Gründen auch immer sehr viel gegen die »bevorzugte Einstellung bei gleicher Eignung« anzuführen. Das wird dann plötzlich »Schlitzbonus« genannt und beleidigt darauf hingewiesen, dass man leider nicht mit einer Gebärmutter dienen kann. Erstaunlich, oder nicht? Da wird ein klarer Nachteil für junge Frauen, der zum einen als »Tipp« ganz offen geäußert werden darf, schwuppdiwupp, plötzlich von so manchen Denkern zu einem »Vorteil« für junge Frauen verdreht, wenn ein Arbeitgeber den Nachteil offensiv angeht und damit wirbt, bei gleicher Eignung eine Frau einzustellen.

In Unkenntnis arbeitsrechtlicher Sachlagen wird der Abschaffung von sachgrundlosen Befristungen auch gerne entgegengehalten, ein Arbeitgeber müsse sich seinen Arbeitnehmer ja erst einmal anschauen dürfen. Wenn man jeden gleich für immer behalten müsse, wäre das irgendwie schräg. Das gilt für Online-Dating wie für Arbeitsplätze gleichermaßen. Die Sorge, jeden Arbeitnehmer sofort und für immer behalten zu müssen, wird aber durch Probezeiten aufgefangen und von der sogenannten Möglichkeit der »Wartezeitkündigung«. Das Kündigungsschutzgesetz, das bestimmte Kündigungsgründe verlangt, gilt nämlich immer erst nach einer Wartezeit von sechs Monaten unabhängig von der Größe des Betriebes. Bevor diese sechs Monate abgelaufen sind, kann jeder Arbeitnehmer, ob er nun eine Probezeit hatte oder nicht, ohne Angabe von Gründen gekündigt werden. Einzig die vereinbarte Kündigungsfrist muss eingehalten werden. Das reicht aus, um den Arbeitsmarkt »anzukurbeln« und festzustellen, ob ein Arbeitnehmer passt oder nicht. Die vorgeschobene Sorge, einen schlechten Mitarbeiter nicht sofort zu erkennen und dann nicht mehr loswerden zu können, wird durch diese Möglichkeit des Kündigungsschutzgesetzes ausreichend aufgefangen, ohne junge Frauen (und andere Störenfriede) zu benachteiligen. In Bereichen des Arbeitsmarktes, in denen man auf kurzfristig offene Stellen reagieren können muss, wie beispielsweise Schwangerschaftsvertretungen oder in bestimmten Projektphasen, bleibt den Arbeitgebern zudem die legale Möglichkeit der Befristung *mit* Sachgrund. Also ist auch diese Kuh vom Eis. Notwendige Flexibilität bleibt also bestehen, wenn man befristete Verträge *ohne* Sachgrund endlich abschaffen würde.

In anderen Bereichen des Rechts gilt das übrigens schon lange. Im Mietrecht hat sich das Wissen, dass ein Kampf David gegen Goliath kein gutes Konzept ist und im Zweifel den Goliath begünstigt, schon lange durchgesetzt. Wenn es um ein Dach über dem Kopf geht, besteht ein ähnliches Machtungleichgewicht wie bei Arbeitgebern und Arbeitnehmern. Der eine hat etwas, was der andere unbedingt braucht, um zu leben. Nicht jeder hat das Geld, Eigentum zu erwerben, und muss mieten und sich niederlassen können, damit er »leben und arbeiten kann«. Wirksam befristete Mietverträge kommen praktisch nicht mehr vor, Fachanwälte für Mietrecht wissen das und raten den Vermietern in ihren Fachanwaltstipps davon ab, weil die Gerichte sie in der Mehrzahl ohnehin kassieren. Schwarze Schafe unter Mietern gibt es sicherlich, aber für die Gerichte sind diese Einzelfälle kein Grund, deswegen befristete Mietverträge ohne »Sachgrund« pauschal zuzulassen und damit »Goliath« das Risiko abzunehmen, dass er ein schlechtes Händchen bei der Auswahl seiner Mieter hat. Er kann sich aussuchen, an wen er vermietet. Genauso gibt es Arbeitnehmer, die Schutzrechte strapazieren und ausnutzen. Geschlechterunabhängig. Warum aber gerade bei Arbeitsverhältnissen ein anderer Maßstab als im Mietrecht gelten soll, ist klarer Lobbyismus der Arbeitgeber, und der Lobbyismus muss weg. Junge Frauen oder Schwangere sind keine Messis, gegen die man sich »absichern« muss und darf.

Das »Risiko Frau« darf durch befristete Verträge keine juristischen Steigbügel bekommen, schon gar nicht in diesen Zeiten, in denen jeder ein Interesse an »Sozialversicherungsbeiträgen« hat. Reform um Reform schmückt sich mit dem Titel »Vereinbarkeit von Familie und Beruf«, nur um sie an anderer Stelle im Arbeitsrecht dann gnadenlos zu torpedieren. Wer zwei Jahre lang einen auf ein paar Monate gestückelten befristeten Vertrag hat, weiß zwei Jahre lang nicht, ob er sich die Wohnung in ein paar Monaten noch leisten kann. Er weiß nicht, ob er seiner Freundin sagen kann, dass sie aus Karlsruhe zu ihm nach Kassel ziehen soll. Er weiß nicht, ob er finanziell sicher genug steht, um eine Familie zu gründen, und er weiß nicht, ob er sich in sechs Monaten noch die Kita-Gebühren leisten kann. Die müssen im Übrigen genauso dringend weg, aber das weiß ja jeder.

Hier also mein Fachanwaltstipp: Bereits 2011 hat das Arbeitsgericht Mainz einer AGG-Klage einer Schwangeren stattgegeben und ihr Schadenersatz zugesprochen, weil sie beweisen konnte, dass ihr befristeter Vertrag nur deswegen nicht verlängert worden war, weil sie schwanger war. Wäre sie nicht schwanger gewesen, hätte der Vorgesetzte ihr einen weiteren Arbeitsvertrag gegeben – so äußerte sich der Arbeitgeber der Mutter der Klägerin gegenüber am Telefon. Befristete Verträge enden zwar automatisch. Wer aber keinen Anschlussvertrag aus diskriminierenden Gründen bekommt – hier war es eine »Diskriminierung wegen des Geschlechts« –, hat Anlass zur Klage. Wer also diesen Verdacht hat, sollte sich wehren. Und sich rechtzeitig rechtsschutzversichern.

Wie wäre es mit »Teleshopping für Familien«? Bestellen wir also alle endlich das »Starterkit-Kids« mit den Gratis-Betriebskindergärten obendrauf, dann klappt es auch mit der Vereinbarkeit, der Rente und der Krankenversicherung für uns alle, wenn wir selbst mal alt sind. Wir sind am Drücker, wir sind in der Leitung, wir müssen nur wählen und verstehen, dass Recht eben auch Politik ist. Die kann es ändern, sie hat es schon einmal getan. Zu unseren Lasten. Schicken wir den Lotusblumen-Kinder-Abwehreffekt der sachgrundlosen Befristungen einfach wieder zurück, denn sie sind keinesfalls das wert, was wir dafür bezahlt haben.

Meiner Mandantin, der Zahnarzthelferin, konnte ich im Übrigen leider nicht helfen. Das Gericht blieb bei seiner Rechnung, und sie galt zum Kündigungszeitpunkt als »nicht schwanger«. Die Kündigung war wirksam. Sie hätte ihrem Chef auf der Weihnachtsfeier besser nichts von ihrem Kinderwunsch erzählen sollen. In dieser Nacht wurde sie schwanger, und statt Blumen überreichte ihr ein Fahrradkurier eine Kündigung. Einen Tag vor dem Ende der sechsmonatigen Wartezeit auf Kündigungsschutz. Und jeden Tag treffe ich Menschen, die das richtig finden. Wer so kurz nach Antritt eines neuen Jobs schwanger wird, hat einen Arbeitsplatz ja auch nicht verdient, nicht wahr? Hoffen wir, dass das Gehalt des jungen Vaters stets hoch genug ist, damit unser aller Krankenkassen gut gefüttert werden. Meine Mandantin sucht nämlich bis heute einen sozialversicherungspflichtigen Job.

REGRETTING FATHERHOOD

Hinterher ist man nicht immer klüger. Manchmal ist man
hinterher auch einfach ärmer. Oder vollgefressen.
Oder betrunken. Oder schwanger.

Als das Handy als wesentliches Kommunikationsmittel zwischen meinen Eltern und mir tatsächlich Fuß fasste, war ich schon volljährig und von zu Hause ausgezogen. Damals hatte das Telefon eine durchschnittliche Akkulaufzeit von drei Tagen und SMS nur 160 Zeichen. Außerdem musste man erst Nachrichten löschen, um eine neue zu bekommen. Mit Einzug der Autokorrektursoftware T9 entstand dann der erste wirkliche technikbasierte Generationenkonflikt, an den ich mich erinnern kann, und er besteht bis heute fort. Ich hätte bei Bewerbungen unter Sprachkenntnissen »Fließend Englisch, Französisch und Eltern-T9« angeben können, denn Nachrichten wie diese las ich komplett flüssig und ohne jegliche Verständnisprobleme:

wir haben eine volle tochter! für die prüfung tot tot tot! du bist
stress! ich süd dich nach dem jochen an, öl? Du hast gestern übri-
gens deine kacke hier vergessen Mama bringt sie heut Abend mit.
dicker kurs dein sarg

Die meisten Angehörigen meiner Generation dürften keinerlei Probleme mit dem Übersetzen solcher, meist gänzlich satzzeichenfreier Nachrichten der eigenen Eltern haben.

*Wir haben eine tolle Tochter! Für deine Prüfung toi toi toi! Du
bist super! Ich ruf dich nach dem Joggen an, ok? Du hast gestern
übrigens deine Jacke hier vergessen, Mama bringt sie heute Abend
mit. Dicker Kuss, dein Papi*

Wir antworteten stets mit einem unbekümmerten »Öl Sarg!
Kurs zurück!«, und alle waren glücklich.

Kaum hatten die Eltern aufgeholt und es geschafft, eine SMS
unter einer Tippzeit von zwölf Minuten zu verfassen, kam das
Smartphone um die Ecke und brockte uns die Videotelefo-
nie ein. Dabei war die eigene Mutter grundsätzlich nur ab dem
Hals abwärts zu sehen und schrie so laut das Display an, dass
man sie auch ohne Telefon bis nach Duisburg hätte hören können. All mein Hohn und Spott über die dusselige Elterngene-
ration fielen allerdings spätestens dann in sich zusammen, als
meine Cousine von zu Hause ausgezogen war und sich zum
Thema »Kartoffeln – wie lange kochen?« ein YouTube-Tutorial
reinziehen musste. Da darf man sich dann auch als erwachsener Mensch mal vor den eigenen Eltern schämen, selbst wenn
die nicht wissen, was YouTube ist und warum man dort mit
Kartoffelkoch-Anleitungen oder Mitesserentfernungs-Videos
echtes Geld verdienen kann.

Seit YouTube-Stars die Bundeskanzlerin interviewt haben,
dürfte diese Social-Media-Plattform zumindest generationsübergreifend bekannt sein, so wie der »Häschtääg« *#Regret-
tingMotherhood* die Plattform Twitter unlängst in das Bewusstsein von Printmedien-only-Usern gerückt hat. In das meines
Vaters beispielsweise. Der hat seit der medialen Aufmerksamkeit des Themas der regrettenden Mütter einen eigenen Twitter-
Account und übt seitdem fleißig. Sein erster Tweet war ein Foto
von der Bindehautentzündung meiner Mutter. Den zweiten
Tweet adressierte er an sich selbst ohne jeglichen Text, und der
dritte lautete *#KrankenhausAfghanistan*. Seitdem kommen-

tiert er eifrig Fußballspiele, adressiert an sich selbst, ohne jegliche Hashtags, und twittert hin und wieder ein Satzzeichen wie »+« oder »!« an @Juramama oder @borisbecker. Gott sei Dank hat er außer mir, meinem Freund Michael und einem deutschlandweit bekannten Rapper keine weiteren Follower. Ich finde das alles sehr entzückend, drücke jedes Mal auf das Herzchen unter seinen Tweets und möchte auf keinen Fall, dass er jemals Twitter versteht. Vermutlich retweetet eines Tages irgendein Kardashian aus Versehen einen seiner Tweets, und er wird berühmt.

Ich habe lange überlegt, ob ich zu dem allseits bekannten Hashtag *#RegrettingMotherhood* etwas schreiben möchte. Nachdem die *Bild* das Thema aufgegriffen hatte, Talkshows sich damit befassten und jedes klöppelnde Mütterchen und jede Stiletto-Smoothie-Mom dazu Stellung nehmen musste, ob sie wollte oder nicht, blieb aber nur noch ein Fazit über: Nicht nur als Mutter kann man eigentlich nichts richtig machen, sondern sogar beim Über-Muttersein-Reden ist der Strick schneller gedreht, als man überhaupt *Häschtäääg* sagen kann. Das allein ist schon ein Phänomen an sich. Die Art, wie die Debatte insgesamt geführt wurde, war zudem geradezu exemplarisch dafür, warum der Hashtag und die damit verbundenen Wehklagen überhaupt erst aufgetaucht sind.

Ich habe kein einziges Statement einer Mutter zu *#RegrettingMotherhood* gelesen, das auch nur so ähnlich klang wie: »Ja. Ich bereue meine Mutterschaft! Weil meine Kinder totale Arschlöcher sind. Und dazu sind sie noch echt hässlich.« Sämtliche Mütter, von denen ich dazu etwas hörte, äußerten sich auf der Grundlage von gesellschaftlichen Nachteilen, finanziellen oder beruflichen Problemen oder fehlender Unterstützung. Keine Frau von der ich hörte, lehnte ihre Kinder ab, sondern die fundamentalen und größtenteils fremdbestimmten Nachteile, die mit dem Kinderkriegen heutzutage noch immer einhergehen. Der Kern der Probleme ging inmitten einer wohlhabenden Gesellschaft unter, die mehr Kapazitäten darauf verwenden wollte, die reuige Mutter an sich ungeheuerlich oder jammerlappig zu finden. »Überforderung« war das höchste der Gefühle, was die Debatte zustande brachte. »Sind sie zu stark, bist du zu schwach« heißt das übersetzt. Das war es dann auch. Labels und Stempel, statt sich darum zu kümmern, wo das Ganze überhaupt herkommt.

#RegrettingMotherhood war und ist gerade nicht *#RegrettingHavingChildren*. Das ist eben nicht nur ein kleinerfeiner, sondern sogar ein dickerfetter Unterschied. Den Hashtag *#RegrettingEigenheim* würde jeder verstehen. Oder den Hashtag *#RegrettingBrasilianwaxing*. Keiner würde hier denken wollen, dass diese Regretter ihre hübschen Häuser oder ihre nun haarlosen Geschlechtsteile ablehnen, sondern die unerwarteten Belastungen oder unsäglichen Schmerzen, die mit solcherlei Entscheidungen unerwarteterweise einhergehen.

Die RegrettingMotherhood-Debatte wurde viel zu schnell und lapidar mit der Replik erstickt: »Na, das weiß man doch vorher! Muss man ja nicht machen, wenn man das nicht will.« Diese Antwort auf eine Problemstellung hat noch nie irgendwem bei der Lösung von irgendetwas geholfen und war auch noch nie besonders klug oder emphatisch. Komischerweise ist das aber der finale Standardkommentar, wenn es um Mütter und die Erfüllung einer Mutterrolle geht. Als handle es sich hier um einen fiesen Kater nach der Entscheidung für drei Eimer Sangria mit Strohalmen am Ballermann.

Das meiste, was man im Leben entschieden oder erlebt hat, basierte eben gerade nicht auf der Kenntnis dessen, was passieren wird. Denn wäre das eine mögliche Grundlage all unserer Entscheidungen, hätten wir mit Sicherheit so einiges im Leben keinesfalls gekauft, gegessen, verschenkt, aufgemacht, reingelassen, angefasst, angeschaut, geküsst oder gevögelt. Jeder, der mal die beeindruckende Historie vollkommen beknackter Ex-Freunde, Partygäste, Outfits, Teleshopping-Bestellungen, Urlaubsorte oder Haarfarben Revue passieren lässt, weiß, was ich meine.

Hätten nämlich unsere Entscheidungen oder Schicksale eine solch banale Ausgangslage, wären wir regenbogenkackende Glücksbärchis in einem stinklangweiligen Kokon aus Vorhersehbarkeit. Oder der Dalai Lama. Aber der ist ja auch keine Mutter. Wobei ich wette, dass die Mutter vom Dalai Lama mit Sicherheit 'ne ganze Menge zum *#RegrettingMotherhood* beizutragen gehabt hätte. Ich beneide keine Frau, die fünfzehn Kinder geboren hat – und das sechzehnte reinkarniert dann spontan zum goldenen Kind und wird Buddha. *#RespectSista*.

Auf der Suche nach Antworten, die wirklich weiterbringen, fragte ich meinen gut informierten Freund Google nach einem väterlichen Pendant. Gab oder gibt es *#RegrettingFatherhood*? Wäre das der Fall, könnten ja vielleicht einige Problembereiche übereinstimmen. Vielleicht ging es im Kern auch gar nicht um die Mutterschaft, sondern um das Elternsein? Die Ergebnisse meiner Recherche förderten aber leider lediglich das Missverständnis zu Tage, mit dem man dieser Debatte schon die ganze Zeit begegnete und bis heute begegnet. Der Redakteur Thorsten Fuchs von der *Hannoverschen Allgemeinen Zeitung* meinte es vermutlich wirklich gut, als er sich thematisch den Vätern annahm. Er mutmaßte, dass es nur noch eine Frage der Zeit sei, bis diese sich ebenfalls regrettend zu Wort melden würden. Schließlich würden heutzutage auch die männlichen Elternteile »weniger Zeit« haben, um »Basketball« zu spielen«, mittlerweile ebenso »Windeln wechseln« und genau wie die Mütter »leider keine Partys in der picobello aufgeräumten Dachgeschosswohnung mitten in der Stadt« mehr feiern. Er hatte Unrecht. Der *#RegrettingFatherhood* aus den von Herrn Fuchs genannten Gründen blieb bisher weitgehend aus. Die aufgeführten Beispiele an üblichen Unannehmlichkeiten der Elternschaft waren nämlich sowohl Müttern als auch Vätern tatsächlich vorher bewusst, auch ohne Spontanreinkarnation zum Dalai Lama. Seine Aufzählung zeigt sogar eindrucksvoll, wie die Ursachen von *#RegrettingMotherhood* auf Schnulliputz und Wohlstandsprobleme herunterbagatellisiert werden. Eine ganze Gesellschaft ist dann schnell erleichtert, dass sie die heutigen Weicheiereltern einfach nur belächeln muss und nicht etwa dringend aufhorchen und zuhören sollte. Basketball? Unordnung? Windeln? Ernsthaft?

Wer eine Mutter nach den unerwarteten Hürden und bedrohlichen Mauern fragt, die sich plötzlich auftaten, kaum hatte sie ein Kind, wird das Folgende sicher nicht hören: »Ey Leute, wie krass! Ich hab mir das Muttersein total anders vorgestellt. Ich dachte, ich hätte dann genauso viel Zeit für Yogabasketballorobics wie früher. Diese unzureichende Schließmuskelfunktion von Babys ist eine echte Überraschung für mich gewesen, und unsere picobello aufgeräumte Dachgeschosswohnung ist jetzt ein einziges Krisengebiet. Überall tritt man auf Legosteine oder Popel. Die endgeilen Partys auf unserer Dachterrasse mit Crémant und Konfetti sind irgendwie auch voll oft ausgefallen, seit ich Kinder habe. What the f*** happened to my life? Da muss doch mal jemand was dagegen unternehmen! Ich regrette sehr meine Motherhood.«

Es geht bei der »Reue« der Mütter nicht um Popel, Partys oder Basketball. Es scheint aber so zu sein, als wäre es bei der Vaterschaft anders. Das lässt jedenfalls die Interpretation einer Anfang 2016 veröffentlichten Umfrage des WDR unter knapp 1200 Vätern vermuten. Der WDR wollte wissen, auf was sie vaterschaftsbedingt verzichten mussten und gab den Männern die genannten üblichen Verdächtigen als Antwortmöglichkeiten. Nur »popelfreie Wohnräume« konnte man komischerweise nicht ankreuzen, dafür aber so etwas wie Sport, Auto, Erfolg im Beruf, Zusammensein mit Freunden, Urlaubsreisen, Zeit für sich selbst oder Schlaf. Nur jeweils ein Prozent aller Väter kreuzte eine dieser Möglichkeiten an. Die überwältigende Mehrheit von 71 Prozent entschied sich jedoch, ihr Kreuzchen an einer Stelle zu setzen, die ich tatsächlich nicht erwartet hätte. 71 Prozent der befragten Väter kreuzten eine Antwortmöglichkeit an, die »Auf Nichts« hieß. Ich schämte mich sofort in Grund und Boden anlässlich meines eigenen Impulses, einfach alles anzukreuzen, hätte man mich gefragt. Ich hielt die Umfrage sogar kurzfristig wegen der Antwortmöglichkeit »Auf Nichts« für Satire. Bei »Schlaf« hätte ich vor lauter Müdigkeit das Kreuz vermutlich neben dem Feld gesetzt und bei »Auto« nachgefragt, ob sie vielleicht »gestaubsaugtes Auto« meinen, damit ich wenigstens eine einzige Sache nicht hätte ankreuzen müssen.

Trotz allem bin ich gern Mutter. Meinen Freundinnen geht es zum Glück weitgehend genauso, und nach stundenlangem Selbsthass waren wir uns einig, dass wir weder wegen Sport noch wegen Schlaf oder Urlaubsreisen eine Debatte über Mutterschaft und damit zusammenhängendem Verzicht auf Annehmlichkeiten führen würden. Das mag alles eben eine Weile so sein, wenn man Kinder hat, und bald darf man wieder schlafen. Wir waren uns zudem einig, dass wir den befragten Vätern ihre Gelassenheit in Bezug auf alle Antwortmöglichkeiten nicht neiden. Bis auf eine. Und die tut richtig weh. Der wahre Zonk hinter Tor 3 ist die Antwortmöglichkeit »Beruflicher Erfolg«. Auf den verzichteten nicht mal zwei Prozent aller befragten Väter.

Erfolg ist ein höchst dehnbarer Begriff, und die Berufstätigkeit an sich ist keine Annehmlichkeit wie Comics lesen, Ausschlafen und im Bikini in Cannes abhängen. Beruflicher Erfolg ist kein »Luxus«. Beruflicher Erfolg ist nicht ein Bürojob in Pumps und dem passenden Lipliner zum Lippenstift. Beruflicher Erfolg ist jeder Schritt nach vorne. Beruflicher Erfolg ist ein höheres Gehalt und oft sogar schon ein durchgehendes Gehalt. Beruflicher Erfolg ist nicht nur der Aufstieg in den Aufsichtsrat, sondern auch die Kassiererin, die Filialleiterin wird. Oder schlicht das Erreichen eines Gehalts, das zum Leben mit Kindern reicht, selbst wenn man alleine ist. Dieses Gehalt, dieser berufliche Erfolg, entscheidet über Abhängigkeiten, Freiheiten und einzig und allein über die Altersvorsorge.

Wer auf Schlaf verzichten muss, bekommt geschwollene Panda-Augen. Wer auf Sport verzichtet, 'ne Wampe. Wer auf »Zeit mit dem Partner« verzichtet, hat weniger Sex. Ungut. Aber nicht existenzbedrohend. Wer aber auf beruflichen Erfolg verzichtet, selbst im kleinen Stil, trägt Konsequenzen, die sich deutlich und unweigerlich auswirken. Jemand, der auf »beruflichen Erfolg« verzichtet, hat im Alter weniger Geld. Vielleicht zu wenig. Je nach Berufsbild. Solange wir also eine Fulltimemom, die höchst erfolgreich vier Kinder großgezogen hat, nicht endlich bezahlen oder ihr zumindest eine Rente zukommen lassen, die dem entspricht, was sie geleistet hat, ist es fast eine Farce, Berufstätigkeit überhaupt in eine Liste von verzichtbaren Annehmlichkeiten aufzunehmen.

Wer in Elternzeit geht, wer in Teilzeit arbeitet, wer seine beruflich Vita irgendwie familienbedingt verändert, verzichtet in unserem System derzeit nahezu automatisch auf beruflichen Erfolg. Teilweise erholt der- oder diejenige sich nie wieder davon. Hier hinken wir deutlich hinter den skandinavischen Ländern hinterher, wo diese Verknüpfungen weit weniger stark bestehen. Der damit verbundene Verzicht auf beruflichen Erfolg und all seine weitreichenden Konsequenzen, die in unterschiedlichste gesellschaftliche Bereiche reinwurzeln, ist ein legitimer Grund, sich um die Zukunft zu sorgen. Und zwar geschlechterunabhängig. Väter möchten wegen dieser berechtigten Sorge nicht auf ihren beruflichen Erfolg verzichten und tun es, im Gegensatz zu den Frauen, auch nicht – und nicht etwa deshalb, weil sie keinen Bock auf ihre Kinder hätten.

96 Prozent aller Väter arbeiten nach der Geburt ihres Kindes in Vollzeit weiter. Demgegenüber arbeiten aber 73 Prozent der Mütter in Teilzeit. Nur ein Drittel der Väter geht überhaupt in Elternzeit, und von diesem klapperigen Drittel steigen die meisten, nämlich knapp 80 Prozent, nur für zwei Monate aus dem Job aus. 87 Prozent der Mütter tun dies demgegenüber für ein ganzes Jahr. Acht Wochen? Das ist doch keine »Elternzeit«. Das ist die durchschnittliche Heilungszeit von Pfeifferschem Drüsenfieber. Natürlich ist mit einem so kurzen Ausstieg kein unmittelbarer beruflicher Erfolgsknick verbunden.

Die konstant hohe Vollzeitquote und die niedrige Elternzeitquote der Väter ist auf dieselbe, völlig berechtigte Angst zurückzuführen, die Frauen seit Jahrzehnten, fast Jahrhunderten, tragen müssen und die angesichts unserer veränderten gesellschaftlichen Strukturen zu *#RegrettingMotherhood* führen. Den »Versorger« wie vor fünfzig Jahren soll es nicht mehr geben, das Familienrecht ist in diese Richtung mehrfach reformiert worden, ohne parallel politisch und gesellschaftlich dafür zu sorgen, dass der »Versorger« auch wirklich wegfallen könnte. Mütter sollen nach einer Trennung schnell wieder »beruflich erfolgreich« sein und einem emanzipierten Frauenbild entsprechen. Dummerweise wird dieses emanzipierte Frauenbild, bezogen auf beruflichen Erfolg, ab dem Zeitpunkt der Mutterschaft aber demontiert, bis kaum noch was übrig ist. Rosinenpicken nennt man das. Die Folge: Frauen haben Angst, den Anschluss zu verlieren, Angst vor Nachteilen, Angst vor finanzieller Abhängigkeit, Angst, nicht mehr ernst genommen zu werden, Angst, von anderen überholt zu werden, und Angst vor finanziellen Einbußen. Welcome to a mothers life.

Viele Väter sehen das Problem, und gleichzeitig wünschen sich 80 Prozent aller Väter mehr Zeit, um sie mit ihren Kindern verbringen zu können. 86 Prozent möchten die bestehenden beruflichen Strukturen zugunsten ihrer Familie ändern, um dort eine größere Rolle zu spielen. Zu entlasten und zu profitieren. Vier von fünf Vätern wünschen sich der Kinder wegen einen Teilzeitjob.

Ja, Herrgott: Dann packt es an! Fangt an zu regretten!

Ich wünsche mir eine Revolution der Väter. Allons les pères de la patrie. Le jour de gloire est arrivé! Ihr wollt Väter sein? Familie haben? Viele Kinder? Dann greift an.

Ich wünsche mir einen *#RegrettingFatherhood* wegen des Zonks »Verzicht auf finanzielle Sicherheit« hinter Tor 3 der Mutterschaft, der die Republik erschüttert. Nur eine ernsthafte, von Vätern geführte Debatte über berufliche Nachteile und erlittener Verzicht durch die Vaterschaft kann dazu führen, dass dem Klassiker *#RegrettingMotherhood* der Wind aus den Segeln genommen wird, den alle nicht mehr hören können oder wollen. Wenn es dann so weit ist, dass die *Bild* oder Anne Will die Verwender dieses # fragen, warum sie denn ihre Fatherhood regretten, möchte ich aber nichts hören von Freizeit, Windeln, Dachgeschosswohnungen oder Popeln. Ich möchte hören: »Mein Arbeitgeber hat mich bedroht. Ich musste auf beruflichen Erfolg verzichten, damit ich unser Familienleben so führen kann, wie die Mutter unseres Kindes und ich uns das vorgestellt haben.« Es wird genau dieselben fiesen Grabenkämpfe vor den Arbeitsgerichten brauchen, an denen endlich mal Väter teilnehmen. Nur so kann sich etwas ändern an den fühlbaren wirtschaftlichen und sozialen Nachteilen von Frauen, wenn sie Mutter werden. Eine Armee von gut ausgebildeten Kriegern braucht es, auf die der Arbeitsmarkt nicht auch noch verzichten kann. Eine Handvoll tapferer Schneiderlein wird kaum alte Strukturen auflösen. Erst wenn sich beide Geschlechter wirklich und tatsächlich gegen die Nachteile in Familienleben und Beruf wehren und mehr als Lippenbekenntnisse zur Vaterschaft äußern, wird sich der Knoten für die nachfolgende Generation auflösen können. Wenn es medial die »Familienmutter« genauso gibt wie den »Familienvater«, wenn der »berufstätige Vater« ebenso wenig erwähnenswert ist wie die »berufstätige Mutter« und die Omma stolz von ihrem Enkelsohn als »Karrieremann« spricht, wenn er Vater und tatsächlich auch noch Abteilungsleiter ist, sind wir wirklich vorwärtsgekommen.

Wir haben tolle gesetzliche Regelungen. Gute Ansätze für ein gleichberechtigtes Arbeitsleben. All diese Gesetze zur Elternzeit, zur Elternteilzeit, zum beruflichen Wiedereinstieg oder zu Partnerschaftsmonaten beim Elterngeld werden zum zahnlosen Tiger, wenn der Arbeitsmarkt sie beständig einfach aushebeln kann. Der Arbeitsmarkt stellt diejenigen, die diese Rechte nutzen, einfach in die zweite Reihe. Es ist, zumindest im heutigen arbeitsrechtlichen Kontext, nicht mehr »die Frau«, die als Kollegin nicht akzeptiert wird, weil sie eine Frau und damit irgendwie minderwertig ist. Es ist vielmehr »ein Arbeitnehmer, der sich für Kinder entschieden hat« und es wagt, die im Gesetz verankerten Elternrechte auch tatsächlich geltend zu machen, den der Arbeitsmarkt nicht haben will. Nur sind das eben fast ausschließlich die Frauen. Greift ein Vater mal zu Elternrechten, herrscht durchaus geschlechtsneutrale Diskriminierung im bittersüßen Gewand. Ein Vater, der Elternzeit nimmt oder in Teilzeit arbeitet, wird in der arbeitsrechtlichen Praxis der Arbeitgeber nämlich ebenso eiskalt diskriminiert, dass allen die Spucke wegbleibt.

Wenn ich die Armee zusammenstellen dürfte, als Centurio der Legion *#RegrettingFatherhood*, würde ich die folgenden, mir persönlich bekannten Väter auf die Schlachtrösser setzen, sie mit Mistgabeln, Pechfackeln und Zaubertrank ausstatten und eine Parole im Sinne der Arbeiterbewegungen ausgeben: »Auf, auf zum Kampf! Wir sehen uns vor Gericht, Sie Pissnelke!«

I. Legion »Teilzeit-Pussy«. Ihr Anführer: Constantinus Maximus

Mein begabter und geschätzter Anwalts- und Fachanwaltsfreund Konstantin befindet sich seit Neuestem in Teilzeit und hat in seiner Kanzlei von vierzig Stunden auf fünfundzwanzig Stunden reduziert. Einen gesetzlichen Anspruch auf eine Elternteilzeitstelle hatte er nicht, da in seiner Kanzlei nur sechs weitere Anwälte arbeiten. Ein tatsächliches »Recht« auf Elternteilzeit nach § 15 BEEG (Bundeselterngeld- und Elternzeitgesetz) hat man nämlich nur in Betrieben mit mehr als fünfzehn Mitarbeitern – und nur, wenn man länger als sechs Monate dort beschäftigt ist. Maximal drei Jahre Elternzeit für jedes Kind kann jedes Elternteil für sich selbst bei seinem Arbeitgeber beantragen und in dieser Zeit in Teilzeit zwischen fünfzehn und dreißig Wochenstunden arbeiten. Deswegen heißt es »Elternteilzeit«.

Der Arbeitgeber muss einem formgerechten schriftlichen Elternteilzeitantrag stattgeben, wenn ein solcher Antrag spätestens sieben Wochen vor dem geplanten Beginn der Elternteilzeit bei ihm eingeht und den gewünschten Zeitraum und die gewünschte Wochenarbeitszeit angibt. Einfach nur »Chef, ich will Teilzeit« in der Kantine über den Mittagstisch gebrüllt, reicht nicht. »Ich beantrage Elternteilzeit ab dem 1. Januar 2018 bis zum 31. Dezember 2019 mit einem geplanten Stundenumfang von zwanzig Wochenstunden möglichst in den Vormittagsstunden« – als Brief zu Händen des Chefs reicht dagegen aus. Hat der Arbeitnehmer ein Kind zwischen drei und acht Jahren, muss er die Elternteilzeit etwas früher, nämlich dreizehn Wochen vorher, beim Arbeitgeber beantragen.

Die Elternteilzeit unterscheidet sich in wichtigen Details von der »normalen« Teilzeit aus § 8 TzBfG (Teilzeit- und Befristungsgesetz), die auch von Arbeitnehmern ohne Kinder beantragt werden kann. Die Voraussetzungen an Betriebsgröße und Betriebszugehörigkeit sind gleich, jedoch ist die Elternteilzeit mit mehr Rechten für den Arbeitnehmer ausgestattet. Die Elternteilzeit kann nur aus »dringenden betrieblichen Gründen« verwehrt werden, bei der normalen Teilzeit reichen »betriebliche Gründe«, um sie dem Arbeitnehmer zu verwehren. Die Hürden für solche »dringenden betrieblichen Gründe« liegen sehr hoch. »Das macht für uns wirtschaftlich keinen Sinn«, »Das passt nicht in unsere Branche« oder »Der Job braucht eine Vollzeitkraft« sind per se keine dringenden betrieblichen Gründe. Die Arbeitsgerichte wollen hier sehr viel mehr Substanz hören und machen es den Arbeitgebern, wenn denn mal ein Elternteil den Klageweg beschreitet, nicht immer leicht, eine Elternteilzeit zu verwehren. Das hängt leider oft vom Richer und seiner Wahrnehmung ab. Die Elternteilzeit ist im Gegensatz zur normalen Teilzeit zudem auf einen bestimmten Zeitraum befristet, der Arbeitnehmer behält hier das Recht, nach Ablauf der Elternzeit automatisch wieder in Vollzeit arbeiten zu dürfen. Bei der »normalen« Teilzeit muss der Arbeitgeber erst zustimmen, wenn der Arbeitnehmer wieder auf mehr Wochenstunden aufstocken möchte. Zudem besteht während der normalen Teilzeit kein Sonderkündigungsschutz, bei der Elternteilzeit schon.

Konstantin jedenfalls arbeitet jetzt in »normaler Teilzeit«, sein Betrieb ist zu klein für Elternrechte. Seine Frau Lena hat parallel in ihrem Betrieb von fünfundzwanzig auf vierzig Stunden aufgestockt, denn nur so kann sie in unseren derzeitigen Strukturen eine Führungsposition bekommen. Weil die beiden Kinder aber nicht von einem Futterautomaten im Keller betreut werden sollen, haben Konsti und Lena also die Rollen getauscht, und seitdem kann man ein äußerst spannendes evolutionsbiologisches Phänomen beobachten: Den spontanen Geschlechtsorgan-Sprung.

Seit seinem Teilzeitantrag wurde aus Konstantin plötzlich

»die Teilzeit-Pussy«. Jeder in der Kanzlei weiß, wer damit gemeint ist. »Ach wundervoll, die Teilzeit-Pussy ist da. Wir können mit dem Meeting beginnen«, ist ein offenbar schreiend komischer Running-Gag bei ihm im Büro. Sein Chef und seine Kollegen finden das brüllend komisch. Wäre Konstantin Mutter und Anwältin in Elternteilzeit, würde das keiner komisch finden und schon gar nicht laut sagen. Aber entsprechend denken. Er ist weniger wert und wird belächelt, der Unterton ist nicht anerkennend, da dürften wir uns einig sein. Interessanterweise bearbeitet die Teilzeit-Pussy aber nicht ein Mandant weniger, seit sie kein Vollzeitpenis mehr ist. Sie arbeitet in fünf Stunden so effektiv wie vorher in acht Stunden. Sie spart sich den Mittagstisch und die Schwätzchen auf dem Gang, antwortet ihren Fußballkumpels erst nach der Arbeit auf lustige Flachwitze per SMS und checkt Facebook ausschließlich in der U-Bahn. Seine Frau Lena wurde hingegen zu jemandem, »der jetzt Lunte gerochen hat« und »Karriere macht«, weil sie zwei Arbeitsstunden mehr am Tag auf dem Zettel hat als vorher. Das ist so lächerlich, dass es nicht mal witzig ist.

Konstantin wird seinen Arbeitgeber nicht wegen Mobbings verklagen. Eine Frau hätte es vermutlich getan. Konstantin regrettet in Meetings vermutlich seine Fatherhood ganz gewaltig.

Wir brauchen mehr Teilzeit-Pussys. Ich möchte, dass meine Tochter mit ihrem Partner das Familienmodell wählen kann, das am besten zu ihnen passt, und nicht das, was am wenigsten Schaden anrichtet. Erst wenn ein Arbeitgeber nicht mehr zu über 90 Prozent davon ausgehen kann, dass seine Vollzeitmitarbeiter männlich und seine Teilzeitmitarbeiter weiblich sein werden, werden sich Bewerbungsauswahlverfahren verändern und Strukturen in Unternehmen aufbrechen. Erst dann wird es Teilzeitjobs geben, die Sinn machen, von denen man finanziell leben kann und die die Karrieren nicht mehr beenden. Für beide Geschlechter.

II. Legion »Männer sind genauso Muddis«. Ihr Anführer: Tribun Caesar Kakerlake

Der Chef eines Kakerlakenverscheuchungs-Unternehmens, ein »Schädlingsbekämpfer« also, war Anfang des Jahres bei mir zu einer arbeitsrechtlichen Beratung. Er wollte wissen, ob sein männlicher Mitarbeiter, der demnächst Vater werden wird, wirklich »einfach so für zwei Monate in Elternzeit gehen kann«. Er wollte wissen, ob und wie er das verhindern könne und ob es eine Möglichkeit gäbe, seinen *Ghostbusters*-Mitarbeiter noch vorher oder zumindest nach der Elternzeit loszuwerden. Solche Leute könne er nicht gebrauchen. Ich erklärte ihm die geltende Rechtslage und atmete danach frustriert in eine Tüte. Wie gesagt: Ab der Geburt eines Kindes haben Väter, genauso wie Mütter, einen Anspruch auf eine befristete Auszeit vom Job für maximal drei Jahre. Die drei Jahre Elternzeit können sie am Stück nehmen oder in maximal drei Teile separieren, bis das Kind acht ist. Arbeitgeber *müssen* die Elternzeit gewähren, und zwar genau in dem Zeitraum, den der Arbeitnehmer sich ausgesucht hat, denn Kinder halten sich nicht an Termine. Diskussion um »den richtigen oder falschen Zeitpunkt« sind hier fehl am Platz. Selbstverständlich kann sich jedes Elternteil nach Arbeitgeberwünschen richten, muss das aber nicht.

Als der Kakerlakenchef begriffen hatte, dass er seinem Mitarbeiter diese zweimonatige Elternzeit tatsächlich gewähren muss, sagte er wörtlich: »Was, echt jetzt? Da hätte ich ja gleich eine Frau einstellen können. Was soll denn das?«

Was soll man dazu sagen?

Ich hoffe, er wird von einer Kakerlake gefressen.

Der Unternehmer hatte aber trotzdem eine Lösung für sein Problem »Elternteil« gefunden. Nach unserem Beratungsgespräch kündigte er seinem Mitarbeiter sofort aufgrund der Kleinunternehmerregelung. Beschäftigt ein Arbeitgeber weniger als zehn Arbeitnehmer, braucht er keine personen-, verhaltens- oder betriebsbedingten sozialen Rechtfertigungsgründe für eine Kündigung. Er kann mit der geltenden Kündigungsfrist das Arbeitsverhältnis »einfach so« beenden. Väter haben zwar einen ähnlichen »Sonderkündigungsschutz« wie schwangere Frauen, jedoch beginnt dieser erst von acht Wochen vor Beginn der geplanten Elternzeit. Da der werdende Vater im Fall von Caesar Kakerlake ganz fair und mit den besten Absichten weit früher als acht Wochen vor Beginn seiner Elternzeit das Thema mit seinem Chef besprechen wollte, um betriebliche Abläufe nicht zu gefährden, hatte er den achtwöchigen Sonderkündigungsschutz noch nicht und war tatsächlich kündbar. Der Kakerlakenchef äußerte wörtlich, er wolle ein Zeichen setzen, um Nachahmer abzuschrecken. Das Vorgehen aus diesen Gründen verstößt gegen »Treu und Glauben«, und das AGG und ist deshalb angreifbar, genauso wie bei Frauen. Ob es im Einzelfall aber auch beweisbar ist, steht auf einem anderen Blatt. Wie immer.

Drei Wochen nach Kündigung des werdenden Vaters wartete ich vergebens auf einen Anruf des Kakerlakenchefs, in dem er mir mitteilte, dass sein Mitarbeiter gegen ihn eine Kündigungsschutzklage vor dem Arbeitsgericht wegen einer treuwidrigen Kündigung erhoben habe, gespickt mit einer saftigen AGG-Schadenersatzforderung obendrauf. Der Vater hat seinen Arbeitgeber aber leider nicht verklagt. Mit Frauen führte ich solche Prozesse schon mehrfach, und je nach Beweislage haben wir solche Klagen gewonnen oder verloren.

Der arbeitslose Schädlingsbekämpfer regrettete seine Fatherhood bestimmt aufgrund seiner Arbeitsmarktsituation. Keiner fragte ihn, ob er es bereuen würde, Kinder zu haben. Ich wünschte, er hätte seinen Fall vor die Arbeitsgerichte gebracht, ich wäre gern gegen den Vater angetreten, und selten wäre »verlieren« für mich so befriedigend gewesen wie in diesem Fall.

Heute ist dieser Mann übrigens ein selbstständiger *Ghost-*

buster in Teilzeit. Neulich hat er einen Marder aus meiner Auto-
kühlerhaube entfernt. Typisch Teilzeit-Pussy.

III. Legion »Berufstätiger Vater und Karrieremann«. Ihr Anführer: Tribun Angry Andi
Mein Freund Andi ist eine bedauernswerte und zugleich
seltsam heroische Galionsfigur der *#RegrettingFatherhood*-
Zukunftsdebatte und mein Lieblingslegionär.
Andis Frau Verena ist die klügste Frau, die ich kenne. Obwohl uns nicht mal zwei Lebensjahre trennen, arbeitete sie
mehrere Jahre im Ausland und begleitete schon ein Unternehmen an die Börse, als ich unter »Begleitung« allenfalls lustige
Barbesuche mit BWL-Studenten mit hochgestelltem Kragen
verstand. Verena liest in ihrer Freizeit ernsthaft und tatsächlich interessiert den Finanzteil der *FAZ*. Mit dem stopfe ich immer die nassen Kinderschuhe aus, da bin ich ein Klischee. Sie
schrieb ihre Doktorarbeit, während sie das eine Kind einschulte
und das andere im Waldkindergarten ablieferte. Ihr Mann,
mein Freund Andi, hat seit Jahren einen sehr guten Job in einem Großkonzern der Finanzbranche und ist der Vater dieser
beiden Kinder.
Andi und Verena wollten aber immer schon drei Kinder haben. Finanziell war diese Entscheidung relativ unpro-
blematisch, und so machten sich die beiden in den letzten Zügen
von Verenas Doktorarbeit an die Arbeit. »Wenn noch ein drittes Kind, dann jetzt«, lautete das Credo. Es klappte nicht. Monatelang. Sie wurde einfach nicht schwanger. Stattdessen wurde
sie eines Tages von einem Headhunter aufgesucht. Der löste
zwar nicht das Kinderwunsch-, jedoch das Karriereproblem. Er
bot ihr einen vielversprechenden Job mit einem guten Gehalt
an. Ein Sechser im Lotto für eine Frau mit zwei Kindern.
Diese zwei Kinder waren zunächst kein Problem. Verenas
Bewerbungsgespräch folgte auf dem Fuße, der Vorstand war

von ihr begeistert, der Personalleiter ebenfalls, und Verena verließ die Glaskuppel in Frankfurt mit dem Job in der Tasche, den sie schon immer haben wollte. An diesem Abend kam ihr das Glas Champagner wieder hoch, am nächsten Morgen das Frühstücksei, und als sie nach drei Tagen noch immer keinen mit dem üblen Magen-Darm-Virus angesteckt hatte, war klar, dass sich das dritte Kind einen wirklich hervorragenden Zeitpunkt ausgesucht hatte. Mit dem Ultraschallbild eines Gummibärchens und einem Arbeitsvertrag in der Hand saßen Andi und Verena schweigend am Küchentisch. Die Freude über die gesunde Schwangerschaft war riesengroß, die dunklen Wolken am Horizont des Traumjobs aber waren es ebenfalls.

Ich telefonierte mit beiden, wir rechneten und jonglierten. Verenas Vertrag war durch den Arbeitgeber nicht mehr kündbar, obwohl sie die Stelle erst in acht Wochen antreten sollte. Der Sonderkündigungsschutz von Schwangeren greift ab Vertragsunterschrift, nicht erst ab Antritt der Beschäftigung. Nur Verena hätte kündigen können, und zwar unter Einhaltung der Kündigungsfrist. Sowohl Andi wie auch Verena waren sich einig, dass dieses Kind auf die Welt kommen sollte, geliebt und willkommen geheißen, wie es einem derartigen Wunder angemessen war. Einig waren sie sich aber ebenso, dass der neue Job Verenas große berufliche Chance war. All die Jahre der Ausbildung, der Berufstätigkeit und der Promotion sollten sich nun für sie auszahlen. Mit blutendem Mutterherz beschloss sie, sich gegen eine Elternzeit zu entscheiden und die Betreuung des dritten Kindes maßgeblich abzugeben. An ihren Mann.

Andi, ein erfahrener Vater, war seit vielen Jahren in einem Unternehmen beschäftigt, er saß deutlich fester im Sattel als seine Frau, die sich in ihrem neuen Job erst noch beweisen musste. Eine einjährige Elternzeit mit komplettem Ausstieg aus dem Job konnte er sich beruflich also eher leisten als Verena. Folglich wollte Verena bis zum Mutterschutz in Vollzeit

arbeiten und danach die Möglichkeit der Elternteilzeit mit dreißig Wochenstunden wahrnehmen – bis ihr Kind ein halbes Jahr
alt sein würde. Danach würde Verena, wie weit über 90 Prozent
aller Väter, bis zur Rente in Vollzeit tätig sein. Andreas würde
nach einem Jahr Auszeit in Elternzeit dann entsprechend Elternteilzeit beantragen, bis das Kind drei Jahre alt wäre. Danach
würde er bis zum Auszug der Kinder in Teilzeit weiterarbeiten
und »etwas dazuverdienen«. Ein sehr bekanntes Modell, nur
mit vertauschten Rollen.

Wir waren Fans von unserem Plan. Rechtlich gesehen war
er wasserdicht und Verenas Arbeitgeber einverstanden und
ziemlich entspannt. Das war schon beeindruckend.

Andi vereinbarte einen Termin bei seinem Vorgesetz-
ten und legte die berufliche Situation seiner Frau dar, infor-
mierte über ihre Schwangerschaft und kündigte an, sobald das
Kind da wäre, für ein Jahr in Elternzeit komplett zu pausieren.
Kennt jede schwangere Frau, diese Gespräche. Auch die Bauchschmerzen. Mein Freund kam leider nicht mehr dazu, sein
20-Stunden-Elternteilzeitmodell für das zweite und dritte Lebensjahr des Kindes zu erläutern, denn sein Vorgesetzter nahm
sich einen Butterkeks, stellte seine Kaffeetasse ab und sagte:
»Andreas, selbstverständlich können Sie in Elternzeit gehen.
Solange wie Sie möchten, und natürlich auch für ein ganzes
Jahr. Rechtlich kann ich Sie nicht daran hindern, das wissen Sie.
In diesem Unternehmen werden Sie dann aber keine Karriere
mehr machen. Das muss Ihnen klar sein.« Das Gespräch war für
den Abteilungsleiter damit beendet.

An diesem Abend heulte seine Frau, und Andi wütete mit.
Was für ein Himmelfahrtskommando! Denn sollte Verena die
Probezeit nicht überstehen, wäre das ein finanzielles Waterloo.
Andis Gehalt in Vollzeit war höher als das Gehalt, das Verena
bekommen würde. Und ihr Baby schon acht Wochen nach der
Geburt für dreißig Stunden in der Woche nicht zu sehen, fühlte

sich auf einmal nicht mehr so toll nach »aufgeklärtem Familienmodell« an, sondern wurde steinschwer und erschien geradezu destruktiv. Finanzielle Risiken und das schwere Herz vor dem Hintergrund, dass Andis Job dazu noch wackeln würde? Sein Unternehmen könnte nach der Elternzeit die nächstbeste Möglichkeit nutzen, um ihn vor die Tür zu setzen, dann haben beide keinen Job mehr. Was hätten wir entschieden?

Der tapfere Krieger Andreas lässt sich nicht beeindrucken. Verena letztlich auch nicht. Die beiden waren sich einig, dass der *#RegrettingMotherhood* in ihrem Fall keinen Platz haben durfte. Sie sollte den Job antreten, und Andi würde in Elternzeit gehen und anschließend in Elternteilzeit. Sie umschifften *#RegrettingMotherhood*, doch *#RegrettingFatherhood* hatten sie nicht auf dem Schirm.

Andi wird sich zum »Vaddi am Herd« mausern. In diesem Fall wird sich mit hoher Wahrscheinlichkeit zeigen, dass die Probleme des »Regrettens« tatsächlich an das Elternsein und nicht an das Frausein geknüpft sind. Mit Andis genutzten Elternrechten und seiner Fatherhood wird nun der Klassiker der Mütterlaufbahn auf der Bühne der Arbeitswelt (mit vertauschten Rollen) aufgeführt werden, und er wird diesem Theater genauso fassungslos zusehen müssen, wie es seit Jahrzehnten viele Mütter tun, die eigentlich genau diese Sackgasse immer unbedingt vermeiden wollten. Vorhang auf:

Sein Arbeitgeber wird die Elternzeit bewilligen und die anschließende Elternteilzeit möglichst torpedieren. Er wird ihm in einem persönlichen Gespräch die üblichen Verdächtigen »zur Vermeidung eines Rechtsstreits« vorstellen und ihm erklären, dass sein Arbeitsplatz in Teilzeit nicht geeignet sei oder während der einjährigen Elternzeit aus mysteriösen Umständen gleich ganz »weggefallen« wäre. Er wird ihm für die Zeit der zweijährigen Elternteilzeit daher gönnerhaft Alternativen zu seinem eigentlichen Job anbieten, denn kündigen kann er Andi (noch) nicht. Natürlich bei gleichbleibendem Gehalt, denn zumindest das hat sich mittlerweile rumgesprochen und wird gerne als Zugeständnis an den plötzlich minderwertigeren Arbeitnehmer verkauft. Angebote wie »Tätigkeit als Springer in der Verwaltung« oder an der Rezeption als Telefonist werden im Raum stehen. Er wird ihm sagen, dass in seiner Position eine Teilzeittätigkeit auch wirtschaftlich keinen Sinn mache und dass er schon die Realitäten des Business im Auge behalten müsse, wenn er schon unbedingt die deutschen Gesetze zu Lasten seines Arbeitgebers bemühen wolle. Andi wird seinen Arbeitgeber schlussendlich auf eine Elternteilzeitstelle auf seiner Position verklagen müssen, denn er ist ein Wirtschaftswissenschaftler mit hervorragenden Abschlüssen und kein Rezeptionist oder Verwaltungsspringer.

So wie ich schon viel zu oft mit Müttern vor dem Arbeitsgericht saß, werde ich das erste Mal mit einem Vater dort sitzen. Vor dem Arbeitsgericht wird der Arbeitgeber dann erst einmal die Formalien des Elternteilzeitantrags angreifen und behaupten, der sei ja gar nicht wirksam gestellt worden. Bisher hat weder das Arbeitsministerium noch irgendeine politische Arbeitsgruppe es geschafft, ein rechtssicheres Formular für einen ganz alltäglichen Vorgang zu entwerfen, der Eltern dabei helfen würde, den Antrag formgerecht zu stellen. Deswegen googeln sich Eltern regelmäßig halb wahnsinnig vor lauter Sorge, der Arbeitgeber könne die bürokratische Karte ziehen. Leider tun sie das sehr oft und zwar erfolgreich. Da sind die Gerichte eben Amtsschimmel, und so sitze ich mindestens an drei Tagen die Woche vor der Formulierung eines wirksamen Eltern(teil)zeitantrages für Mandanten.

Das mit dem formunwirksamen Antrag wird dem Arbeitgeber zumindest in Andis Fall aber nicht gelingen, da der bereits bei der Antragstellung freundschaftlich anwaltlich betreut wurde und die Formalien stimmen. In einem zweiten

Schritt wird der Arbeitgeber versuchen, meist vergeblich, darzulegen, warum in seinem Betrieb Teilzeit nicht möglich ist. In einem dritten Schritt wird er Andi als Arbeitnehmer schlecht dastehen lassen und ihm erklären, wie wenig er dem Unternehmen nützt und wie wahrscheinlich eine betriebsbedingte Kündigung nach dem Ende der Elternzeit ohnehin wäre. Das wird hart.

Wir werden diesen Rechtsstreit gewinnen, da die juristischen Voraussetzungen erfüllt sind. In Andis Konzern arbeiten mehr als fünfzehn Mitarbeiter, er ist dort länger als sechs Monate beschäftigt, es sprechen auch keine betrieblichen Gründe gegen eine zwanzigstündige Elternteilzeitstelle, die er rechtzeitig und schriftlich beantragt hat. Alternativen und geringwertigere Posten muss er nicht akzeptieren, allein wegen seines Lebenslaufs und seiner beruflichen Zukunft. So einfach ist das, so steht es im Gesetz, so werden es die Gerichte bei korrekter Umsetzung auch entscheiden und ihm seine Elternteilzeitstelle zusprechen.

Andi wird dann aber trotzdem seine Fatherhood regretten bis zum Mond und zurück, wenn er mit seiner eingeklagten Teilzeitstelle in der Tasche jeden Morgen zu einem Arbeitsplatz traben muss, wo ihn keiner will und wo er mit direkter Ansage nicht mehr vorwärtskommen wird und eine Kündigung erwarten kann, sobald es dem Arbeitgeber rechtlich möglich ist. Vielleicht wird er in weiser Voraussicht auf seine Gemütslage auch gleich einem gerichtlichen Vergleich oder einem Aufhebungsvertrag mit einer Abfindung zustimmen, weil er, nachvollziehbar, »gar keinen Bock mehr auf den Scheißladen hat«. Das passiert sehr häufig. Die Elternteilzeit-Mütter sind regelmäßig mürbe. Andi dementsprechend auch. Nach der Unterzeichnung eines Aufhebungsvertrages wird er nach Hause fahren, sich zusammenreißen, sich an seinen drei wunderbaren Kindern freuen und sich parallel auf Jobsuche begeben. Viele werden ihm auf die Schulter klopfen und sagen »Na, du hast doch die Kinder. Sei nicht frustriert. So einen Chef will doch keiner. Die Kinder freuen sich, wenn Papi jetzt mehr zu Hause ist, und sie werden so schnell groß. Genieße die Zeit!«. Andi wird früher oder später versuchen, eine Tätigkeit zu finden, die seinen hervorragenden Qualifikationen entspricht, angemessen bezahlt ist, in Teilzeit ausgeschrieben wird, zu kinderbetreuungsmöglichen Zeiten. Er wird überall suchen und diesen Job nicht finden. Mütter kennen das.

All das wird seine Ehe und das vormals friedvolle Familienleben nicht unerheblich belasten. Verenas Schwiegermutter wird dazu noch durchdrehen. Andis ganze Ausbildung im Eimer. So viel Zeit und Geld haben seine Eltern investiert. Alles für die Katz! Nur weil seine Frau sich selbst verwirklichen will. Dass sie damit eine Familie ernährt, ist in Verenas Fall ein gesellschaftliches Ärgernis und irgendwie ein interfamiliärer Affront gegen Andreas Männlichkeit und eine »auf seine Kosten« getroffene Entscheidung. Sein Umfeld wird Verena für eine fürchterliche und maßlose Person halten. Viele seiner Kumpels werden Andi belächeln und ihn für eine komplette Wurst halten, die sich von seiner Frau gängeln und aushalten lässt und im Wickelvolontariat verkümmert. Das geht doch nicht! Andreas ist doch Vater, keine Mutter, Herrgott noch mal!

»Was, wenn die Alte mit dem Vorstandsvorsitzenden durchbrennt? Dann sitzt du in der Tinte, mein Freund«, werden die Freunde bei drei Bier am »Männerabend« zu ihm sagen. Er wird aber trotzdem das tun, was alle machen: Er vertraut auf seine Partnerschaft und regrettet seine Fatherhood. Immer mehr. Was wurde eigentlich aus seinem beruflichen Leben, das ihm komplett aus der Hand genommen wurde, nur weil er Kinder hat? Immer häufiger ist er wütend auf Verena, und wenn es total dumm läuft, werden sich die beiden vielleicht sogar trennen, weil der Frust zu Hause so groß wird. Die Kinder bleiben bei ihm, denn Verena arbeitet weiterhin in Vollzeit und verdient ganz gut.

Während sie also vielleicht mit dem Cabrio ihres Assistenten in Portofino in den Sonnenuntergang fährt, wird Andi sich anwaltlich beraten lassen, wie viel Unterhalt ihm mit drei kleinen Kindern zusteht. In den nächsten Wochen wird er sich fragen, wie zum Teufel er von so einem Betrag mit den Kindern leben soll, wenn Verena auszieht. Der Familienrichter wird ihm bei der Scheidung bestätigen, dass er selbst nur dann nachehelichen Unterhalt bekommen wird, wenn von Verenas Nettogehalt nach Abzug des Kindesunterhalts mehr als 1200 Euro übrig bleiben würden. Das nennt man Selbstbehalt des Unterhaltsschuldners. Für den vollen Unterhaltsanspruch der drei Kinder nach der Düsseldorfer Tabelle wird Verenas Gehalt ausreichen, so dass Andi im besten Fall knapp 1000 Euro Kindesunterhalt für drei Kinder im Monat bekommt, von dem er aber alles bezahlen muss. Kleidung, Nahrung, Miete, Kinderbetreuung, Schulbedarf, Klassenreisen. Das Kindergeld ist bereits zur Hälfte in den Unterhalt eingerechnet. Von 1000 Euro Kindesunterhalt können viele alleinerziehende Mütter derzeit übrigens nur träumen. Bei drei viertel der Kinder in Deutschland kommt kein oder kaum Unterhalt an. Verena verdient aber gut, so dass sie den Unterhalt für die Kinder wenigstens aufbringen kann. Selbst wenn sie deutlich weniger verdienen würde und kaum Geld für Kindesunterhalt bliebe, hätte sie in jedem Fall aber den Selbstbehalt von über 1000 Euro zur Verfügung, je nach Verdienst und Unterhaltsverpflichtungen eventuell sogar mehr. Die kann sie aber für sich allein aufbrauchen. Das mag im Einzelfall nicht viel sein, aber es muss nur eine Person davon leben können. Andi als alleinerziehender Vater muss, selbst im besten Fall, von ein paar hundert Euro mehr einen Vier-Personen-Haushalt schmeißen. Das macht Geldsorgen.

Andreas wird nahegelegt werden, nicht herumzuheulen

und sich lieber einen Job zu suchen. Auf dem Kindesunterhalt von Verena »ausruhen, is nich«. Sinngemäß steht das auch so im Gesetz. Er wird die Aufforderung zur Jobsuche für einen schlechten Scherz halten, denn eine Teilzeitarbeit sucht er ja schon seit dem Aufhebungsvertrag, und Vollzeit mit drei Kindergartenkindern ist nicht machbar. Da kommen viele mit zwei Hunden schon ins Schleudern. Dabei war die Sache mit dem Job doch der Quell des ganzen Übels. Hier beißt sich die Katze in den Schwanz. Zahlt Verena den Unterhalt nicht pünktlich, wird Andi nicht wissen, wovon er in diesem Monat das Frühstück kaufen soll. Verliert Verena auch noch ihren Job, wird sie gar keinen Kindesunterhalt mehr zahlen können. Deswegen wird Andi mit einer hohen Wahrscheinlichkeit eines Tages Grundsicherung oder Hartz IV für sich und die Kinder beantragen müssen und plötzlich großen Anteil nehmen an der politischen Diskussion um den Unterhaltsvorschuss des Staates, der ein paar hundert Euro vorschießt, wenn der andere Elternteil keinen Unterhalt zahlen will oder nicht zahlen kann.

Aus dem erfolgreichen Wirtschaftswissenschaftler in der Finanzbranche wurde in einer absurden Spirale jemand, der auf staatliche Zuschüsse angewiesen ist. Andreas wird ungefähr 2048 das gesetzliche Rentenalter erreicht haben, mit einer Rente, die nicht mal für die Miete reicht. Er wird seine Fatherhood jeden Tag regretten und seine Kinder dabei genauso lieben, wie es alleinerziehende Mütter tun. Fast 90 Prozent aller alleinerziehenden Elternteile sind weiblich. Alleinerziehende Väter mit Kindern unter sechs sind in keiner Statistik erfasst. Weil es sie faktisch nicht gibt.

Und jetzt wundern wir uns mal alle gemeinsam, warum das wohl so ist. So oder so ähnlich sieht die Vita von vielen Müttern aus, die sich das alles anders vorgestellt haben und das keinesfalls »vorher wussten«.

Ich wünsche mir mehr Väter, mehr mutige Schildbürger wie »Teilzeit-Pussy«, »*Ghostbuster*« oder »Angry Andreas«, die einen berechtigten und längst überfälligen *#RegrettingFatherhood* aus der Taufe heben. Ich bin davon überzeugt, dass ihnen weder der »Rabenvaterstempel« noch die »Goldene Manschette der Undankbarkeit« verliehen werden wird. Schon gar nicht wird ihnen jemand sagen: »Das hast du doch vorher gewusst, als du Vater wurdest.«

Die Ursachenbeseitigung von *#RegrettingFatherhood* wird aber nicht fünfhundert Jahre dauern. Es wird nicht mal ein halbes Jahrzehnt dauern. Dann wird das Jammern und Genöle der Mütter verstummen, das allen ja so wahnsinnig auf den Wecker geht.

Phantasterei? Nein. Eine Frage des Willens und des Mutes. Für alle Mütter und Väter da draußen, die nicht genug erben werden und im Notfall Pfandflaschen sammeln müssen, ist das bestehende Modell eine Gefahr, und es muss verändert werden. Für die Eltern, die berufstätig sein wollen, ist es Mist, weil sie dadurch nicht die Jobs bekommen, die sie brauchen, oder fremdbestimmt aufgeben müssen. Für die, die zu Hause ihre Kinder betreuen wollen, ist das bestehende Modell ebenso Mist, weil sie die einzigen Kinderbetreuer*innen sind, die wir nicht bezahlen.

Gutes Zureden und »Vätermonate« in Elternzeit abfeiern, hilft nicht. Wir müssen das System umstellen, auch wenn es hier und da mal wehtut. Andere Länder machen es uns vor.

In Island gehen 96 Prozent aller Väter in Elternzeit. Warum? Weil Isländer die besseren Papas sind und ihre Kinder mehr lieben? Weil deren Arbeitgeber cooler drauf sind? Wohl kaum. Die isländische Politik nimmt »Elterngeld« wörtlich und zahlt es nur dann in voller Höhe aus, wenn wirklich beide Eltern aussteigen und nicht nur ein Elternteil alleine. In Island gibt es mehr Elterngeld als bei uns, nämlich 80 Prozent statt

65 Prozent des Durchschnittsgehalts für maximal neun Monate. Demnächst sollen es im Inselstaat zwölf Monate sein. Diese zwölf Monate volles Elterngeld gibt es im Lande der Feen, Elfen und Trolle aber nur dann, wenn sich, wie gesagt, beide Eltern die Elternzeit gleichberechtigt aufteilen. 96 Prozent der Väter gehen seitdem in Elternzeit, so dass es die Vorbehalte isländischer Kakerlakenchefs mittlerweile nicht mehr geben dürfte. Das Bedürfnis der Arbeitgeber, einen »verlässlichen« Arbeitnehmer einzustellen, ist absolut verständlich. Das kenne ich selbst. Derzeit ist das aber eine Frage des Geschlechts und geht ausschließlich zu Lasten von Frauen. Das kann man nur in Ordnung finden, wenn man generell keine finanziellen Sorgen zu befürchten hat. Jeder Mann, der sich bei einem Unterhaltsrechtsstreit ungerecht behandelt fühlt, sollte ein großes Interesse daran haben, dass sich diese Kriterien ändern und gleichberechtigte Jobchancen schon vor einer eventuellen Scheidung eine Rolle spielen können. Wenn also auch hier – wie in Island – 96 Prozent aller Väter kinderbedingt eine berufliche Pause einlegen würden, wären eine Menge Vorurteile, Sorgen und Nachteile erledigt. Durch diese Selbstverständlichkeit wird der Druck und die Angst vor einem »beruflichen Erfolgsverlust« für beide Geschlechter deutlich abnehmen, weil es so normal ist, und dann haben die Väter das, was sie in breiter Masse gerne hätten: Erfolg im Beruf und Zeit mit der Familie. Dafür muss man aber was tun, Leute. Das müssen die Frauen auch.

Vor Jahren war es undenkbar, dass Vätern mit hippen Tragetüchern oder BabyBjörn-Tragehilfen ihre Säuglinge durch die Innenstädte chauffierten. Man hätte sie als »Tragetuch-Pussys« verlacht. Heute ist es üblich und weit verbreitet. Ich will, dass das mit der Teilzeit-Pussy auch passiert und sie sich durch reine Normalität von selbst vernichten wird. Ein sich selbst befruchtender Effekt.

Auf unser deutsches Elterngeld-Elternzeit-System übersetzt, könnte das isländische Modell ebenfalls einen guten Lösungsansatz bedeuten, ohne dass wir viel ändern müssten. Elterngeld ist hier ebenfalls mit der Elternzeit verknüpft. Elterngeld gibt es bei uns für denjenigen, der mindestens zwei Monate in Elternzeit geht, jedoch höchstens für zwölf Monate. Wer danach noch nicht an den Arbeitsplatz zurückwill, kann trotzdem in Elternzeit bleiben, nur eben unbezahlt, für weitere zwei Jahre. In diesen drei Jahren ist er nicht kündbar. Eltern können zusammen im ersten Lebensjahr des Kindes maximal vierzehn Monate Elterngeld beziehen. Die Aufteilung ist ihnen aber komplett frei überlassen.

Derzeit bezahlt der Staat einem Elternteil bis zu zwölf Monate Elterngeld in Höhe von 65 Prozent des bisherigen Einkommens, maximal aber 1800 Euro im Monat. In der Realität sind das zu 87 Prozent die Mütter. Dies auch, weil 1800 € nicht viel für jemanden sind, der sonst deutlich mehr verdient. Für eine Familie, in der – meist – der Vater sonst 3000 Euro netto nach Hause bringt, sind 1800 Euro zu wenig, um damit länger auszukommen. 1800 Euro kostet oft schon die Miete in einer Stadt wie Hamburg für eine Dreizimmerwohnung. Geht der Vater auch in Elternzeit, so kommen zu den zwölf Monaten noch zwei hinzu. Eine Art Belohnung über »zwei Extramonate« Elterngeld, wenn auch der Vater für zwei Monate aussteigt. Diese zwei Monate heißen sogar in der Fachliteratur oft »Vätermonate«. Die Begrifflichkeit allein gibt schon eine deutliche und, wie ich finde, schädliche Marschroute vor.

Zwei Monate Ausstieg bringen arbeitsmarktpolitisch gar nichts. Selbst innerhalb der Familie haben sie für eine dauerhafte »Arbeitsteilung« null Effekt. Im besten Fall verbringt man Zeit zusammen, und die Mama kann mal ausschlafen, oder die Familie macht mit dem Baby Urlaub in Thailand. Nach zwei »Vätermonaten« hat sich das Leben mit der Familie gerade eingegrooved, und schon sind die Väter wieder im Beruf. In Deutschland zu

96 Prozent in Vollzeit. Natürlich. Die zwei »Vätermonate« werden dadurch zu einer staatlichen Zuwendung ohne irgendwelche Auswirkungen für all die jungen, noch kinderlosen Frauen, die einen verantwortungsvollen Vollzeitjob haben wollen, ihn aber nicht bekommen, weil sie es sind, die aus Arbeitgebersicht zu 87 Prozent ein ganzes Jahr ausfallen, wenn sie Eltern werden. Nur zwei Prozent aller Männer fallen derzeit für ein Jahr aus, wenn sie Vater werden. Wen stellt ein Arbeitgeber da wohl ein, wenn er die Wahl hat zwischen Stefan (verheiratet, neunundzwanzig) und Stefanie (verheiratet, neunundzwanzig)?

Derzeit erhalten Vater und Mutter das gesamte Elterngeld in voller Höhe, selbst wenn nur einer von beiden die lange Auszeit nimmt und der andere einzig den kosmetischen Teil beansprucht. Wieso sollten in solch einem System beide Elternteile die befürchteten negativen Umstände im Job riskieren, wenn nur einer von beiden ins Klo greifen muss? Also macht das natürlich allein derjenige mit dem niedrigeren Gehalt, mit dem befristeten Arbeitsplatz oder mit der geringeren Verantwortung im Job. Die Muter. Wieso beide Arbeitsplätze so verwackeln, dass sie Schaden nehmen können? Wieso beide Chefs verärgern? Deswegen macht das auch kaum einer. Dann müssen wir aber begreifen, dass es all diese Nachteile und all diesen Ärger und all diese drohenden Schäden überhaupt nur gibt, weil die Verteilung ist, wie sie derzeit ist. Das ist ein Zirkelschluss. Hier ist ausnahmsweise mal ziemlich klar, dass die Henne zuerst da war.

Hier kann man also ansetzen, und ich möchte einen Vorschlag machen, der finanziell nicht sehr wehtut, das Elterngeld zu dem zurückführt, was es sein sollte und langfristig einen Effekt für den elternbenachteiligenden Arbeitsmarkt hat.

Streichen wir diese unnötigen zwei »Vätermonate« komplett. Es gibt zwölf Monate Elterngeld. Punkt. Die »gesparten« zwei Monate darf der Staat aber nicht behalten, so wie er das

Betreuungsgeld einfach eingezogen und dann irgendwo anders hingesteckt hat, nur nicht in die Familien. Diese zwei Monate – und gefälligst noch ein paar mehr staatliche Mittel – werden zum Elterngeld dazu gepackt, so dass es von 65 Prozent auf 90 Prozent des Gehalts für bis zu zwölf Monate erhöht wird. Wir deckeln das Elterngeld auf attraktive 2200–3000 Euro Maximalbetrag pro Monat und nicht auf nur 1800 Euro. Diese zwölf Monate können aber nicht mehr frei eingeteilt werden. Sie bestehen aus sechs Monaten für die Mutter und sechs Monaten für den Vater. Die 2,5 Jahre Elternzeit, die dann noch für jedes Elternteil übrig sind, kann jeder wie bisher nehmen oder eben nicht. Die lassen wir wie sie sind. Entscheidet sich die Mutter für »ihre« sechs Monate und der Vater nimmt keine Elternzeit, gibt es einzig Geld vom Staat für die Mutter. Aber dafür sechs Monate lang 90 Prozent von ihrem Gehalt und nicht wie derzeit 65 Prozent. Das Geld kann sie zurücklegen und trotzdem faktisch länger als sechs Monate aussteigen, wenn sie das gerne möchte.

Wir müssen aber an die Väter ran!

»Mein Mann kann nicht.« Das höre ich oft. Manchmal stimmt es wirklich. Wer als Vater nicht aussteigen kann, der kann eben nicht. Der Besitzer eines Einmannbetriebs wie einem Kiosk kann das nicht. Der Anwalt einer Einmannkanzlei ebenso nicht. Alle anderen Väter, die Jobs haben, die auch Mütter tagtäglich seit Jahrzehnten unterbrechen, können es aber faktisch, sie haben nur zu Recht Angst vor dem beruflichen Erfolgsverzicht. Sobald es die Nachteile nicht mehr gibt, weil viel mehr männliche Kollegen ebenfalls bei ihren Kindern zu Hause sein wollen, »können« die Väter das hier in Deutschland aber genauso gut wie die Skandinavier. Sechs Monate 90 Prozent vom Gehalt und nicht am Arbeitsplatz, sondern zu Hause mitmachen – das wollen Väter doch angeblich, oder nicht?

Diskussionen am Familientisch, ob es finanziell im Hinblick auf die Familienkasse für den Vater Sinn macht, ebenfalls sechs Monate auszusteigen, werden unter diesen attraktiveren Konditionen sicherlich in weit höherem Maße dazu führen, dass auch Väter für einen gesellschaftlich relevanten Zeitraum in Elternzeit gehen. Ein Gehalt von 90 Prozent für sechs Monate ist etwas ganz anderes als zwei Väter-Monate von maximal zweimal 1800 Euro. Zwölfmal 90 Prozent des Einkommens aus zwei Gehältern sind finanziell attraktiv und machen bei einer gleichberechtigten Verteilung endlich den Sinn, den das Elterngeld haben soll. Es ist kein bezahlter Väterurlaub. Es steht ein Förderungsgedanke aus beruflicher Sicht dahinter. Es soll Vereinbarkeit fördern und ist nicht dazu gedacht, Väter zwei Monate aus ihrer beruflichen Mühle rauszuholen, nur damit sie danach zu 96 Prozent wieder komplett weg vom Fenster der Familie sind und die Frauen komplett weg aus dem Beruf. Mit anderen Worten: Wir müssen die Väter indirekt aus ihren Berufen rauskaufen, um zu erreichen, dass sich Strukturen ändern.

Dass ich mal »mehr Geld für Väter« fordern würde, hätte ich nicht gedacht, letztlich ist es aber »mehr Geld für Eltern«, und damit kann ich sehr gut leben. Das will ich. Nur nicht mehr nur zu Lasten der Mütter und ihrem beruflichen Erfolg. Natürlich ist es idealistischer zu sagen »Ich will, dass sie es freiwillig tun. Ohne Anreiz. Warum muss man Väter denn so umwerben?« Den Tod des Idealismus sterbe ich gerne, denn manchmal braucht es eben Anreize für den Erfolg. Das kennt jeder, der Schulkinder hat und länger Aufbleiben-dürfen verspricht, wenn das endlich mit dem Hausaufgabengenöle aufhört.

Wir wollen die Rolle der Väter hypen und stärken? Dann machen wir es doch richtig. Geben wir ihnen vom sechsten bis zwölften Lebensmonat unsere Babys und kehren fröhlich pfeifend und gern in Elternteilzeit an unsere Arbeitsplätze zurück. Die Jungs können das ganz wunderbar mit den Kiddies. Die

»neuen Väter« müssen wir als Mütter auch mal ranlassen. Kein Kind muss dann mit sechs Monaten in die Krippe, denn Papa ist ja da, bis das Baby ein Jahr alt ist.

Mütter, die aber nicht schon nach sechs Monaten wieder an den Arbeitsplatz zurückmöchten, verstehe ich gut. Hab ich auch gemacht. Geht ja trotzdem noch. Hätte mein Mann dazu sechs bezahlte Monate einfacher und mit weniger finanziellem Harakiri mit uns gemeinsam verbringen können, wäre das wunderbar gewesen. Konnte er aber als selbstständiger Anwalt nicht. Oder wollte es nicht. Oder vielleicht gefiel uns die »der eine Vollzeit im Beruf, der andere Vollzeit bei den Kids«-Lösung am besten. Das ist vollkommen legitim. Jedoch müssen wir dann verstehen, dass wir in diesem Fall aber auch nicht rechtlich legitime Adressaten von Elterngeld für den Vater für zwei Monate sind. Wenn jemand »eigentlich nicht raus kann« und letztlich einfach nur zwei Monate im Wohnmobil durch Schweden fährt, so ist das zwar total schön für die Familie. Aber im Grunde ist das nichts anderes als ein zusätzlich bezahlter Urlaub für den Vater, der den Frauen aber reihenweise in den Hintern beisst, wenn es um den Arbeitsmarkt und Vorurteile geht.

Auf beide Geschlechter kann die Wirtschaft nicht verzichten, sie wird von sich aus vermehrt beiden Eltern attraktive Arbeitsplätze bieten. Sie brauchen die Väter. Derzeit besteht für einen Arbeitgeber jedoch selten Veranlassung dazu. Es reicht, »die Mutter« von vornherein gedanklich auszusortieren und so elternfeindliche Strukturen beizubehalten. Elternzeit und Elterngeld in Deutschland sind schön und gut. Elternteilzeit ist es auch. Aber wenn all diese Möglichkeiten faktisch keiner nutzen kann, ohne dass die berufliche Vita der Mutter oder des Vaters im Eimer ist, kann man sich das Ganze auch in die Haare schmieren.

Wer trotz allem am bestehenden Elterngeldsystem 12 + 2

festhalten will, der muss sich nicht wundern, wenn der Chef des Mannes »nicht mitmacht« und die Liste mütterlichen Verzichts nicht nur aus Schlaf, Autos und Urlaubsreisen besteht, sondern auch aus beruflichem Erfolg, finanzieller Unabhängigkeit und Absicherung im Alter. Wer daran immer noch festhalten will, muss an anderer Stelle konsequent sein und politisch durchsetzen, dass langjährige Kinderbetreuung durch die Mutter endlich sozialversicherungspflichtig bezahlt wird. Das ist nämlich auch eine Idee.

Ich denke, wir müssen es den Vätern leichter machen, in Elternzeit zu gehen und in Elternteilzeit zu arbeiten, ohne dass ihre Karriere als angestellter Fahrlehrer, als Schädlingsbekämpfer, Lehrer, Bankkaufmann, Filialleiter, Abteilungsleiter, Polizist, Steuerberater, Oberarzt oder Immobilienmakler leidet. Frauen verzichten hier auch seit Jahren. Das wird einen direkten Effekt auf die beruflichen Chancen von Frauen und Müttern haben, denn nur dann sind es nicht immer nur »die Muddis«, die Elternrechte nutzen.

Nur dann wird es in ein paar Jahren heißen: »Non, je ne regrette rien.«

Nicht nur gesungen von Edith Piaf, sondern demnächst bitte aus vollster Kehle von allen betrunkenen Elternpaaren in der Karaokebar auf der Weihnachtsfeier.

INTERNETPETITION ZUR ABSCHAFFUNG DES INTERNETS

»Wenn Du mal Probleme brauchst,
ich bin für Dich da.« – Internet

Es gibt einen Karnevalssong, den ich schon Hunderte Male sehr heiser, aber nicht minder begeistert von Bierbänken in Köln oder Düsseldorf laut und schief in diverse Kneipen hineinschrie. Der Refrain geht so:

(laut) Kämen doch die Zeiten,
die vergingen wieder,
käme doch die Jugend
einmal noch zurück.
(nun sehr laut) Man müsste noch mal zwanzig sein
und so verliebt wie damals
und irgendwo am Wiesenrain
vergessen die Zeit.

Das ist, wie so vieles an Karneval, glatt gelogen.

Ich will auf gar keinen Fall wieder zwanzig sein. Ich wäre der Herausforderung des Heute-zwanzig-Seins nämlich nicht mehr gewachsen. Ich bin nicht mal der Herausforderung des Heute-fünfunddreißig-Seins gewachsen, und ich hege arge Zweifel, dass ich Fünfundvierzig-Sein auf die Kette kriege. Wäre ich heute zwanzig und somit in vierzehn Jahren wieder bei meinem jetzigen Alter angekommen, dann wäre mein Leben anders verlaufen. Mein »Ich 2030« läge allein mit Netflix und leer gefressener Sushi-Bento-Box vom Lieferservice auf einem weißen IKEA-Sofa in einem viel zu teuren WG-Zimmer. Ich würde mich auf dem Smartphone über dringend notwendige Labienkorrekturen informieren. Parallel zu Netflix würde ich mir auf einem weiteren elektronischen Gerät, meinem Tablet-PC, ein lustiges Tiervideo anschauen. Falls ich es geschafft habe, wegen der fünf Sekunden Werbung am Anfang nicht aus Langeweile zu sterben. Ich wäre permanent beschäftigt, ohne wirklich vorwärtszukommen, und mein Kopf hätte nie Pause. So wie meine alleinerziehende Freundin Klara, die hat auch nie Pause und dazu noch genauso keinen Bock, wieder zwanzig zu sein. Dank des Internets und der Regeln des Online-Datings muss sie sich aber zwangsläufig so benehmen, weil Dating heute eben so funktioniert.

Mein größtes Problem wäre das Internet. Löser und Auslöser so vieler unserer Probleme. Es versaut meiner Generation die Familienplanung, falls wir nicht schon eine haben. Und überhaupt: »Too much information«. Jemand sollte es löschen. Zack. Das wäre effektiv und pragmatisch und würde dem Internet mal zeigen, was 'ne Harke ist. Unsere teilweise fragwürdigen Kriterien der Partnerwahl, unsere schrägen Vorstellungen von sexuellem Aktionismus und den grenzenlosen Optimierungsmöglichkeiten des eigenen Körpers würden endlich auf »Reset« gedrückt werden. Unser System könnte wieder frisch hochfahren, und wir hätten die Chance, alle wieder halbwegs normale Leute mit Kontakt zur Außenwelt zu werden.

Meine Familie wird nach der Lektüre dieses Absatzes fassungslos auf die Seite starren. Ich bin nämlich körperlich und seelisch abhängig von meinem internetfähigen Telefon. Ich müsste auf meinem Personalausweis mit Handy am Ohr abgebildet sein, damit man mich erkennt. Ich lege es niemals aus der Hand, und es schläft neben mir im Bett. Als boshafte Taschendiebe – mögen ihnen die Hände abfaulen – letztes Jahr mein Handy stahlen und ich eine Woche ohne Smartphone existieren musste, war mein

Mann kurz davor, mich bei der ADHS-Sprechstunde des Kinderarztes vorzustellen, damit mir jemand Ritalin zwangsverabreicht. Ich saß eine Woche lang in einer sozialen Dunkelkammer. Komplett isoliert, von jeglichem Kontakt abgeschnitten und lebensunfähig. Wie einst der gepeinigte Kaspar Hauser im faradayschen Käfig fühlte ich mich, als ich plötzlich Auto fahren musste, ohne dabei zu telefonieren. Vom Festnetz im Büro hätte ich nur die Eltern meiner Grundschulfreundin Sita oder die Feuerwehr anrufen können. Das sind die einzigen Nummern, die ich zuverlässig auswendig kann. Den Tod von David Bowie habe ich ohne Twitter genauso wenig mitbekommen wie die Drillingsgeburt meiner Freundin Vanessa über WhatsApp. Nur dank der Online-Rezepte in meinem Smartphone bin ich in der Lage, für meine heutzutage gehäuft auftretenden Gluten-Fructose-Laktose-intoleranten Freunde zu kochen, falls ich den Supermarkt ohne meine Handynavigation überhaupt finde, und wenn ich wissen will, was ein »endoplasmatisches Reticulum« nochmal war, dann schau ich nicht in den Brockhaus im Westflügel, sondern schlage bei Dr. Google in meinem Handy nach. Das Internet ist toll, praktisch und zeitsparend.

Allerdings ist es für alles Menschliche und Zwischenmenschliche ein einziges Topfschlagen im Minenfeld.

Das fängt schon bei der Partnerwahl an. Als Teenager musste ich immer erst mal fünfzehn Minuten meditieren und mich dreimal räuspern, bevor ich mich getraut habe, bei meinem Freund zu Hause anzurufen. Auf dem Festnetztelefon. Natürlich. Wenn dann aber sein Vater ranging, imitierte ich Telefaxgeräusche und legte hektisch auf. Ein erneuter Kontaktversuch musste bis zum nächsten Tag auf dem Schulhof warten, oder mein Freund hatte gut kombiniert, wenn schon wieder ein Fax die Mittagsruhe seines Vaters störte, und rief mich zurück. Das war alles so aufregend und anstrengend, da musste man sich schon recht frühzeitig auf einen möglichen Sexualpartner festlegen. Mehrere

Kandidaten in der engeren Auswahl hätten schlicht zu viele Eltern gehabt für einen Nachmittag am Telefon! Heute ist das anders. Total mühelos. Da schickt man seinen vier Dates to be nach dem Tennistraining 'ne schlanke WhatsApp mit einem Direktlink zu einem inspirierenden Lap Dance auf YouTube und eine Uhrzeit. Klappt es nicht, wischen Tinderellas eben einen Typen weiter, vorgefiltert nach einem hochgeheimen Tinder-Algorithmus, der berechnen kann, wie »ER« oder »SIE« am besten programmiert sein sollte. Hat man vorschnell einen Kandidaten weggeklickt, bezahlen die Tinder-Kinder echtes Geld an die Tinder-Erfinder, und – schwupps – erscheint der unbedacht abgeblitzte Sexualkandidat wieder auf dem Display. Grenzenlose Auswahl. Ich liebe Auswahl, jeder Blick in mein überwältigendes Gewürzregal bestätigt das. Ich wäre ganz genauso.

Ist doch schön, wenn man die Wahl hat, oder? Ja. Wenn man sich aber vor lauter Wahl nicht mehr entscheiden kann oder entscheiden muss, ist »die Wahl haben« auch ziemlich kontraproduktiv. Was keine Mühe macht, ist weniger wert. Das Herz hängt nicht dran. Es ist ersetzbar. Verschmerzbar.

Als meine Freundin Klara beispielsweise neulich einen »Arne (39)« wegtinderte, nur weil er eine bescheuerte Mütze auf dem Foto trug, konnte ich sie total gut verstehen. Die Mütze war mega-hässlich. Dann dachte ich an die vor zwölf Jahren grundsätzlich viereckig gewaschenen Polohemden meines Mannes in der Mensa und war mir sicher, dass ich den auf Tinder wahrscheinlich auch weggewischt hätte. Dem steht keine einzige Mütze, nicht mal eine schöne. Das allerdings wäre ein übler Fehler gewesen. Ich wäre vermutlich noch heute auf der Suche nach ihm. Männer, denen Mützen stehen, sind selten.

Für meine Generation auf Partnersuche ist das besonders schwierig. Wir sind in eine ungeschickte Zwitter-Lage hineingeraten. Fast alle sind noch geprägt von Festnetztelefonen, günstigeren Ortsgesprächen und einem Modem, das drei Minuten lang Außerirdischengeräusche machte, bevor es uns mit dem World Wide Web verbunden hat. Wir halten Telefonnummern oder telefonische Erreichbarkeit noch für etwas, was man sich gefälligst erarbeiten muss. Eine Art Trophäe. »YES! Ich hab ihre Nummer! Sie mag mich.« Meine Generation ist konditioniert auf Kennenlernen in der Reihenfolge »zufällig treffen, heimlich beobachten, nervös ansprechen, Telefonnummern tauschen, vor Freude ausrasten« und nicht, wie es das Internet vorgibt, komplett andersrum. Kein Wunder, dass wir uns so schwer tun, wer kommt da nicht durch den Tüddel? Deswegen stolpert meine Generation bei der Partnersuche im Netz so ungelenk umher. Wir sind Gefangene zwischen der Faszination ob der schieren Auswahl an potenziellen Liebhabern und der Unfähigkeit, sie ordentlich einzusortieren. Je älter und selbstsicherer man wird, umso gnadenloser werden ohnehin die Ansprüche, die man hat, damit jemand das eigene eingegroovte Leben mit seinen Eigenheiten penetrieren darf. Auch ohne Internet. Aber zurzeit kann einem das Profilfoto eines Mannes mit Katze auf dem Arm schon mal eine verheißungsvolle, glückliche Beziehung kosten. Hätte man denselben Typen in einer Bar kennengelernt, stünden die Chancen gut, dass er seine Katze nicht dabeihat, und man wäre schon verknallt, bevor man sich erinnert, dass man Katzen nicht leiden kann.

Klara und ich erarbeiteten also gemeinsam die Partner-Baumarkt-Theorie: Wenn man das eigene Schlafzimmer neu weiß streichen will und deswegen in den Baumarkt geht, kann man dort zwischen einem Eimer billiger und einem Eimer teurer Wandfarbe wählen. Je nach momentanem Gusto geht man mit der billigen oder der anspruchsvollen Version nach Hause und verleiht seinem Schlafzimmer einen neuen weißen Glanz. Kauft man sein Material aber stattdessen im Malereibedarfsladen, entscheidet man sich nach vierstündiger Beratung und einer mehrtägigen Bedenkpause unter sechsundvierzig Weißtönen mit

Bauchschmerzen für den Eimer »Spektralblau-Infusion-Indigo-White« und ist die nächsten Monate latent unsicher, ob man nicht mit der Variante »Eggshell-Taupe-Magnetic-White« besser gefahren wäre. Erst recht wo doch jetzt die Morgensonne im Winter so später durch das östliche Erkerfenster strahlt.

Man sollte viel öfter in den Baumarkt gehen.

Das Internet versaut uns die Partnerwahl, weil es uns die Auswahl schier unmöglich macht. Und kaum hat man einen geeigneten Partner gefunden, findet man die eigenen Schamlippen doof, weil die nicht aussehen wie in den einschlägigen Filmen oder den Bildern im Internet. Ich kenne keinen Mann, der sich nicht im höchsten Maße verständnislos gezeigt hat, wenn man ihm von dem neusten Trend der Schamlippenkorrekturen und entsprechend über Monate ausgebuchte Arztpraxen berichtet. »Brüste machen lassen« verstehen die Jungs ja noch, aber wenn es um die genaue Ausgestaltung der weiblichen Intimzonen geht, überschreiten wir Frauen offenbar eine Grenze, die nicht mal die Leute auf dem Tacho haben, die sich aus der Nähe damit beschäftigen. Danke, Internet. Das Internet prägt uns komplett an unseren Bedürfnissen vorbei.

Damit nicht genug. Auch unser sexueller Höhepunkt ist neuerdings vergleichsoffen. Der eigene Orgasmus hört sich nämlich auf einmal an wie ein verlassenes Seehundbaby und nicht wie ein »guter Orgasmus«, also wie der von den anderen Frauen. Ohne das Internet hätten beide Geschlechter davon niemals in dieser Hülle und Fülle erfahren. Eine spanische Studie ergab, dass fast 50 Prozent der Männer und 35 Prozent der Frauen glauben, dass durchgehendes lautes Stöhnen und Schreien das wahre Zeichen für guten Sex sind. Aber das Internet wäre nicht das Internet, wenn es nicht zugleich Abhilfe schaffen würde für das, was es selbst angerichtet hat. Um den Trend zum Designer-Höhepunkt etwas aufzufangen, gibt es nämlich jetzt eine »Orgasmus-Bibliothek«, bei der man sich anhören kann, wie weibliche Orgasmen im wirklichen Leben klingen. Dazu sind sie noch wunderschön bunt visualisiert. Wenn sich jeder Fünfzehnjährige vor dem ersten Geschlechtsverkehr bereits dreißig Versionen von »Tiny redhead being banged on kitchen floor« auf Youporn.com reingezogen hat, dann kann eine solche Real-Life-Orgasmus-Bibliothek für den Seelenfrieden beider Geschlechter durchaus beruhigend sein. Es beunruhigt mich aber zutiefst, dass das offenbar nötig ist.

Auf dem eben erwähnten Pornofilmportal Youporn kann man sich übrigens sieben Teile von *Besen im Arsch* anschauen. Ich weiß, das dauert jetzt etwas, bis man dieses Werk korrekt in die persönliche Filme-die-ich-sehen-muss-bevor-ich-sterbe-Liste einsortiert hat. Dann dauert es noch etwas, bis man verarbeitet hat, dass es davon *unfassbare sieben* Teile gibt. Ich weiß auch, dass nur ein verschwindend kleiner Teil jetzt aufhört zu lesen und zum Smartphone greift. Wer es doch (oder zumindest nachher tut), wird seinen Sex-Modus nicht mehr fundamental ändern. Wir, die wir heute nicht mehr zwanzig sind, haben uns schon ganz gut sexuell eingegrooved in einer Zeit, als uns das Internet noch nicht die Pubertät in all seinen Facetten kurz und klein gevögelt hat.

Als ein Elternteil mit einer großen Affinität zum Internet bin ich nicht nur um mich und meine Körperwahrnehmung besorgt, sondern auch um die meiner Kinder.

Beauty Clips von Bibi auf YouTube und Gangbangs von Mimi auf RedTube lassen die brachliegende Selbstwahrnehmung eines heutigen Pubertanten ganz sicher nicht unberührt. Mimi gibt kostenlos und beeindruckend einen Einblick, zu was man offenbar mithilfe der eigenen Geschlechtsteile so alles in der Lage sein wird, wenn man mal groß ist. Diese Eindrücke bekommt man schon in sehr jungen Jahren kostengünstig über die WLAN-Flatrate der Eltern direkt nach Hause geliefert. Sogar einen Computervirus gibt es manchmal gratis dazu. Ist der Router für Pornos gesperrt, kommt das Smartphone angewackelt, und ist das ebenfalls gesperrt, hat der große Bruder des Klassenkameraden mit Sicherheit eins dabei, das freien Blick auf alle erdenklichen Tiefen und Untiefen menschlicher Zwei- oder Mehrsamkeit gibt. 12,5 Prozent aller Webseiten im Internet sind Pornoseiten, 25 Prozent aller Suchanfragen bei Google haben pornösen Hintergrund.

Für Schulhof-Handybesitzer, also eigentlich heute fast alle zwischen zehn und neunzehn, sind diese akrobatisch durchaus anspruchsvollen Shows nackter Erwachsener vollkommen frei zugänglich. Nur drei Prozent aller Pornoseiten verlangen überhaupt eine Altersbestätigung. Die Hürde, die man nehmen muss, um Zugang zu dem nervenaufreibenden Konglomerat nackter Körper zu haben, ist wirklich beachtlich und fordert neben höchster Konzentration auch noch ein extrem ruhiges Händchen. Achtung, jetzt kommt es:

»Are you over 18?«

…

»Click Enter!«

Puh, das war schwer.

Was soll das? Dafür muss man nicht mal Englisch können?

Ich wäre ja ein Befürworter von Quizfragen zur Altersverifikation auf Pornoseiten: »Wer performte einst den Song ›Hyper Hyper‹?« Wer volljährig ist und Scooter nicht kennt, der hat Online-Masturbation schlicht nicht verdient.

Was Besseres fällt mir gerade auch nicht ein, aber ein Problemgefühl bleibt trotzdem.

Ich glaube ja, dass es durchaus charakterbildend war, wenn man sich, wie zu meiner Teenagerzeit, als Vierzehnjähriger noch mit gefälschtem Schülerausweis und aufgeklebtem Schnauzer in die Pornovideothek schleichen musste. Oder geduldig wartete, bis diese eine sagenumwobene VHS-Kassette des großen Bruders des Freundes des Klassenkameraden endlich unter der Schulbank weitergegeben wurde. Gebt es zu, Jungs, die kennt ihr doch alle? Diese ominöse VHS-Kassette, von der die meisten männlichen Teilnehmer meiner Generation berichten können, wurde aber abgelöst von schwachsinnigen Dialogen in acht verschiedenen Sprachen und dreißig Unterkategorien mit Hunderttausenden bebilderten Fetischen auf den Smartphones unserer Pre-Teenage-Kids. Das volle Programm. Zu jeder Zeit an jedem Ort. Click Enter. Dieses grenzenlose Angebot verschiebt schon die Wahrnehmung von der Realität und der sexuellen Leistungsfähigkeit zu einer Zeit, in der man noch genug mit dem Penis-Scheide-Grundkonzept zu kämpfen hat.

Bummelige zehn Jahre später kann dieses Füllhorn an Tutorials ja inspirierend oder sogar bereichernd sein, aber dafür muss man doch bitteschön erst mal seine eigene Basis finden. Wie soll das gehen, wenn ich mir als Start in ein aktives Sexualleben schon sieben Teile von *Besen im Arsch* reingezogen habe? Wir reden über eine Altersgruppe, für die 1994 von der Zeitschrift *Bravo* eine Anti-Selbstmord-Telefonhotline eingerichtet werden musste, weil Robbie Williams seine Band Take That verlassen hat. Herzen und Seelen so offen wie Scheunentore. Fragwürdige Prioritäten und schräge Ideale. Ich will nicht, dass sich mein vor gerade mal acht Jahren trocken gewordener Sohn ungefiltert mit bewusst-inkontinenten Erwachsenen beschäftigt. Ich glaube, das ist nicht gut für seine Entwicklung. Ich möchte auch nicht, dass meine Tochter mehr Sexspielzeuge als einst Pokémons voneinander unterscheiden kann, noch bevor sie ihr Medizini-Katzenposter final von der Wand genommen hat.

Diese Form der Frühsexualisierung besorgt mich. Meine Frauenärztin übrigens auch. Sie berichtet, dass sie heute häufiger von jungen Patientinnen in ihrer Teenagersprechstunde gefragt wird, wann man denn alt genug sei, um mit mehreren Männern gleichzeitig Sex zu haben, wie viel Kalorien eigentlich Sperma habe und ob Analsex vielleicht eine praktikable Alternative zum Sex während der Periode darstellen könnte.

Wir schweigen uns dann immer minutenlang panisch an und beschließen, unseren Kindern frühestens mit dreißig ein eigenes Telefon zu kaufen. Eine andere Lösung haben wir auch nicht. Der vierzehnjährige Sohn einer Freundin lachte uns laut aus, als wir hinter seinem Rücken die »Jugendsicherungsfunktion« auf seinem Handy aktivierten. Wir vermuten also, dass diese Schutzmaßnahme bei Teenagern ungefähr so effektiv ist wie die gelben »Hier-wache-ich-Schäferhund-Schilder« gegen Einbrecherbanden an Schrebergartentüren. Ich habe mein Handy natürlich ebenfalls jugendsicher eingestellt, seit es meine Kinder immer wieder mal benutzen dürfen. Klappt voll gut. *Besen im Arsch 7* wird zuverlässig blockiert. Leider kann ich jetzt auch keinen einzigen Mama-Blog mehr lesen, weil so ziemlich jede von diesen Bloggerinnen die Worte »heiß« und »Brüste« verwendet hat. So was geht dann nämlich auch nicht mehr durch den Filter.

Wer hätte gedacht, dass wir mithilfe des Internets an einen Punkt kommen könnten, an dem man einen zu offenen Umgang mit Sexualität mal wieder auf die Agenda bringen könnte?

Was tun wir also in diesen Zeiten, wenn wir uns sorgen und möchten, dass sich etwas ändert, was uns beschäftigt?

Exemplarisch für den Umgang meiner Generation mit Forderungen, Ängsten und Nöten sind ja normalerweise engagierte Proteste auf den Straßen, Schreiben an die kommunalen Politiker, Straßenblockaden, Kandidaturen für den Gemeinderat, Gründungen von Aktionsbündnissen, Spenden an Bürgerinitiativen, Petitionen an den Bundestag und eine drastische

Änderung des Wählerverhaltens mit ehrenamtlicher Aufklärungsarbeit.

War nur Spaß.

Wir unterzeichnen lieber eine Online-Petition. BÄM!

Gegen den Stuttgarter Hauptbahnhof. Gegen das Hebammensterben. Gegen das Mindesthaltbarkeitsdatum auf Joghurt. Gegen Markus Lanz und für die Einführung von glutenfreien Brötchen bei McDonald's.

Da ist es also wieder, das Internet. Verursacher und Löser so vieler unserer Probleme.

Das Thema der Frühsexualisierung wurde als Petition natürlich auch schon medienwirksam aufgegriffen, aber unter einem derart kontraproduktiven Gesichtspunkt, dass man sich nur wundern kann. Die Online-Petition gegen einen »Bildungsplan unter der Ideologie des Regenbogens«, gestartet von einem Realschullehrer in Baden-Württemberg, war einer der erfolgreichsten Proteste im World Wide Web. Bildung ist in Deutschland Ländersache. »Kulturhoheit der Länder« klingt so viel schöner als »Chaos durch unterschiedlichste Schulformen, Gesetze und fehlendes Geld«. Jedenfalls machen die Bundesländer auch die Lehrpläne. In den Lehrplänen war fächerübergreifend eine offenere Thematisierung von sexueller Vielfalt vorgesehen, im Wesentlichen von Homosexualität.

Hessen verabschiedete 2016 ebenfalls einen solchen Lehrplan. Der dortige Landeselternbeirat war not amused über die konkrete Ausformulierung eines Absatzes des Plans. Es war die Rede davon, fächerübergreifend erreichen zu wollen, dass »diversen Lebensformen und Geschlechtern Akzeptanz« entgegengebracht werden soll. Der Mehrheit der Elternvertreter ging, so las ich, der Begriff der »Akzeptanz« in Bezug auf Schwule, Lesben, Bisexuelle, trans- oder intersexuelle Menschen aber zu weit. Sie forderten, dass das bitte umformuliert wird und durch »Toleranz« ersetzt wird. Heidanei! Toleranz statt Akzeptanz. Wo kämen wir da hin, wenn so etwas wie die sexuelle Orientierung anderer Menschen tatsächlich *akzeptiert* werden würde? Direkt in die Unterwelt oder gleich in den Darkroom im Berghain. Mindestens. Man könnte also mit »darüber sprechen« Kinder verstören? Am Ende bringen wir sie mit all der Akzeptanz noch auf dumme Gedanken, und sie werden von all dem Gerede noch schwul oder lesbisch oder sogar beides gleichzeitig? Gott bewahre! Die wahre Gefahr für Familien, die gesellschaftlich in der Tat immer mehr zur Minderheit werden, scheinen einige Eltern ausgerechnet bei anderen Minderheiten zu finden und haben die zu den wahren Aggressoren für die sexuelle Selbstbestimmung erklärt.

Mal sehen, was diese Eltern machen, wenn ihr eigenes möglicherweise homosexuelles Kind in unserer Gesellschaft freundlicherweise »toleriert« wird, aber nicht akzeptiert. Danke Mama und Papa! Daumen hoch! Wer Toleranz nicht als Akzeptanz versteht, sondern auf eine Unterscheidung tatsächlich Wert legt, der demonstriert damit das Gegenteil: Intoleranz.

Ist also wirklich der Lehrplan ein wahr gewordener Alptraum für das verkorkste sexuelle Heranreifen von Synapsen im Gehirn? Haben Lehrer, Bücher und Klassenzimmer wirklich diese Macht? Muss man davor Angst haben und nicht vor dem Internet und seinen Lehrfilmen?

In der Praxis sieht es doch so aus, dass der Stuttgarter oder Darmstädter Lehrkörper lehrplanhörig an einem Montagmorgen einer Gruppe von jungen Menschen mit Akne im Frühstadium erklärt, dass manche Frauen lieber Frauen lieben und manche Männer gerne sehr hohe Glitzerschuhe tragen, obwohl sie nicht Paris Hilton sind. Die Deutschlehrerin verteilt lehrplangerecht und pflichtbewusst im Deutschunterricht das Reclam-Heft mit dem schönen Titel »Bist du schwul, oder was?« zur selbstständigen Lektüre in den Osterferien. Der Kunstlehrer lässt immer wieder mal fallen, dass Caravaggio bisexuell gewesen sein soll, und erwähnt, dass die »Liste der einflussreichsten Homosexuellen« angeführt wird von Leonardo da Vinci, dicht gefolgt von Sokrates und Alexander dem Großen. Zumindest wenn man dem Männermagazin *Mate* vom Herbst 2012 glaubt. Hierbei ist der Lehrer in diesen schweren Stunden getragen von der Hoffnung, damit eine geordnete und sinnvolle Diskussion um den heutigen gesellschaftlichen Umgang mit sexueller Orientierung vom Zaun zu brechen. Vielleicht verhindert die Lehrplan-Akzeptanz in letzter Konsequenz, dass einer seiner Schüler nicht jeden Tag vor Angst fast stirbt, seit er festgestellt hat, dass er sich in seinen Nebensitzer verliebt hat und nicht, wie alle anderen gesellschaftlich akzeptierten Mitschüler, in die einzige Klassenkameradin, die schon Brüste hat.

Viele um eine Frühsexualisierung ihrer Kinder besorgte Eltern fanden eine Lehrplanergänzung in die Richtung von Akzeptanz statt Toleranz trotzdem nicht so gut. Nun gut. Das dürfen sie. Sie fürchteten eine staatliche Zwangsbefassung mit Themen, die sie von ihren Kindern (noch) fernhalten wollten. Die Eltern taten also das, was meine Generation am liebsten tut, wenn sie *richtig* sauer ist und so richtig was bewegen möchte: Sie nahmen ihr Handy in die Hand und tippten energisch ihren Namen und ihre Postleitzahl in das Internet. Dann klickten sie ganz ganz feste und wütend auf »Absenden«. SO! Fertig.

Im Kinderzimmer nebenan ist übrigens auch jemand »fertig«. Das Kind der besorgten Petitionsunterzeichner, das sie vor dem allzu frühen Kontakt mit gleichgeschlechtlichen Partnerschaften bewahren wollen, hat gerade zum sechsunddreißigsten Mal in dieser Woche auf »Enter the World of HarcorePorn« geklickt. Das ist gelebte Ironie.

Wir alle kämpfen auf verlorenem Posten, wenn es um Frühsexualisierung geht, aber nicht, weil wir akzeptieren müssen, dass Männer Männer lieben und manche Frauen sich im falschen Körper gefangen fühlen und wir in der Schule darüber reden. Zwei Stunden vor dem Unterrichtsbeginn unter der Ideologie des Regenbogens mit dem Schwerpunkt »Homosexualität« haben sich die kleinen Jungs aus der letzten Reihe nämlich längst einen Lehrfilm auf Youporn.com reingezogen, in dem ein an eine Domina angeleinter Mann durch ein Wohnzimmer krabbelt und im Anschluss mit einer zufällig ebenfalls gerade anwesenden MILF knutscht. Das Beste, was dem geballten Hormonstau in den Klassenzimmern passieren kann, ist, wenn da vorne an der Tafel einer steht, der zumindest versucht, die dadurch entstehenden Schieflagen von der notwendigen sexuellen Basis-Leistungsfähigkeit auf ein für dieses Alter sinnvolles Maß wieder geradezurücken. Aber doch bitte nicht das Gegenteil: Ich möchte die Aufgabe wahrlich nicht dem Internet überlassen – und erinnere mich an meine eigene Begeisterung, wenn meine Eltern mit mir über Sex reden wollten.

Viele Eltern haben tatsächlich auch »in echt« gegen die Lehrplanergänzungen demonstriert. So richtig mit Trillerpfeifen und Schildern und Wut. Das steht ihnen frei. Das ist echtes Engagement, wenn auch mit einem Ziel, das mir persönlich nicht gefällt.

Streng genommen stellen Familien schon jetzt eine Minderheit dar, für die es ganz gewaltig an der Zeit wäre, ihre Angelegenheiten an die Tagesordnung zu bringen. »Die da oben« werden nicht zuhören, wenn man schweigt. Verantwortung und Einstehen für die eigenen Bedürfnisse und die Welt, in der wir leben wollen, fängt ganz klein an, und auch Kleinvieh macht Mist. Eine Menge. Eine Online-Petition zu verfassen, macht Mist. Eine Petition aber nur zu unterzeichnen nicht wirklich. Wer eine Online Petition verfasst, wie der Realschullehrer, hat ein Thema. Selbst wenn sein Ziel, sexuelle Vielfalt aus Lehrplänen zu verbannen, mit den wahren Feinden der Frühsexualisierung so viel zu tun hat wie einst Elvis Presleys Hüftschwung mit der Vermeidung von Teenagerschwangerschaften, so zeigt das Beispiel doch eines: Er hat Menschen bewegt. Der Lehrer hat sein Thema erfolgreich auf die Agenda der Politik und in die Köpfe gebracht. Man hat ihn gehört. Aus meiner Sicht ging seine Petition in die vollkommen falsche Richtung, aber immerhin war das noch besser, als auf der Seite derjenigen zu stehen, die nur auf »Absenden« klicken und dann sicher nicht diejenigen sind, die mit dem eigenen Zwölfjährigen offen darüber sprechen, dass Analsex nicht zum ABC der Sex-Basics für Vierzehnjährige gehören muss, ein Blowjob auch ohne Würgereflex eine Daseinsberechtigung hat und es für Labienkorrekturen keine Veranlassung gibt, weil Pornodarsteller kein vernünftiger Maßstab sind.

Wer eine Online-Petition gegen Kinderarbeit in Bangladesch unterzeichnet, macht nichts falsch. Er bringt jemanden, der sich hier engagieren möchte, mit seiner Stimme ein kleines bisschen weiter. Wir müssen aber raus aus dem Internet. Wer nicht misstrauisch wird, wenn eine aufwendig gesteppte Winterjacke »Made in China« nur 12,99 Euro kostet und die Granitarbeitsplatte aus dem Steinbruch in Indien beim Küchenbauer viel günstiger ist als die Platte aus Italien, hat die Chance verpasst, selbst etwas zu ändern.

Wer sich online gegen den Magerwahn unter Models ausspricht, sollte bestimmte Modezeitschriften im Regal lassen, und wer den Klimawandel ernst nimmt, der unterzeichnet am besten nicht nur eine Petition »Kümmert euch drum, ihr ignoranten Lobbyisten-Speichellecker in Brüssel«, sondern achtet wenigstens darauf, dass es vollkommen unsinnig ist, Obst zu kaufen, das auch nebenan wächst, aber aus Chile eingeflogen wird.

Raus aus dem Internet ist vermutlich auch bei meiner Sorge um das sexuelle Wohlergehen das einzige probate Mittel. Das Internet und seine Inhalte gehen nicht mehr weg, und der Zugang dazu wird auch nicht weniger, sondern mehr. Unsere Kinder leben und arbeiten im Internet. So wie ich. Wir müssen das verstehen und uns nicht gegen die angebliche »Ideologie des Regenbogens« in der Schule stellen, sondern mit unseren Kindern über Besen im Arsch reden. Über den Unterschied zwischen Realität und Praxis. Die junge Pornoproduzentin Erika Lust, eine der wenigen Frauen in diesem Business, hat dazu übrigens jüngst Guidelines und Tipps für eine altersgerechte Ansprache von Kindern und Jugendlichen herausgegeben. Im Internet. Umsonst. Das Internet wieder: Verursacher und Löser unserer Probleme. Sie hilft damit sicherlich Menschen wie mir, die nicht wissen, wie zum Teufel sie diese Form der Gesprächsführung anstellen sollen und wild entschlossen sind, sie einfach dem anderen Elternteil aufs Auge zu drücken. Der hat penisbedingt mehr und langjährigere Erfahrung mit der zugrundeliegenden Thematik. Ich verteile dann verantwortungsbewusst in ein paar Jahren Tampons und Kondome im Adventskalender. Wie schön wenn sich Erziehung ergänzen kann.

Niemand kann ein komplett politisch korrektes Leben führen, aber jeder kann sein Thema zur Agenda machen, und wenn es nur das Buch einer Anwältin ist, die das mit dem Internet auch mal erwähnen wollte.

Ich könnte nun schließen mit einer juristischen Anleitung, was man tun muss, wenn Eltern eines Teenagers den Brief eines Rechtsanwalts bekommen, der den illegalen Download von *Besen im Arsch 7* im Auftrag der Pornoindustrie abmahnt. Ich könnte klarstellen, dass es »Abmahn-Anwälte« tatsächlich nicht gibt, weil immer ein Auftraggeber dahintersteht, der kein Anwalt, sondern ein Konkurrent oder ein Unternehmen ist. Ich könnte aufklären, dass viele dieser Abmahnungen höchst unseriös sind und nicht einfach bezahlt werden sollten, auch wenn der Umschlag bunt ist und ein Stempel drauf ist. Ich könnte erklären, dass erst gerichtliche Mahnbescheide oder Post von einem Gericht der Moment sind, an dem man wirklich reagieren muss. Ich könnte darlegen, dass Teenager möglichst keine eigenen Pornos von sich und ihrer Freundin hochladen sollten, denn die bekommt man da fast nie wieder raus. Auch das Hochladen fremder Pornos ist aus urheberrechtlichen Gesichtspunkten eine ganz schlechte Idee. Ich könnte erklären, dass Streaming-Portale wie YouTube nicht gleichzusetzen sind mit einem Download oder einem Filesharing von Videos, Bildern oder Musik. Große Sorgen müssen sich Eltern in finanzieller Hinsicht also nicht machen, wenn das Kind heimlich Pornos im Internet streamt. Auch das Jugendamt hat man bei Teenagern, die sich zweistündige Nähmaschinenvögeleien anschauen, nicht am Hals. Das wäre dann aus rechtlicher Sicht ein kleines bisschen beruhigend auf der Suche nach einem Umgang mit dem Internet.

Jedoch entbindet es uns nicht davon, mit unseren Kindern und mit uns selbst eingehende Gespräche darüber zu führen, wie wenig diese virtuelle Welt mit dem realen Leben zu tun haben kann und was es trotzdem damit anstellt. Selbst wenn man das Internet, wie ich, liebt und damit sehr gerne lebt. Es zerschießt uns aber oftmals unsere Körperwahrnehmung, unsere Erwartungen an die Partnersuche, unsere Informationspolitik und unsere sexuelle Unabhängigkeit, wenn wir es nicht aufmerksam beobachten. Spätestens in dem Moment, in dem fast 80 Prozent von 1800 Probanden eines Tests den »Porno-Orgasmus« für den echten Höhepunkt halten, sollte man im wahrsten Sinne des Wortes hellhörig werden.

So. Ich mach mal schnell 'ne Online-Petition zur Abschaffung des Internets fertig. Wer weiß, vielleicht verliebt sich meine Freundin Klara dann endlich in den Typen aus dem Team-Bau-Center in Kiel, mit dem ich sie seit Monaten verkuppeln möchte. Der sieht mit Mütze extrem scharf aus.

»SOCIAL BUTTERFLIES« – KLEINVIEH MACHT EBEN DOCH MIST

Das Problem will ich nicht. Zeig mir mal das Nächste

Liebe BUNTE,
ich möchte mich bei Ihnen für Ihre durchdachten und gleichzeitig aufrüttelnden Worte bedanken. Sie berichten immer so toll über das Leben der Reichen und Schönen an den Schaltzellen der Macht und der Gloria. Als Mutter bin ich natürlich besonders an den dazugehörigen Familiengeschichten interessiert. Ich frage mich oft, wie andere Mütter die Sache mit der Kindererziehung handhaben und suche nach Vorbildern und Zielen. Das, was Sie über Carole Middleton, 61, und ihre Töchter, 32 und 34, in ihrer letzten Ausgabe schreiben, sollte als Beispiel für verantwortungsvolle Elternschaft und als Leitstern für junge Mädchen überall plakatiert werden:

»Carole Middleton, 61, hat erreicht, wovon viele ehrgeizige Mütter träumen. Ihre beiden Töchter blicken – wenn nichts schiefgeht – einer rosigen und sicheren Zukunft entgegen. Kate ist mit dem künftigen Thronfolger Englands verheiratet und zur Herzogin aufgestiegen. Pippa steht kurz vor der Hochzeit mit einem erfolgreichen, attraktiven Mann, den man zweifellos als gute Partie bezeichnen kann.«

Auf den Punkt. Noch und gerade im Jahr 2016 steht eine Front ehrgeiziger Mütter in den Startlöchern, um ihren Töchtern eine ebensolche Zukunft zu ermöglichen. Sie sprechen vielen von

uns aus dem Herzen, wenn Sie unsere mütterliche Traumvor-
stellung so leichtherzig und frisch formulieren.

Ziele sind wichtig. Vorbilder sind wichtig. Worte sind wichtig, Worte haben Macht. Aber das muss ich Ihnen als moderne
Journalisten eines Magazins mit weiblicher Zielgruppe ja nicht
sagen, nicht wahr?

Ich würde mich ja selbst auch als eine sehr ehrgeizige Mutter
bezeichnen. Ich zeigte viel Engagement in der Schwangerschaft,
auch bei den Wehen habe ich mich nicht lumpen lassen, und
gestillt habe ich wirklich passioniert, quasi rund die Uhr und gefühlt mein halbes Leben lang. Unserem, wie ich finde, attraktiven Sohn lese ich außerdem sehr viel vor, damit sein Gehirn
gut wächst und er in der Schule gut mitkommt. Sein Vater ist
ein attraktiver und erfolgreicher Mann. Meine Mutter hat also
viel für mich erreicht. Er beantwortet die Fragen unseres Soh-
nemanns gewissenhaft und erklärt ihm viel über seine Umwelt.
Was-ist-was-Bücher und Rätselhefte bekommt er auch einfach
mal so zugesteckt, und wir gehen mit ihm ins Museum, ins Theater und bringen ihm auch Fahrradfahren bei. Unser Sohn be-
sucht zudem einen Sportverein und lernt ein Instrument. Wir
beide sind fest entschlossen, ihn bei seiner Berufswahl bedin-
gungslos zu unterstützen, und ich mache mir viele Gedanken,
wo wohl seine Talente liegen und wie ich sie fördern kann, damit er mal ein erfolgreicher Mann wird.

Unsere Tochter habe ich hingegen von der Schule abgemel-
det und zusätzliche bildungsorientierte Förderung weitgehend
eingestellt. Zum Sport muss sie allerdings dreimal pro Woche.
Für einen hübschen Pippa-Middleton-Po. Damit es auch etwas gibt, was man an ihr besonders hervorheben kann, wenn
ich dann hoffentlich auch mal erreicht habe, was Carole Middleton, Komma-einundsechzig-Komma, für ihre Töchter Ehrgeizi-
ges erreicht hat. Um unseren Töchtern eine rosige und sichere
Zukunft zu ermöglichen, müssen karriereorientierte Mütter ge-

rade heute sehr früh damit anfangen, ihren Traum aktiv anzugehen. Erfolgreiche, attraktive Männer, an die man die eigenen Töchter rantackern kann, werden immer seltener! Ich fahre daher bei meiner Tochter ein ganz anderes Konzept als bei unserem Sohn, schließlich kann sie ja nicht ihren attraktiven Bruder heiraten.

Nicht dass Sie mich missverstehen, selbstverständlich werde ich unsere Tochter trotzdem zu einer Universität schicken. Nicht damit sie dort ein bestimmtes Fachgebiet mithilfe ihres Gehirns studiert, sondern um eine gute Partie zu machen. Sie soll auf dem Campus herumlungern und sich da auf die Lauer legen. Die Chancen für unser hübsches Mädchen stehen nicht schlecht, sie kann jetzt schon ganz bezaubernd lächeln und höflich Konversation betreiben, ohne zu sehr aufzufallen.

Damit sie sich nicht völlig orientierungslos an den falschen Fakultäten herumtreibt, haben sich auch Ihre Kollegen von der *Jobwoche* im Juni 2016 lobenswert aufgestellt. Sie weckten meine Neugier mit ihrer Titelgeschichte »Sexy Jobs! Diese Berufe kommen bei Frauen gut an«. Vollkommen zu Recht berichteten sie nicht etwa über die Trends bei der Berufswahl junger Frauen, wie ich kurz befürchtete, sondern veröffentlichten eine sieben Jahre alte Studie über Berufe, die Männer ausüben, und warum diese Berufe gut für deren Frauen sind. Das sind Informationen, wie wir sie brauchen. Chapeau dafür, *Jobwoche*! Schön, dass diese Studien, die Frauen die richtigen Fragen stellen, auch wirklich nie zu alt sind, um hervorgekramt zu werden. Sie helfen den ehrgeizigen Müttern meiner Generation dabei, die richtigen Berufe der zukünftigen Schwiegersöhne auszuwählen, damit unsere Töchter gesellschaftlichen Status, Erfolg und Lebensglück erreichen.

Vielleicht interessieren Sie die Ergebnisse?

1. Platz: Architekt. Wegen seines »gesellschaftlichen Status«. Und seines Sinns für Stil.

2. Platz: Arzt. Ebenfalls gesellschaftlicher Status und »Halbgott in Weiß«. Ja, so steht das da. So schön und so wahr.

3. Platz: Unternehmer, denn der »bleibt auch in Krisensituationen souverän«. Das ist ja etwas, das Frauen naturgemäß schwerfällt. Das gefiel mir besonders gut. Ich hoffe, ich finde einen Unternehmer für meine Tochter, bisher hatte ich mich zu sehr auf die Halbgötter in Weiß konzentriert.

Platz 4: Anwalt, da es für Singlefrauen praktisch erscheint, den »persönlichen Rechtsbeistand im Designeranzug auch bei sich zu Hause zu haben«. Wie vorausschauend ausgedrückt! Frauen bauen ja oft so einen tüddeligen Mist, da bei sich zu Hause. Machen den Herd nicht aus oder so. Oder klauen Lippenstifte. Oder parken falsch. Mein Mann jedenfalls ist sichtlich geschockt von seinem erbärmlichen vierten Platz und hat daraufhin gleich zwei Designeranzüge übereinander angezogen.

Hach, ich liebe die Wissenschaft. Und Wissenschaftler. Die sind allerdings sehr schlecht platziert in der Liste. Zu erfolglos für sexy Jobs für Frauen, aber wirklich gute Fragensteller.

Auch in meinem Umfeld achte ich als ehrgeizige Mutter darauf, dass die richtigen Fragen gestellt werden. Frühkindliche Prägung durch die Gesellschaft ist nicht zu unterschätzen. »Was willst du denn mal von Beruf werden, wenn du groß bist?«, ist eine Frage, die mir für unseren Sohn sehr gut gefällt. Sie bereitet ihn auf seine einzig akzeptable Rolle als gut aussehenden Ernährer vor. Bei unserer Tochter erscheint uns das aber einfach nicht stimmig. Ich weise unehrgeizige Mütter oft auf ihre Nachlässigkeit hin, sollten sie meine Tochter nach ihrem Berufswunsch fragen.

Wir stellen uns ein förderliches Interesse an ihrer Zukunft eher so vor: »Wo liegt denn die persönliche Gehaltsschwelle des Mannes, dem du mal den Rücken freihalten wirst, kleine Maus? Ehrgeizige Ziele sind wichtig.« Und: »Was ziehst du heute an, Engelchen? Betont es deinen Popo?« Zum Glück haben die meisten Menschen in unserem Umfeld schon die richtige Einstellung, so dass ich nicht sehr oft korrigierend eingreifen muss. Haben Sie eigentlich die E-Mail-Adresse der Redakteurin vom Deutschlandradio Wissen, die eine Friseurmeisterin ausführlich dazu interviewt hat, inwiefern die Bob-Cut-Frisuren von Angela Merkel, Theresa May und Hillary Clinton Rückschlüsse auf ihren politischen Führungsstil zulassen? Der ironische Unterton der Autorin hat mir nicht gut gefallen. Dabei ist die Message doch eigentlich klar: Auch hier ist Differenzierung zwischen den Geschlechtern mehr als angesagt. Der erfolgreiche Sieht-gar-nicht-alt-aus-Altbundeskanzler Gerhard Schröder hat seine Frisur-Klage vor dem höchsten deutschen Gericht, dem Bundesverfassungsgericht, nämlich schon vor vielen Jahren gewonnen. Die Presse durfte nicht mehr behaupten, seine Haare an den Schläfen wären re-nature-d.

Die damalige Nachrichtenagentur ddp hatte die Aussage einer Imageberaterin veröffentlicht, die Gerhards Schläfen für gefärbt hielt und ihm riet, er solle das doch lieber bleiben lassen. Schummeln bei der Haarfarbe sei nicht gut »für seine Überzeugungskraft als Politiker«. Dass die Medien ungeprüft seinen Haarschopf in direkten Bezug zur Qualität seiner politischen Arbeit gesetzt hatten, erzürnte den Gerhard gar fürchterlich, und zwar bis nach Karlsruhe. Die Bundesverfassungsrichter gaben ihm Recht. Das Bundesverfassungsgericht (BVerfG) machte in seinem Beschluss deutlich, dass der Streit um die Haarfarbe zwar »*nicht von großer politischer, wirtschaftlicher oder sozialer Tragweite*« sein mag, aber dennoch für die »*Öffentlichkeit nicht unbedeutend*« sei. »*Presseagenturen nehmen eine herausragende (...) Rolle bei der Gestaltung von Nachrichten in der Presse wahr. (...) Damit wurde der Hinweis auf die Tönung der Haare zu einer Art Probe für wichtige Qualifikationen eines Politikers.*« Das ist für einen hochrangigen Politiker dieses Kalibers selbstverständlich inakzeptabel. Deswegen darf die Presse so was nun auch nicht mehr schreiben. Über den Gerhard. Welchen Friseur hat eigentlich Doris Schröder-Köpf? Da schick ich meine Tochter nicht hin. Die Schröder-Köpf machte mir immer schon zu viel eigene Politik mit eigener Karriere, was natürlich eine Trennung zur Folge haben musste. Am Ende schneiden die meiner Tochter einen erfolgsorientierten Bob, und dann haben wir den Salat.

Wo wir bei den First Ladies sind. Wussten Sie, dass das Kleid von Michelle Obama bei einer sehr wichtigen und inhaltlich wertvollen Rede im Juli 2016 nicht nur blau war, sondern sogar Flügelärmel hatte? »Perfektes Outfit, perfekte Rede« titelte *Spiegel Online* in der natürlich vollkommen korrekten Reihenfolge. So gibt man Frauen Flügel! Well done, Designer Christian Siriano.

Erfolgreiche Frauen sind ja schön und gut, da bin ich eine moderne Mutter. Aber in Maßen und dort, wo er Platz hat. Schlimm genug, wenn irregeführte Frauenhorden heute den sportlichen Wettkampf derart übertreiben, dass sie sogar bei Olympia das Fußballgold holen. Oder den ersten Weltranglistenplatz beim Tennis belegen. Wussten Sie, dass Frauen-Skispringen seit drei Jahren als olympische Disziplin zugelassen ist? Unverantwortlich ist das. Haben die dem Präsidenten des Internationalen Skiverbands, Gian Franco Kasper, nicht zugehört, der 2006 eindringlich und für die Spiele 2010 auch noch erfolgreich davor warnte, Frauen solchen Gefahren auszusetzen? Die Gebärmutter kann reißen durch den Aufprall, klärte der Mann auf! Grundgütiger. Ich bin so froh, dass Hoden demgegenüber so robuste, unempfindliche Körperteile sind. Die spielen bei Männern im Sport zu Recht einfach gar keine schützenswerte Rolle, das sieht man ja überall. Es muss schon mit dem Teufel zugehen, wenn sich so ein Fußballspieler auf dem Rasen wälzt und sich die Genitalien halten muss. Da will mal einer die Gebärmütter vor Schaden bewahren und gleich rennen alle wieder los und beschweren sich. Schutz von Frauen ist wichtig! Und so universell einsetzbar.

Überhaupt: Fußball! Die dicke Kröte, dass manche Frauen nicht mal sportliche Wettkämpfe den Männern überlassen können, haben wir ja offenbar geschluckt. Aber wenn Frauen über sportliche Leistungen von erfolgreichen (und attraktiven) Männern richten sollen oder im ZDF bei der Fußballweltmeisterschaft 2016 zwei Spiele kommentieren, liebe Leute, dann ist das wirklich schlimm. Von unser aller Gebühren wird da in die natürliche Ordnung eingegriffen. Danke, Merkel. Weibliche Stimmen stören das Fußballerlebnis. Massiv. Fußball ist außerdem ein Männerberuf, deswegen ist er auch gut bezahlt. Da kann ich nur zustimmen. Claudia Neumann, 52, hat da mit ihrer von meinen Gebühren zwangsfinanzierten Kommentiererei eine glasklare Grenze des guten Geschmacks überschritten und musste einsehen, dass ihr so was als hübsche Spielerfrau von einem erfolgreichen, attraktiven Fußballgott schlicht nicht passiert wäre. Selbst schuld, liebe Mutter von Frau Neumann! Da sehen Sie, was Sie erzieherisch vergeigt haben. Frau Middleton, 61, sollte Sie dringend mal anrufen und ein ernstes Wörtchen mit Ihnen über Ehrgeiz, Träume und Ziele reden. Shame on you. Zum Glück hat das ZDF schnell reagiert und die Claudia Neumann nach diesem Desaster recht fix wieder in den Kabinen-Innendienst verpflanzt.

Bibiana Steinhaus' Mutter bleibt ein ähnliches Desaster ja übrigens vorerst erspart, haben Sie das schon gehört? Ihre Tochter ist seit Jahren hauptberufliche Schiedsrichterin beim Fußball. Der *Stern* beschrieb sie unlängst als »Blondes Gift mit Pfiff« und hat damit die wichtigsten beruflichen Qualifikationen eines Unparteiischen auf dem Bolzplatz kernig auf den Punkt gebracht. Ich persönlich finde an der Frau ja gar nichts pfiffig. Bibiana Steinhaus führt zwar das Ranking der Schiedsrichter der Zweiten Bundesliga an, der DFB hat es 2016 jedoch erneut abgelehnt, sie als erste Frau in die Riege der Erstliga-Schiedsrichter zu erheben. Trotz des angeblich geltenden »Leistungsprinzips« gab der DFB den vier hinter ihr platzierten Männern den Vorzug. Das war ja ein knappes Höschen, eieiei! Ich freue mich jedenfalls für Bibianas Mutter, die mit den Nerven sicherlich komplett am Ende war.

Sie sehen, ich mache mir viele Gedanken und schöpfe alles aus, was mir derzeit möglich ist. Meiner Tochter habe ich dementsprechend zum vierten Geburtstag ein Smartphone mit der vorinstallierten App »Begehrter-Junggeselle-GO« geschenkt, und heute Nachmittag schleichen wir beide um die Bucerius Law School, eine private Jura-Hochschule, in Hamburg herum, um einen Juristen zu fangen. So ein richtiger Mama-Tochter-Tag, wie er sein sollte. Neulich winkte ihr übrigens ein schneidiger fünfjähriger McLaren-Buggy-Fahrer mit schönen Zähnen zu, den haben wir gleich mit der App gekonnt gepokémont. Vielleicht können wir da frühzeitig eine gute Partie einfangen, wir sind schon auf Level acht.

Ich hoffe wirklich sehr, dass mein ehrgeiziger Traum für meine Tochter in Erfüllung geht und ich es eines Tages erreichen kann, einen erfolgreichen und attraktiven Herrn für sie zu begeistern. Einen hübschen Chefarzt vielleicht. Oder einen smarten Chefingenieur. Irgendwas mit Chef und Penis dran. So ein sexy Job für meine Tochter wäre einfach klasse.

Darum, im Namen all der wirklich ehrgeizigen Mütter da draußen: Danke. Die Zukunft unserer Töchter steht auf dem Spiel.

Mit freundlichen Grüßen
Nina Straßner

Man könnte das auch anders sehen, die Augen verdrehen, ein Franzbrötchen essen und sagen: »Meine Güte, muss man sich über solche Kleinigkeiten wirklich echauffieren, Straßner? Weiß doch jeder, wie es gemeint war. Gibt Wichtigeres. In Indien treiben sie die Mädchen gleich ab, und ihr macht hier 'ne Riesenwelle wegen Rollenklischees und so 'nem bisschen Bigotterie.«

Stimmt. Wenn mir das eine franzbrötchenessende Hebamme sagt, die gerade drei Monate in Mumbai kleine Mädchen gerettet hat, dann schäme ich mich kurz für meine Wut über »sexy Jobs« und bin noch viel wütender auf Indien. Die Hebamme sagt das aber nicht. Die weiß, dass es tatsächlich immer »noch schlimmer« sein könnte. Oder viele andere Sachen auch schlimm sind. Der Verweis darauf ist aber weder ein Lösungsansatz noch eine Rechtfertigung für ein konkretes Problem.

Dieses Phänomen der Ignoranz hat im Übrigen jüngst ein eigenes Label bekommen und heißt jetzt »Whataboutismus«. »Mütter werden in unserem Rentensystem seit Jahrzehnten so verarscht, dass es kracht. – What about Women's Rights in Afghanistan? Seid froh, dass ihr keine Burka tragen müsst.«

Der Whataboutismus ist so bahnbrechend logisch, dass ich beschlossen habe, meinen Beruf an den Nagel zu hängen. Machen jetzt alle Anwälte. Mein gesamter Kollegenkreis ist sich nämlich einig, dass sich kein Mandant bisher auch nur in der Nähe der Problemkreise der Menschen in Aleppo in Syrien aufhielt. Was soll also das ganze Gestreite? »Sie wurden wegen Ihres Arbeitsunfalls gekündigt? Zu dumm, um eine Maschine bedienen zu können? Meine Güte, regen Sie sich ab. Wir gehen jedenfalls so lange nicht gegen diese Kündigung vor, wie chinesische Kinder noch Feuerwerkskörper bauen.« – »Jemand ist Ihnen ins Auto gefahren, obwohl Sie Vorfahrt hatten, und Fahrerflucht war es auch noch? Let it go! Trampen Sie mal nach Berlin-Marzahn, da leben Menschen, die wünschten, sie hätten ein Dreirad.« – »Man hat Sie auf der Rolltreppe einfach angegrabscht? Also bitte, es gibt Leute, die haben gar keinen Sex. Gehen Sie nach Hause und weinen Sie leise.« Die meisten Ärzte werden sich dem Whataboutismus üb rigens auch anschließen. Die haben auch die Schnauze voll von Kleinigkeiten wie Impotenz oder Schuppenflechten, solange es kein Heilmittel gegen Krebs gibt.

Bestimmte Kleinigkeiten sind aber wichtig, und das obwohl es immer genug Leid und Elend gibt, die sie in den Schatten stellen könnten. Sie werden auch nicht dadurch besser, dass es andere Kleinigkeiten gibt, die genauso scheiße sind. Kleinigkeiten machen einen Unterschied. Die meisten großen Dramen bestehen nämlich aus einer Ansammlung von Kleinigkeiten. Nur weil Helena vor rund 3000 Jahren ohne Bescheid zu sagen nach Troja zog, um dort mit ihrem Freund Paris zusammenzuwohnen, sind die Spartaner komplett ausgerastet und legten die halbe Ägäis in Schutt und Asche. So viel zum Thema Kleinigkeiten.

Wie das Bundesverfassungsgericht in der Causa »Die Haarfarbe von Gerhard Schröder« deutlich sagte, ist die Berichterstattung der Medien nie banal. »Sie beeinflussen die Bilder in der Öffentlichkeit.« Was die Medien schreiben, wie sie es schreiben und auch was sie nicht schreiben oder senden, was sie ihre Interviewpartner fragen oder nicht fragen, hat Gewicht. Selbst wenn es um so einen Mumpitz wie die getönten Haare des Bundeskanzlers geht. Wenn sich der Alt-Bundeskanzler eng machen darf, wenn es um die politische Interpretation seiner Frisur geht, dann gilt das sicherlich auch für die mediale Darstellung von »ehrgeizigen Zielen von Müttern« oder »sexy Jobs für Frauen«. Dann darf man sich als junge Schiedsrichterin schon fragen, warum ihre blonden Haare überhaupt giftig erwähnt werden, und dann sollte man es auch ebenso eng sehen, wenn die Vorstellung von Rollenklischees für junge Frauen und Männer aufgegriffen und kritiklos bedient werden. Ob das nun im Zeichen des Konsums oder des Kommerzes steht, ist irrelevant. Der Zweck heiligt nicht immer die Mittel, manchmal ist der Zweck das Problem.

Unrechte Kleinigkeiten sind wichtig. Die Klamottenmarke GAP taufte im Jahr 2016 ihre Jungskollektion »The little scholar« – Der kleine Gelehrte. Die Girls wurden, voll süß, als Plaudertäschchen aufs gesellschaftliche Parkett verpflanzt und die Mädchenkollektion dementsprechend »The social butterfly« getauft. Kleinigkeit. Die Modemarke s.Oliver verkaufte unlängst Anti-Rutsch-Socken für Boys oder Girls. Die blauen Socken für Boys trugen den gummierten Schriftzug »Super« und »Hero« auf den Fußsohlen. Die pinken für die Mädchen »Drama« und »Queen«. Socken sind eine Kleinigkeit. Wenn man sich als Mädchen aber von einer Socke bepöbeln lassen muss, sind sie keine Kleinigkeit mehr. Irgendwann glaubt man es nämlich selbst.

Natürlich kann meine Tochter an jedem ordinären Tag im Ballerina-Tutu in den Kindergarten gehen und Feen und Elfenfiguren toll finden, während ihr Bruder sich spontan immer für ein Wikingeroutfit entscheiden würde. Eine wichtige Kleinigkeit wird diese Wahl erst dann, wenn die Ballerina nicht für die körperlich und mental starke, disziplinierte und zugleich klassische Berufsgruppe steht, die sie ist, sondern für eine naive Turnkugel, die sich zum Entzücken aller Zuschauern sehr schnell im Kreis drehen kann, ohne umzufallen. Der Wikinger versinnbildlicht ganz selbstverständlich Stärke, Mut und Heldentaten. Keineswegs würde man mit ihm einen leichtgläubigen Menschenschlag verbinden, der meint, der Weltuntergang werde eines Tages durch eine riesenhafte, im Meer herumtobende Schlange ausgelöst, so dass alles Land von den Wellen verschlungen werden wird. Oder Menschen, die glauben, es sei in Wahrheit ein starker Mann mit einem Hammer, der den Donner bei Gewittern auslöst. Schon komisch.

Der Blick der Gesellschaft auf die Dinge ist niemals eine Kleinigkeit. Aber was ist denn zuerst da? Die Henne oder das Ei? Ändern sich erst die Ansichten in der Gesellschaft und folgt dann eine Änderung der Berichterstattung in den Medien, der Politik und schließlich der Rechtsprechung – oder fangen die Medien an und ziehen den Rattenschwanz nach sich? Zwingt eine bestimmte Politik die Gesellschaft in bestimmte Richtungen – oder braucht es dazu erst eine Kehrtwende in der Rechtsprechung der obersten Gerichte? Wer spiegelt hier denn wen?

Einiges, was heute in unseren Ohren unglaublich falsch klingt, war vor zehn, zwanzig oder fünfzig Jahren noch vollkommen normal, und niemand dachte sich etwas dabei. Ich möchte, dass es meiner Tochter bei vielen »Kleinigkeiten«, die wir heute belächeln oder ignorieren, einmal genauso gehen wird. Man könnte tatsächlich meinen, dass sich gerade in Bezug auf Rollenklischees unheimlich viel getan hätte. Beispiele wie das, was Carole Middleton, 61, da an angeblich ehrgeizigen Träumen in den Mund gelegt wird und die zudem auch noch den Träumen der meisten anderen Mütter entsprechen sollen, müssten uns aber zumindest nachdenklich stimmen. Manches kann man denken. Es medial laut zu sagen, ist etwas anderes. Finden auch das Bundesverfassungsgericht und Gerhard Schröder.

Ich will das nicht mehr lesen. Aber einfach weghören, hilft ja auch nicht, denn dann gewinnen diejenigen, die schon seit hundert Jahren sagen: »Jetzt ist es aber langsam mal gut. Man kann sich auch zu viel über Kleinigkeiten aufregen.« Was eine Kleinigkeit ist, bewerten traditionell nicht die Betroffenen, sondern diejenigen, die davon profitieren, wesentliche Dinge zu einer Kleinigkeit zu erklären.

Es war beispielsweise vollkommen normal, dass mein Vater 1976 einen Bankkaufmann heiratete. Wer sich nun freut, von der ersten Homosexuellenhochzeit auf der Schwäbischen Alb in den Siebzigern zu hören, der freut sich zu früh. Mein Vater trug einen perfekt sitzenden Anzug, der Mode entsprechend also viel zu eng und mit Schlag. Der »Bankkaufmann« trug ein schönes Kleid, hatte rote Haare, Sommersprossen und Körbchengröße C. Letzteres wurde leider nicht vererbt. Der Bankkaufmann ist meine Mutter, und es gab schlicht kein offizielles weibliches Pendant für ihre Berufsbezeichnung – und keinerlei gesellschaftliches Unrechtsbewusstsein, sich wegen einer solchen Kleinigkeit aufzuregen. Der Standesbeamte fragte meinen Vater gut gelaunt, ob er »den anwesenden Bankkaufmann zu seiner Frau« nehmen möchte. Weiß ja jeder, wie es gemeint ist, sagte man ihr damals. Heute liegen meine Brüder und ich lachend vor den Videoaufnahmen und können nicht fassen, dass außer dem Mundwinkel meines Vaters und seiner Trauzeugen keiner auch nur ein kleines bisschen woanders zuckte. Damals war es eine Kleinigkeit. Es gab viel Schlimmeres.

Umgekehrt waren Kleinigkeiten aber häufig auch Riesen-Aufreger, je nachdem, wer davon profitierte oder ob angenehme Privilegien dadurch zu wackeln drohten. Erst vor weniger als hundert Jahren bekamen Frauen in Deutschland das aktive und passive Wahlrecht. Die politische Linke, das Proletariat und Rosa Luxemburg hatten es sich auf die Fahnen geschrieben. In den konservativen Kreisen wurde das nicht gerne gesehen. Als mit Marie Juchacz das erste Mal eine Frau das Podium des deutschen Parlaments betrat und sie ihre Rede am 19. Februar 1919 mit den Worten eröffnete »Meine Damen und Herren …«, zuckte auch kein Mundwinkel. Nein. Es brach ein sehr großes Gelächter aus. Das mit den »Damen« fanden die anwesenden Herren wahnsinnig witzig. Die weiteren sechsunddreißig gewählten Parlamentarierinnen wohl weniger. Heute erlauben wir uns den Luxus, verächtlich über »Gender-Gaga« in unserer Sprache zu sprechen und vergessen dabei, was für ein langer und steiniger Weg von »Kleinigkeiten« es war, damit wir uns heute an solchen Kleinigkeiten wie weiblichen Endungen von Berufsbezeichnungen stoßen können.

Die Nationalsozialisten schafften das Recht der Frauen, in

politische Ämter gewählt zu werden, übrigens recht fix wieder ab. Nur wählen können sollten sie noch und zwar bitte die Nazis. Mitmachen als Politikerin aber lieber nicht, das kollidierte mit dem Mutterkreuz in Gold. Recht sprechen und Recht beeinflussen passte auch nicht zum Rollenbild der Frau als Herrscherin über Heim und Herd, daher verboten sie Frauen im Richteramt und begrenzten den Anteil der weiblichen Studierenden auf zehn Prozent. Das war das »Gesetz gegen die Überfüllung der Schulen und Universitäten«. Auch eine Möglichkeit der Problemlösung, wenn man nicht an gleichberechtigter Bildung interessiert ist. Der Kasseler Universitätsprofessor und Biologe Ulrich Kutschera, 61, ist daran auch nicht interessiert und findet eine andere Begründung. Er erklärte 2016: »Da es immer mehr studierte Damen gibt, fehlen für Männer ohne Hochschulabschluss Frauen mit gleichem Bildungsniveau. Diese gebildeten, aber nicht studierten Männer finden demgemäß keine Partnerin mehr und sind dann auf Import-Bräute (z. B. aus Thailand) angewiesen.« Professor Kutschera lehrt noch heute an der Universität Kassel und ist beliebter Gast in Fernsehsendungen und im Radio. Kleinigkeit? Oder eher ein unfassbar mieser Schlag ins Gesicht aller Männer, ob mit oder ohne Studienabschluss? »Ab nach Thailand auf Brautschau, ihr Loser!« wird ihnen da pauschal unterstellt. Na, *Jobwoche*, wie wäre es mit einem Artikel »Sexy Reiseziele für Männer?«, sortiert nach Bildungsgrad und Import-Braut-Kosten.

Zwar wurde das mit den Frauen und dem Mutterkreuz nach dem Zweiten Weltkrieg schnell wieder geändert, allerdings blieb das Bild der Frau als »Rückenfreihalter« von erfolgreichen Männern hartnäckig, und immer waren es, von der Parlamentswahl 1919 bis zur *Jobwoche* 2016, Kleinigkeiten, wegen denen man sich nicht aufregen sollte.

Jungs- und Mädchensocken sind ein Nebenkriegsschauplatz für verspannte Aushilfs-Frauenrechtler, die sonst nichts zu tun haben? Das kommt offenbar ganz auf die gesellschaftliche Perspektive an und wer sich empört. Als es die Bundestagsabgeordnete Lenelotte von Bothmer 1970, also ein halbes Jahrhundert nach Einführung des passiven und aktiven Wahlrechts und geschlagene vierzehn Jahre nach Verabschiedung des »Gleichberechtigungsgesetzes« wagte, das Podium des Bundestags in einem Hosenanzug zu betreten, liefen alle Amok vor lauter Gleichberechtigung im guten deutschen Abendland. Der Vizepräsident des Bundestags, Richard Jaeger, sagte zuvor höchstpersönlich, er werde »niemals einer Frau erlauben, in Hosen im Plenum zu sprechen«. Lenelotte von Bothmers Parteikollege von der SPD, Carlo Schmid, soll gar die »Würde des Hauses« verletzt gesehen haben. Hunderte Pöbelbriefe, quasi die Old-School-Kommentarspalten, erreichten die Mutter von sechs Kindern und bezeichneten die Parlamentarierin als »würdeloses Weib« und »eine Schande«. Sie fragten, ob Lenelotte von Bothmer »das nächste Mal nicht gleich nackt auftreten wolle«, und beweinten das »arme Deutschland«, das ja jetzt sehen kann, »wie tief es mit den roten Parteiweibern gesunken ist«. Lenelotte hätte die Drama-Queen-Socken gebraucht, für ihren geschlechter-modisch angemessenen nächsten Auftritt als »social butterfly«, dann wären alle zufrieden gewesen.

Obwohl schon seit 1949 im Grundgesetz verankert, kam das hauptsächlich zivilrechtlich wirkende »Gleichberechtigungsgesetz« erst im Jahr 1957. Was im Gesetz steht, ist erreicht? Fragt da mal Lenelotte. Ihr Auftritt war 13 Jahre später. Es gibt kein Gesetz in Deutschland, das Frauen benachteiligt, und deswegen gibt es auch keine Benachteiligung? Schön wär's! Gesetze leben von ihrer gesellschaftlichen Auslegung und sind für sich alleine Schall und Rauch. Lange wurde auch 1957 gezögert und wild hin und her diskutiert. Wie viel Gleichberechtigung könnte denn angemessen sein? Wie viel Gleichberechtigung verträgt eine Gesellschaft, ohne komplett vor die Hunde zu gehen? Wo haben gleiche Rechte von Frauen und Männern ihre »natürlichen Grenzen«? Wie schafft man es, dass Frauen trotzdem Frauen bleiben, und wann ist ein Mann nicht mehr ein Mann? Die Debatten um dieses Gesetz waren davon geprägt, die Gleichberechtigung an die damals bestehenden Rollenbilder anzupassen, nicht andersrum. Und so ist es bis heute. Ständig und überall. Komischerweise drehen sich die Debatten immer um den Schutz oder die Würde der Frau. Fragt mal die Skispringerinnen mit den schutzbedürftigen Gebärmüttern, die bei Olympia 2010 nicht starten durften. Ein von Rollenbildern abgekoppeltes Verständnis von gleichen Rechten von Frauen und Männern ist historisch betrachtet und bis heute wahnsinnig schwierig auf allen Ebenen der Gesetze und ihrer Umsetzung.

Was war schwer bei der Gleichberechtigungsdebatte 1957? Die gefährdete Rolle des Vaters. So blieb beispielsweise der »väterliche Stichentscheid« im 1957 im Auftrag der Gleichberechtigung neu gefassten § 1628 BGB (Bürgerliches Gesetzbuch) trotzdem weiterhin Teil des Familienrechts. Bei Uneinigkeit der Eltern über sorgerechtliche Fragestellungen für Kinder – beispielsweise medizinische Behandlungen oder der Besuch eines Gymnasiums – bedeutete dieses Recht, dass dem Vater, wie auch schon vor 1957, das letzte Wort zukommt. Gleichzeitig war ganz klar, dass Frauen ihren Bereich im Heim und am Herd haben sollten, weil sie das mit den Kindern einfach besser können. Gleichberechtigung bei der elterlichen Sorge, so hieß es wörtlich, würde aber trotzdem »zu viele Praxisprobleme« aufwerfen, da wollte man nicht »zu weit« gehen und sich nicht um Kleinigkeiten balgen.

Der CDU/CSU-Abgeordnete Dr. Weber formulierte damals formvollendet und mit der traditionellen »Das war schon immer so und ist deswegen richtig«-Logik aller Privilegierten in der Geschichte der Menschheit: *»Wir kennen in Gemeinschaften* *vielfach das sogenannte Zweier-Problem: Man kann doch zu einer Entscheidung nicht kommen, wenn sich zwei gleichberechtigt gegenüberstehen. Wenn diese Gemeinschaft aber eine Entscheidung soll treffen können, dann muss eine Regelung vorgesehen sein, nach der der eine oder der andere sie treffen kann. Weshalb muss und sollte der Mann diese Entscheidung treffen? Die Begründung dafür entnehmen wir aus der ganzen Entwicklung seit Jahrhunderten.«*

Na logo! Ist doch klar! Weil es immer schon die Männer waren. Na Mensch, das ist doch eine top-deluxe Argumentationskette. Die Parlamentarier fanden das überzeugend und nannten das Ganze dann fertiges »Gleichberechtigungsgesetz«.

Der Bundestag verabschiedete den damaligen § 1628 BGB versehen mit dem väterlichen Stichentscheid. Jedoch bekamen die Parlamentarier gleich danach vom Bundesverfassungsgericht ihre patriarchalische Auffassung um die Ohren gehauen. Hier hat also die Rechtsprechung mal das Ei gelegt, das die Rollenbilder veränderte. Die Richter kassierten den väterlichen Stichentscheid wegen eines offensichtlichen Missverständnisses von »Gleichberechtigung«. Bei einer Patt-Situation zwischen den Eltern sollte vielmehr das Familiengericht entscheiden, und so ist es bis heute. Die katholische Kirche tobte deswegen noch lange herum und offenbarte ein kurioses Verständnis von Frauenrechten. Durch die Verlagerung solcher Entscheidungen auf einen externen Familienrichter, so argumentierten sie, würde man den Vätern ermöglichen, sich aus der Verantwortung für die Familie zu stehlen. Solche Männer wären »anarchistisch lebende Berufsrevolutionäre«, die sich ihrer Pflicht der Fürsorge für die Frau dadurch entledigen würden, indem sie »deren unbeschränkte Freiheit und Gleichheit proklamierten«. Den Satz merke ich mir als Tischgebet, wenn mir meine Kinder mal wieder in meine verantwortungsvollen Erziehungskonzepte und meine Fürsorge reinreden und irgendwas selbst entscheiden wollen, diese kleinen Berufsrevolutionäre! Pfui Teufel. Heute entscheiden bei Fragen, die das Sorgerecht betreffen, die Familiengerichte, wenn sich Eltern nicht einigen können. Auf diese Idee kamen die Parlamentarier zwar damals auch, jedoch war die drohende »Überlastung der Gerichte« ein damals wie heute gern gewähltes Argument, wenn man festgefahrene Strukturen eigentlich gar nicht verändern will.

Nach diesem unglaublichen Kraftakt der Gleichberechtigung blieben 1957 wirklich nur noch ein paar Kleinigkeiten, an denen man sich vielleicht stören, sie aber auch einfach mal gut sein lassen konnte. Oder nicht? Zwar wurde die Möglichkeit des Ehemanns, den Arbeitsvertrag seiner Frau einfach selbst zu kündigen, wenn sie dadurch den Haushalt vernachlässigte, gestrichen. Allerdings hieß es noch zehn Jahre später, 1966, im Bericht der Bundesregierung über die Situation der Frau in Beruf, Familie und Gesellschaft: *»Pflegerin und Trösterin sollte die Frau sein, Sinnbild bescheidener Harmonie, Ordnungsfaktor in der einzig verlässlichen Welt des Privaten; Erwerbstätigkeit und gesellschaftliches Engagement sollte die Frau nur eingehen, wenn es die familiären Anforderungen zulassen.«* So poetisch kann Scheiße klingen.

Genau dieses Bild fand aber noch zwanzig Jahre nach dem Gleichberechtigungsgesetz Niederschlag im BGB bis 1977. Bis dahin galt nämlich der faktisch genauso wahnsinnige Zustand, dass die Ehefrau nach § 1356 BGB nur erwerbstätig sein durfte, »soweit dies mit ihren Pflichten in Ehe und Familie vereinbar« war. Man nannte das Ganze übrigens ganz offen »Hausfrauenehe«, und ein paar hübsche Ausläufer gibt es im Gesetz bis heute. Beispielsweise das Recht auf »Taschengeld« in Höhe von fünf bis sieben Prozent des Nettoeinkommens des Mannes, wenn der Frau die alleinige Haushaltsführung übertragen ist und dem Manne die Erwerbsarbeit. Bei so viel Geldsegen lacht das Herz der dreifachen Mutter, die komplett zu Hause den Laden schmeißt. Altersvorsorge ist davon jedenfalls nicht möglich. Heute wäre ein Gesetzestext wie bei der Hausfrauenehe in dieser Deutlichkeit nicht mehr vorstellbar, mal sehen was wir in ein paar Jahren von den »Vätermonaten« bei der Elternzeit denken.

Viele Stimmen, ganz vorne die der Juristen aus der konservativ-katholischen Szene der Kirchen, sprachen vor sechzig Jahren warnend davon, die »natürliche Eheordnung nicht durch Gleichberechtigung zu stören«. Auch heute, ein halbes Jahrhundert später, dürfen Frauen in der katholischen Kirche im Übrigen nicht Priesterin oder Diakonin werden. Bischöfin natürlich auch nicht. Für derart wichtige Ämter auf Erden kommen seit Hunderten von Jahren nur ausgewählte Spitzentalente in Frage. Wie zum Beispiel der Limburger Ex-Bischof Franz-Peter Tebartz-van Elst. Bezahlt werden die Bezüge der höheren Geistlichen der katholischen Kirchen übrigens aus Steuergeldern. Steuergelder, die nicht mal aus dem Kirchensteuergeldtopf stammen und die natürlich von Frauen ebenso gefüttert werden wie von Männern. Ich finde die Sache mit der streitbaren Generalkeule der sinnvollen Verwendung von Steuergeldern zumindest dort wirklich diskussionswürdig, wo sie nur einem Geschlecht vorbehalten ist.

»Kultur« und »Glaube« reichen mir nicht als Rechtfertigung, wenn es um steuerfinanzierte Gehälter geht, die eine Frau niemals verdienen darf, selbst wenn sie eine ausgezeichnete Priestern abgeben würde. Steuergeld, das woanders fehlt. Tebartz-van Elsts Pensionsanspruch liegt zwischen 5000 Euro und 6000 Euro im Monat. So ein Auskommen müsste ihn eigentlich rasend attraktiv für uns ehrgeizige Mütter und unsere Töchter machen? Näher an »Halbgott in Weiß« kommt keiner ran. Allein das Ankleidezimmer des Bischofs muss man sich mal reinziehen, dahinein passen mindestens fünfzig »Social Butterfly-Kollektionen« auf einmal. Warum ist »Halbgott in Schwarz« nicht in der Liste der sexy Jobs der *Jobwoche*?

Nur wegen des ollen Zölibats etwa?

Dabei wird Sex, rechtlich zumindest, seit jeher ziemlich stiefmütterlich behandelt. Sex ist ein steter Quell der Missverständnisse. Offenbar scheint es beispielsweise sehr schwer herauszufinden zu sein, was »Nein« heißt. Mittlerweile dürfte klar sein, zumindest seit der Sexualstrafrechtsreform 2016, dass »Nein« nicht mehr »Ja« heißt. Immerhin etwas. Die Debatte ist so alt wie der Sex selbst.

Beim Thema Sex schlagen Rollenbilder gnadenlos zu, und zumindest ein »Nein« zu Geschlechtsverkehr wird schon immer als wirklich sehr unhöflich empfunden. Kennen beide Geschlechter irgendwie. Ein Mann, der einschläft, bevor man effektvoll Sex vorschlagen konnte (und dann nicht mehr aufwachen möchte), kann auch bei Frauen zu kurzweiliger Verstimmung führen. Der entscheidende Unterschied liegt jedoch in der verschiedenen Möglichkeit der Geschlechter begraben, einen gefassten Sex-Plan auch dann durchzusetzen, wenn der andere weiterschlafen möchte. Aber lassen wir das. Wer das immer noch nicht kapiert hat, dem ist auch mit »Nein heißt Nein« nicht mehr zu helfen.

Kümmern wir uns lieber um schlechten Sex. Der ist nämlich wirklich unhöflich. Das würde ich mir auf ein T-Shirt drucken lassen. »Schlechter Sex ist unhöflich. Lass das.« Schlechten Sex braucht echt kein Mensch. Die Ansätze, wie man den aber ein für allemal wegmachen kann, ist ein wahres Potpourri an Schwachsinnigkeiten.

Viele Herren- und noch viel mehr Frauenmagazine schöpfen ihre Daseinsberechtigung aus dem Kampf gegen schlechten Sex oder zumindest aus dem, was ihre Rollenklischees darunter verstehen. Was die Frauenzeitschrift *Shape* in Bezug auf Doppelkinnbildung und die Auswirkungen der Schwerkraft auf Bauchspeck zu sagen hatte, habe ich bereits erschöpfend dargelegt. Die *Cosmopolitan* nimmt den Kampf gegen schlechten Sex ebenfalls regelmäßig auf und schlägt in ihrer Liste »50 Dinge, die man mit Brüsten tun kann« vor, die eigenen Brüste vor dem Sex in essbare Farbe zu tauchen. Die Vorstellung von dem Tunken von Brüsten in Farbeimer mit Lebensmittelfarbe, erheitert mich zu jeder Tageszeit. Der Vorschlag, ein abwaschbares Tattoo mit dem Namen des Mannes rund um die Brustwarzen zu kleben, ebenfalls. »Schatz, schau mal, meine Nippel! Da steht ›Martin‹!«, ist ein interessanter Ansatz, um schlechten Sex schon im Vorfeld zu vermeiden. Auch ganz ausgebuffte Tipps wie »Während du ihm einen Blowjob gibst, mache mit einer Hand Korkenzieher-Bewegungen um seinen Penis, während du mit der Zunge in die andere Richtung rotierst« dürften jeden Praxistest eines entspannten Vorspiels gegen schlechten Sex mühelos bestehen. Jogi Löws Credo der »Högschten Kon-zen-tra-tion« ist genau das, was guter Sex gebrauchen kann.

Die obersten Richter des Bundesgerichtshofs haben sich auch mal für ein wirklich faszinierendes Bild von schlechtem ehelichen Sex stark gemacht. Gerichte allgemein hielten Sex, zumindest bezogen auf das männliche Geschlecht, nämlich noch nie für eine Kleinigkeit. Der Bundesgerichtshof (BGH) verpflichtete 1965 den untalentierten Ehepartner aber nicht etwa zur Teilnahme einer Selbsthilfegruppe unter Führung eines Tantra-Lehrers, der ihn oder sie in die Basics des Matratzentangos einführte. Nein. Der BGH legte einen irren Tanz hin mit nur einem Verlierer, und das war die Ehefrau, die blöderweise auch noch schlechten Sex hat.

Er urteilte in einem Scheidungsverfahren 1965 wie folgt: *»Die Frau genügt ihren ehelichen Pflichten nicht schon damit, dass sie die Beiwohnung teilnahmslos geschehen lässt. (…) so fordert die Ehe von ihr eine Gewährung in ehelicher Zuneigung und Opferbereitschaft und verbietet es, Gleichgültigkeit oder Widerwillen zur Schau zu tragen (…) Denn in der normalen Ehe sucht und findet der Ehegatte die eigene Befriedigung in der Hingabe* *und in der Befriedigung des anderen. Wird dies nicht erreicht, so ist das eheliche Verhältnis (...) dadurch schwer gefährdet. Diese Grundlage wird aber (...) vollends zerstört, wenn der innerlich nicht beteiligte Ehegatte [in diesem Fall die Ehefrau] den anderen durch eine zynische Behandlung des Geschlechtsverkehrs erniedrigt, indem sie ihm unverhüllt zumutet, sie als bloßes Objekt seiner Triebe zu gebrauchen.«.*

In anderen Worten: Der Ehemann hat das Recht, sich den Widerwillen seiner Frau nicht mit ansehen zu müssen. Widerwillen verletzt die fragilen Gefühle des liebenden und trotz aller Widerstände mit ihr schlafenden Ehemanns. Er soll sich dann nicht auch noch wie ein ignoranter Triebtäter vorkommen müssen. Die Frau sollte das Gemecker also bitte lassen und zumindest Spaß vortäuschen, wenn's halt nicht anders geht. Logo! Gerne! Für meine Lieblingsautorin Christy Forer von der *Shape* müsste dieses Urteil ein wunderbarer Aufhänger sein für eine neue bahnbrechende Titelstory. »10 Tipps für ein glaubwürdiges Vortäuschen von Orgasmen«. Na dann, Prost Mahlzeit!

Ist auch schon eine Weil her, das Ganze. Sind wir hier aber wirklich weitergekommen in den letzten Jahrzehnten? Wir reden zwar viel mehr über Sex als früher. Doch der Blickwinkel auf Sex und wie er sein sollte ist teilweise nicht weit entfernt von dem Ausgangspunkt der fünf Richter von 1965. Der Hintergrund des Urteils und der Grund, warum das überhaupt thematisiert wurde, war das damals geltende »Schuldprinzip« bei Scheidungen. Derjenige Partner, der bis 1977 schuldig am Scheitern einer Ehe war, verlor in der Folge des Schuldspruchs seinen rechtlichen Anspruch auf Unterhalt und das Sorgerecht für die Kinder. Die Frau in dem zitierten Urteil des BGH war folglich schuld. Fand der BGH. Sie soll zu ihrem Mann während der Ehe gesagt haben, dass der Sex so lahm sei, dass sie dabei Zeitung lesen könne. Sie würde ihm lieber Geld fürs Bordell geben, oder ihr Mann solle eben bitte weiter mit seiner Affäre im Büro schlafen und sie selbst mit Sex in Ruhe lassen. Daraufhin reichte er die Scheidung ein. Wer ist schuld an der Misere? Der Mann hatte zwar tatsächlich eine solche Affäre, aber dessen ungeachtet hatte er nach Ansicht der hohen Richter trotzdem in erster Linie das Recht, über diese offensichtliche Verunglimpfung seiner sexuellen Talente unfassbar beleidigt zu sein. Denn: Eine Affäre wurde als weniger schuldhaft angesehen. So musste er seiner widerwilligen Frau nach zwanzig Jahren Ehe keinen Unterhalt zahlen. Ehefrau damals war echt kein sexy Job für Frauen. Da dürften wir uns einig sein. Heute gilt das Zerrüttungsprinzip bei Scheidungen, und aus rechtlicher Sicht fragt heute niemand mehr danach, wer schuld am Scheitern einer Ehe ist. Gott sei Dank.

Sex in der Ehe zu verweigern, galt im Übrigen noch sehr lange als Fehler im System, nämlich bis 1997. Sich gewaltsam der Ehefrau zu bemächtigen, war nicht so schlimm wie bei einer Frau, die man (noch) nicht geheiratet hat. 1997! Da hatte ich fast Abitur, und Mr. President hatte schon ein Jahr vorher mit dem Song »Coco Jambo« die Charts um ein Meisterwerk bereichert. Die Bundestagsdebatten über gewaltsamen Sex in der Ehe sind so beschämend, dass man sie gar nicht lesen kann, ohne spontan zu erbrechen. Eine Frau, die gegen ihren Willen von ihrem Ehemann zum Beischlaf gezwungen wurde, gab es juristisch nicht. Zumindest nicht in der Form einer Vergewaltigung nach § 177 des Strafgesetzbuchs (StGB). Über die Frage, wie sie den ausgeübten Zwang ohne drei Knochenbrüche und ein blaues Auge überhaupt beweisen soll, musste sich eine Ehefrau damals gar nicht erst ihr hübsches Köpfchen zerbrechen, denn »vergewaltigen« konnten Männer nur die Frauen, die sie (noch) nicht geehelicht hatten. Das Risiko einer Eheschließung bekommt doch da einen wunderbaren Neuanstrich, nicht wahr?

Sollte es doch einer Frau gelungen sein, den erzwungenen Sex überhaupt zur Überzeugung eines Gerichts zu beweisen, war der Ehemann bis 1997 aber nur einer Nötigung oder einer Körperverletzung schuldig. Diese Tatbestände sind nach dem Strafgesetzbuch aber »Vergehen« und sehen viel niedrigere Mindesttrafen vor. Eine Vergewaltigung jedoch ist ein »Verbrechen«, hier gibt es ausweislich des § 177 StGB keine Geldstrafen mehr, sondern Mindestfreiheitsstrafen von einem Jahr. Der Unterschied, auch im Hinblick auf Eintragungen in Führungszeugnissen, ist offensichtlich. Nicht nur aus Opfer-, sondern auch aus Täterperspektive. Darum ging es 1997. Um eine Verschärfung: Sollte gewaltsamer Sex mit der Ehefrau ein Verbrechen sein können, oder sollte diese Gewalttat unter Eheleuten weiterhin zwangsläufig in der harmloseren Kategorie des »Vergehens« vor den Gerichten verhandelt werden müssen? Horst Seehofer und Peter Ramsauer stimmten 1997 übrigens gegen eine Gesetzesänderung.

Einatmen.

Ausatmen.

Das Problem der Beweisbarkeit der Vergewaltigung ist bis heute geblieben. Leider ist auch die Debatte darüber geblieben, wie wir 2016 eindrucksvoll sehen konnten. Gesellschaftlich wurde in der Allgemeinheit die Diskussion über eine Verschärfung des Sexualstrafrechts oft und ganz schnell in die Perspektive der Männer verschoben. Ganz ähnlich wie 1965 der unzumutbare Anblick einer widerwilligen Frau im Bett und wie 1997 bei der Vergewaltigung in der Ehe. Die Argumente gegen eine Verschärfung aus dem Jahre 1997 ähneln auf beschämende Art und Weise den Argumenten von 2016, obwohl heute keiner mehr in Frage stellt, dass die Gesetzeslage vor 1997 eine Katastrophe war. Ganz breit und meist als Schwerpunkt haben wir in den Wohnzimmern und Talkshows, in den Kommentarspalten und den Medienberichten die männliche

Problematik der Beweisbarkeit debattiert. Nicht die weibliche. Ständig fragten wir uns, wie ein (Ehe-)Mann im Fall der Fälle bloß beweisen soll, dass er es *nicht* war. Das Opfer einer Falschbeschuldigung zu werden, ist fraglos furchtbar. Niemand will das oder kann das wollen. Aber müsste angesichts dieser männlichen Schwierigkeit nicht zwangsläufig der Kern des Problems der Beweisbarkeit für die Frauen bei diesem Delikt gerade erst richtig deutlich werden? Es ist unendlich schwer, eine falsche Beschuldigung vor Gericht glaubhaft darzulegen, weil es schon unendlich schwer ist, eine wahre Beschuldigung zu beweisen. Wieso herrscht hier ein solches Ungleichgewicht in der Diskussion, wenn doch auch noch das Risiko, ein Opfer von sexueller Gewalt zu werden, für Frauen so unendlich viel höher ist?

Jeder einzelne Tag birgt eine leise mitschwingende Gefahr für Frauen, plötzlich ein Opfer von sexueller Gewalt zu werden. Die Gefahr für Männer, an einer einsamen Bushaltestelle oder in einem Schlafzimmer plötzlich und unerwartet das Opfer einer weiblichen Falschbeschuldigung zu werden, ist quasi kaum vorhanden. Ich kenne keinen Mann, der das überhaupt auf der Pfanne hat, wenn er sich durch sein Leben bewegt und durch eine schlecht beleuchtete Straße spaziert. Frauen haben das, mal leise, mal lauter, jeden Tag. Wir diskutieren die Strafbarkeit eines Kunden, der in einem Supermarkt einfach die Weintrauben auffuttert, doch auch nicht aus der Perspektive von jemandem, der das nicht getan hat, aber leicht und fälschlich des Mundraubs im Supermarkt bezichtigt werden könnte. Wir verstehen ohne Weiteres, dass ein solcher »Mundraub«, wie es einmal hieß, ausschließlich ein reales Problem für den Ladenbesitzer darstellt und nicht für unbescholtene Kunden. »Ich hab keine Trauben gegessen, Alter! Beweise es doch!« Ja, das ist tatsächlich ein Problem. Aber doch für das Opfer, den Ladenbesitzer, und nicht für alle anderen Kunden! Das Problem der Beweisbarkeit für das Opfer eines solchen Delikts kapiert hier jeder und sucht nach Lösungen. Warum zur Hölle ist das bei Sex so schwer zu verstehen, und warum wird hier so inbrünstig aus der Perspektive der Männer diskutiert? Weil Sex so allgegenwärtig ist? Ist unser Rollenbild auch 2016 noch so verquer und die Angst der Männer vor einer Falschbeschuldigung wirklich so real, dass wir uns so sehr darauf konzentrieren müssen? Dieser Fehler in der Perspektive erinnert etwas an 1965, als es scheidungsrechtlich relevanter war, von seiner Frau als mieser Liebhaber verunglimpft zu werden, obwohl man seit Jahren mit der Sekretärin im Bett war.

All das sind Aufnahmen über viele Jahrzehnte, in denen Rollenbilder die Interpretation von Gesetzen beeinflusst haben. Auf Gesetzestexte zu verweisen bringt also gar nichts, auch wenn viele nicht müde werden, bestehende Ungerechtigkeiten damit zu rechtfertigen, dass es »kein Gesetz gibt, das Frauen benachteiligt«. Es kommt immer darauf an, was man aus Gesetzen macht. Wenn die Medien noch immer die ehrgeizigen Ziele von Müttern für ihre Töchter formulieren, als wären sie dem 19. Jahrhundert entsprungen, dann ist das keine Kleinigkeit, denn es stellt die berufliche Rolle von (Ehe-)Frauen direkt oder indirekt in eine zu vernachlässigende Position.

Rollenbilder in der Gesellschaft beeinflussen das Recht. Sie sind niemals eine Kleinigkeit. Was Menschen im Berufsleben tun dürfen und was nicht, was ihre Rechte sind, ist ein Kernbereich der Rechtsprechung. Das Arbeitsrecht und die Rechtsprechung der vergangenen Jahrzehnte spiegeln daher die Rollenbilder der Gesellschaft immer ganz wunderbar wider.

Das Recht variiert bis heute, je nachdem, welche Konjunkturlage, welche politische Richtung, welche Bedürfnisse oder welche Wettbewerbe in einem Beruf bestehen.

Ein arbeitsrechtliches Beispiel mit überraschend aktuellem Bezug ist das neue Gesetz zur Lohngerechtigkeit. Wenn es um gleiche Löhne geht, wird auch 2017 genauso krude argumentiert wie vor sechzig Jahren. »Stimmt alles nicht.« – »Ist halt so.« – »Selbst schuld.« –»Frauen können schwanger werden.« – »Männer verhandeln besser.« Das Lohngerechtigkeitsgesetz verpflichtet Arbeitgeber mit über zweihundert Mitarbeitern die Durchschnittslöhne offenzulegen, sollte ein Arbeitnehmer den Betriebsrat danach fragen. Es hängt also nicht plötzlich ein Zettel am schwarzen Brett, der die Namen der Mitarbeiter und ihre Gehälter auflistet. Es handelt sich um einen individuellen Auskunftsanspruch für jeden Mitarbeiter, egal welchen Geschlechts, um zu prüfen, ob man für die gleiche Arbeit auch gleich entlohnt wird wie der Kollege am Schreibtisch gegenüber. Auch männliche Arbeitnehmer werden das Gesetz nutzen. Und zwar massiv. Das sagt mir meine anwaltliche Kristallkugel deutlich voraus. Ich verstehe nicht, was daran ernsthaft kritisierbar ist, außer dass das Gesetz nicht weit genug geht. Die Schwelle von zweihundert Mitarbeitern macht einfach keinen Sinn. Auch in kleineren Betrieben möchten die Menschen gleich bezahlt werden. Die Arbeitgeber laufen Sturm gegen das Gesetz und sind dabei fast so lustig wie der Typ von der CSU 1957 mit seinem väterlichen Entscheidungsrecht, weil Gleichberechtigung den Ehefrieden stören könnte. Ganz ernsthaft wurde 2016 gegen das Gesetz argumentiert, es würde »Unfrieden in die Betriebe« bringen und »ein Klima des Misstrauens und Ausforschens« schaffen. Respekt. Unfrieden bringt es, wenn man Menschen für die gleiche Arbeit nicht gleich entlohnt und nicht, wenn man sich dagegen wehrt.

Gleiche Bezahlung für gleiche Arbeit finden wir heute – zumindest in der Theorie – logisch. Das war aber schon mal anders, und die Argumente von damals sind die unangenehmen Zwillinge der Argumente, die heute eine Lohnlücke zwischen Frauen und Männern leugnen.

Die Arbeitnehmerinnen der Heinze-Labore erstritten vor

fast vierzig Jahren ein Urteil des Bundesarbeitsgerichts gegen ihren Arbeitgeber, einem Fotolaborunternehmen. In dem Betrieb in Gelsenkirchen wurde damals rund um die Uhr in Schichten gearbeitet. 1979 war es aber nur den Männern erlaubt, nachts zu arbeiten. Vorgeschoben wurden der »Arbeitsschutz« und mal wieder die weibliche »Würde«. Nachts zu arbeiten, galt als »zu hart« und als »unsittlich« für Frauen generell. Man wollte den Frauen damals diese Belastung nicht zumuten. Wie den Skispringerinnen und ihren Gebärmüttern. Nachtarbeit in Kinderheimen oder für Krankenschwestern war natürlich nicht verboten. Ein Schelm, der Böses dabei denkt.

Bei den Heinze-Frauen ging es aber gar nicht um die Aufhebung des Nachtarbeitsverbots. So weit war unser Gesetz, von den Ausnahmen abgesehen, noch bis 1992 nicht, erst da wurde es aufgehoben und gilt heute nur noch für Schwangere. Es ging damals, wie heute noch immer, um ungleichen Lohn. Eine Frau, die am Tag neben einem Mann auf derselben Stelle im Labor arbeitete, erhielt weniger Zuschläge zu ihrem Stundenlohn als er – oder vielfach auch einfach gar keinen. Männer bekamen im Schnitt 1,50 DM pro Stunde dazu, Frauen im Schnitt nur 19 Pfennig. Das wurde vom Arbeitgeber auch gar nicht bestritten, sondern sogar noch verteidigt und begründet. Sie beriefen sich nämlich auf die grundgesetzlich garantierte »Vertragsfreiheit«, was mit anderen Worten bedeutet, dass jeder selbst bestimmt, was er unterschreibt. Die Zulagen »seien eben bei der Einstellung unterschiedlich vereinbart worden«, hieß es. Ja dann! So lässt sich jede Ungerechtigkeit der Welt bis heute rechtfertigen: »Musst es ja nicht unterschreiben. Hat dich ja keiner gezwungen.«

Das sind keine alten Kamellen, wenn es um einen »Job-to-Job« Vergleich vor den Arbeitsgerichten geht. Gleiche Eignung, gleicher Job, gleiche Bezahlung. Der Europäische Gerichtshof ist da ganz klar aufgestellt. Die deutschen Arbeitsgerichte verstehen das aber nicht immer. Ein Arbeitsrichter am Arbeitsgericht Hamburg sagte 2016 einer für das Fernsehformat *Frontal-21* arbeitenden Reporterin des ZDF vor anwesenden Medienvertretern, das ungleiche Gehalt dieser Frau im Vergleich zu ihrem männlichen Kollegen sei vermutlich eine Frage von »Vertragsfreiheit«. Wenn schlechtere Gehälter von Frauen auf derselben Position lapidar und selbstgefällig auf angeblich »mangelndes Verhandlungsgeschick bei den Gehaltsgesprächen« geschoben werden, so ähnelt eine solche Sichtweise dreißig Jahre später noch immer der zentralen Begründung der Heinze-Labore von 1979. Das Argument der Vertragsfreiheit findet bei vielen, auch männlichen, Mandanten übrigens ganz schnell seine Grenzen, wo es plötzlich vor der eigenen Haustür auftaucht. Die höhere Kilometerpauschale für den Dienstwagen oder zwei Tage mehr Jahresurlaub auf der Seite des Kollegen ist dann ganz schnell eine Frage des Rechts und der Gerechtigkeit. »Der Kollege hat eben besser verhandelt als Sie! Vertragsfreiheit!« ist eine fiese Kröte, die man nicht gerne schlucken will, wenn es um den eigenen Urlaub geht.

Mit der Vertragsfreiheit war aber noch nicht Schluss bei den Heinze-Frauen. Es wurde noch ein bisschen nachgefasst: »Für den Lohn, den wir den Frauen zahlen, bekommen wir auf dem Arbeitsmarkt keine Männer. Und die brauchen wir, weil die nachts arbeiten dürfen.« Das nenne ich bahnbrechende Logik.

Das existierende Lohngefälle zwischen Männern und Frauen in Deutschland wird, wenn es nicht einfach pauschal geleugnet wird, auch heute noch gern »begründet« statt abgeschafft. Der »Gender Pay Gap« von derzeit 21 Prozent wird – ganz im Stil des Nachtarbeitsverbots der Heinze-Labore – unter anderem damit erklärt, dass Frauen in »Frauenberufen« arbeiten und Frauenberufe schlechter bezahlt werden. Wenn das so ist, haben wir ja keinen Grund, beunruhigt zu sein oder das irgendwie seltsam oder kacke zu finden. Berufe mit hohem Frauenanteil werden eben schlechter bezahlt als Berufe mit hohem Männeranteil. Dann ist ja alles in Butterzucker. Oder nicht?

Eine weitere Erklärung für das Lohngefälle ist der Umstand, dass nur Frauen Kinder bekommen können. Der oben bereits erwähnte Arbeitsrichter äußerte sich in diesem Sinne vor den anwesenden Medienvertretern. Die bisher kinderlose Reporterin »könne ja auch schwanger werden«, sagte er und soll »den Damen auf den billigen Plätzen« auf den Besucherstühlen im Gerichtssaal mit einem Ordnungsgeld gedroht haben, als diese hörbar protestierten. Diese Äußerung im Zusammenhang mit geringerer Entlohnung kann man kaum anders verstehen als eine Rechtfertigung, eventuellen Mehraufwand durch den Mutterschutz oder Elternzeiten schon mal vorsorglich durch niedrigeren Lohn aufzufangen. 2016.

Die Tatsache, dass Frauen kinderbedingt oftmals eine zeitlang aus dem Beruf aussteigen und dadurch Lohnlücken entstehen, und auch, dass sie in schlechter bezahlten »Frauenberufen« arbeiten, wird in der öffentlichen Debatte aus den 21 Prozent des Gender Pay Gaps herausgerechnet. Warum auch immer. Die große Lobby der Arbeitgeber, die natürlich kein Interesse an höheren Lohnkosten hat, präsentiert das Ergebnis dieser Abzüge dann als »bereinigten Gender Pay Gap«, und der beträgt dann nur noch sieben Prozent. Sagen sie. Das suggeriert, dass die sieben Prozent der »wahre« Unterschied wären, und irgendwie klingt »bereinigt« dazu noch so, als wäre es dann halb so wild. Eine Kleinigkeit. Als wären die abgezogenen Erklärungen nicht etwa Teil des Problems, sondern eine Rechtfertigung und die 21 Prozent irgendwie geschummelt. Was ist das überhaupt für ein Wort? Bereinigt um was? Bereinigt um die Tatsache, dass in der Branche der Altenpfleger weniger Gehalt bezahlt wird als bei den Straßenbauern? Bereinigt um die Tatsache, dass Männer keine Kinder gebären können, selbst wenn sie ganz doll pressen? Bereinigt um die Tatsache, dass 98 Prozent aller Väter in Vollzeit weiterarbeiten, weil sie sonst unter denselben beruflichen Nachteilen und Lohnlücken leiden müssten wie Frauen und sich irgendjemand zu Hause um die Kinder kümmern muss?

Dieser »bereinigte Gender Pay Gap« offenbart also in der öffentlichen Debatte ein grandioses Missverständnis des Unterschieds zwischen einer »Erklärung« und einer »Rechtfertigung« für ein Problem. Wenn der bereinigte Gender Pay Gap am Ende fast stolz mit »in Wahrheit nur noch sieben Prozent« statt der »künstlich aufgeblähten 21 Prozent« dargeboten wird, dann ist das nichts anderes als höchst unseriös. Oder es verbirgt sich dahinter schlicht Ahnungslosigkeit. Die verbleibenden sieben Prozent sind die, für die man keine bessere Erklärung finden konnte außer: »Die Frauen sind hier glatt verarscht worden.« Sie sind nicht der Teil, der wirklich ungerecht ist, und die anderen 14 Prozent gerechtfertigt. Die anderen 14 Prozent sind auch scheiße und ungerecht und ungerechtfertigt. Wenn man das Lohngefälle argumentativ um seine diskriminierenden Gründe bereinigt, ist das genauso schräg, wie Nachtarbeit für Frauen nicht zuzulassen und ihnen dann aus diesem Grund weniger zu bezahlen.

Die beliebte und eindimensionale Erklärung der schlechter bezahlten »Frauenberufe« ist außerdem ein Phänomen, dem Frauen kaum entfliehen können. Eine aktuelle Studie der Cornell University im Staat New York hat hierzu erhellend Trauriges zu sagen. Von den dreißig Branchen, die ihren Mitarbeitern am meisten bezahlen, darunter die Automobilbranche, Ingenieure oder Luft- und Raumfahrttechniker, sind fast alle von Männern dominiert. Von den dreißig Branchen, die ihren Angestellten am wenigsten bezahlen, darunter Pflegeberufe, soziale Berufe oder Dienstleistungen sind fast alle frauendominiert. Das muss man doch mal kritisch hinterfragen? Das ist doch nicht Teil einer natürlichen Ordnung, so wie Bartwuchs oder Brüste? In Deutschland findet sich – mit einem Anteil von 32 Prozent – die europaweit zweithöchste Verbreitung von Niedriglöhnen unter Frauen. Im Ernst? Alles selbst gewählt? Deutsche Frauen sollen weniger qualifiziert, geringer karriere-ambitioniert oder lustloser drauf sein als alle anderen Frauen in Europa, außer denen in Zypern? Das mag ich nicht glauben. Vielleicht ist es so, wie es meistens ist, es ist das Naheliegende: Wenn wir schon mehr Geld ausgeben müssen, dann lieber für männliche Arbeitnehmer. Im Niedriglohnsektor ist das Durch-schnittsgehalt eines Hausmeisters deutlich höher als das eines Zimmermädchens. Warum? Beide Berufe sind keine Ausbil-dungsberufe und erfordern das gleiche Maß an körperlichem Einsatz und geistigen Fähigkeiten. Die Durchschnittsgehälter von Managern in der IT-Branche, einem männlich dominier-ten Feld, liegen 27 Prozent höher als die Gehälter der entspre-chenden Führungsstufe im Personalmanagement, einem weib-lich dominierten Feld.

Könnte die Lösung also sein, dass alle Frauen einfach in die sexy Jobs unter den »Männerbranchen« wechseln – und weg ist das Problem? Bei Betrachtung der letzten hundert Jahre zeigt sich, dass ein Beruf an Prestige und an Lohnniveau verliert, so-bald er von einer Männerdomäne zu einer Frauendomäne wird. Das zeigen die Durchschnittsgehälter der Sekretäre, die um 55 Prozent sanken, sobald aus Herrn Schröder das Fräulein im Vorzimmer wurde. Dasselbe passierte mit den Fashion-De-signern, einst eine Männerdomäne. Hier zahlen Arbeitgeber 24 Prozent weniger, seit Frauen als angestellte Designerinnen die Modebranche dominieren, und auch die Haushälter waren mal männlich, die Frauen waren die Küchenmägde. Seitdem Haushälterinnen fast ausschließlich Frauen sind, sollen die Löhne im Durchschnitt um 21 Prozent gefallen sein. Im Schnitt sinkt das Lohnniveau in einem Beruf um vier Prozent, wenn der Frauenanteil um zehn Prozent steigt. Frauen verhandeln übrigens nicht schlechter als Männer, denn die Einstiegsgehälter zum Berufsanfang unterscheiden sich kaum. Erst später, wenn es die Karriereleiter hochgeht, gibt es dann signifikante Unterschiede.

Aber alles Schnee von gestern! Die Gleichberechtigung ist erreicht! Sätze, so alt wie unser Recht und unsere Gesetze. Das Weltwirtschaftsforum hat 2016 berechnet, dass es in Deutschland beim derzeitigen Tempo noch 170 weitere Jahre dauern wird, bis Frauen am Arbeitsplatz wirtschaftlich den Männern gleichgestellt werden. Vor acht Jahren sah es besser aus, da wären wir schon in 116 Jahren so weit gewesen. Wir haben uns also sogar verschlechtert. Island schafft es immerhin in der Hälfte der Zeit und braucht nur fünfundsechzig Jahre. Ein ganzes Menschenleben.

Ich habe nun ausschweifend eine ganze Menge Beispiele aufgezählt, die zeigen, dass es nicht darauf ankommt, was im Gesetz steht. Es kommt darauf an, was die Gesellschaft daraus macht. Wie sie die Gesetze liest und interpretiert. Welche Rollenbilder und Klischees die Auslegung der Juristen bestimmen und welche Gedanken die Politiker getragen haben, die unsere Gesetze anstoßen, gestalten und reformieren. Wir sind die Gesellschaft. Wir nehmen uns als Einzelne in diesem großen Gefüge unheimlich wichtig. Dann lasst uns auch mit dem Blick auf das große Ganze mit genauso viel Überzeugung auf die »Kleinigkeiten« achten, die wir unseren Kindern überlassen.

Ich möchte nicht, dass sich meine Kinder mal genauso für mich und meine Generation schämen müssen, wie ich mich heute für den väterlichen Stichentscheid, verpflichtende Fake-Orgasmen oder Hosenanzüge im Bundestag fremdschämen muss. In diesem Sinne: Auf nach Troja.

ENE MENE MUH, MÜLLERS ESEL, DER BIST ... DU?

Empfehlung zur Lektüre dieses Kapitels: einen Eimer Espresso trinken. Eventuell herumwuselnde Kinder vor die Glotze setzen. Wein entkorken. Nicht zu schnell austrinken. Tür zu. Gemütlich machen und Lesebrille aufsetzen. Handy weg. Platz machen im Kopf für »Familie« an sich und Respekt und Verständnis für die individuellen Wege, die wir als Erwachsene einschlagen. Das, was nun kommt, ist mir sehr wichtig, und es ist getragen von dem Wunsch nach Wahlfreiheit und Gerechtigkeit für junge und alte Menschen, ob sie nun Kinder haben oder nicht.

Ich möchte euch die Familie Bauer und die Familie Müller vorstellen.

Die kennt ihr schon? Die Bauers von gegenüber? Die mit den vier Blagen und dem flugzeugträgergroßen Trampolin im Garten hinter dem gemieteten Doppelhaus? Die laute Familie, in der die Mutter jeden Morgen in zerbeulter Schlafanzughose, Kapuzenpullover und schief getretenen Fellboots den Kindern an die Bushaltestelle hinterherspurtet, weil die ihre Turnbeutel/Brotdosen/Poesiealben/Schulranzen/Bustickets/kleine Schwester vergessen haben? Die Frau Bauer, die nach einer Verwandlung in einer Art Zauberkugel knappe dreißig Minuten später untadelig gekleidet im vermüllten Familienvan mit sechzig Sachen durch die Spielstraße kachelt? Die Frau Bauer, die abgehetzt sechs Stunden später mit einem Kofferraum voller Klopapierrollen, Cerealien und ein paar Schweine- und Rinderhälften vom Wocheneinkauf zurückkehrt? Die laut nach dem ältesten Sohn schreiend über Gummistiefel, Schneeanzüge und Schulranzen vor der bei Minusgraden seit Stunden offenstehenden Haustür fällt, weil die Kinder noch früher zu Hause sind als sonst? Die, wo der Herr Bauer so selten daheim ist, weil er überlasteter Außendienstmitarbeiter ist und deswegen ständig seine Eltern auf die Bauerkinder aufpassen, wenn Frau Bauer mal zum Zahnarzt muss? Die Frau Bauer, deren Mutter neulich gestorben ist, nachdem sie sie zu Hause gepflegt hatte, und die deswegen ihren Job aufgegeben hat? Der Herr Bauer, der, wenn er daheim ist, tagelang die kinderbedingten Schäden an Haus und Hof hinterherhandwerkert? Ach, ja. Die kennen wir alle.

Und die Familie Müller ist euch auch altbekannt? Die netten Müllers von nebenan mit den zwei Jack-Russel-Welpen Susi & Strolch und dem ebenfalls flugzeugträgergroßen BBQ-Grill im Vorgarten? Die beiden smarten Endvierziger, die vor dem Frühstück beide ein paar Mal um die Bushaltestelle nordic-walken und den wartenden Bauerskindern fröhlich zuwinken? Die Müllers, die ihrer Putzfrau einen Schlüssel unter den Versteckstein legen? Und einen Zettel auf das Sideboard mit der Einkaufsliste für den Bioladen um die Ecke? Der Laden mit den unglücklichen Öffnungszeiten für Berufstätige? Die Müllers, wo »sie« jeden Morgen die Tageszeitung und manchmal einen Sellerie-Mango-Mate-Smoothie konsumiert und dann mit ihrem schokoladenbraunen Leasing-Cabrio freundlich grüßend die Spielstraße entlangschneckt? Kurz bevor der Herr Müller dann mit einem schnieken Herrenduft vorbeigeweht kommt und mit seinem Manufactum-Rennrad klimaneutral in die Firma sportelt? Die, wo die Frau Müller gegen 13 Uhr ihr Ayurveda-Studio dicht macht, den Buchsbaum vor der Haustür liebevoll tätschelt, sich kurz um Susi und Strolch und dann um die anstehenden Reisevorbereitungen kümmert? Die Müllers, die so selten daheim sind, weil sie leidenschaftliche Fernreisende sind? Die Müllers, die im Alltag stets das gemeinsame

Kapitalanlagenmanagement in Ordnung halten? Die Müllers, die selbst keine Kinder bekommen konnten oder eben keine wollten, aber wo die Bauerkinder immer herzlich willkommen sind und nichts lieber tun, als auf die Hunde aufzupassen, wenn die Müllers mal wieder mit den Mountainbikes in den Pyrenäen rumradeln und den Bauerkindern fremdartige Süßigkeiten mitbringen?

Na gut. Kennen also alle. Umso besser, dann muss ich ja nicht so weit ausholen. Aber die uralten Urgroßeltern von den Bauers und den Müllers, die kennt ihr nicht.

Von denen möchte ich erzählen.

Die Uroma von Frau Bauer war, das kommt jetzt für alle ganz überraschend, eine Bauersfrau. Seit ihrer Geschlechtsreife und der damit verbundenen Heirat mit dem Bauersmann im Jahre 1870 lebte sie permanent schwanger, gebärend, stillend und irgendwelche Kinder und Tiere fütternd auf einem Mehrgenerationen-Hof in der Nähe von Berlin. Vierunddreißig Millionen Menschen lebten damals auf dem Gebiet der heutigen Bundesrepublik Deutschland, zehn Menschen davon waren die Ur-Ur-Bauers. Die Bauersfrau kümmerte sich nämlich nicht nur um ihre sechs Kinder und die Tiere, sondern auch um ihre Schwiegereltern, die alt und schwach mit auf dem Hof lebten.

»Wasistdasfür1Life?«, mögen sich die Ur-Ur-Bauersleute oft gefragt haben, denn die Lebenserwartung hing entscheidend davon ab, ob die Ernten gut oder schlecht ausfielen oder ob mal wieder irgendein Kriegsherr oder eine Seuche über sie herfiel. Ein Impfgegner hätte damals mehr zu befürchten gehabt als das bisschen Internet-Häme, wenn er behauptet hätte, das an Pocken erblindete und entstellte Baby wäre eine Erfindung der Pharmaindustrie. Zu der Zeit wurde die Hälfte der Kinder nicht mal fünf Jahre alt, und sie durchzubringen erforderte, damals wie heute, vor allem eines: die notwendigen Mittel. Die Bauers versorgten sich durch die Bestellung ihres Hofes weitestgehend selbst. Sie bauten irgendein Gemüse an, ein paar Getreidesorten mit hohem Glutenanteil, und einmal in der Woche fuhr ein Kind mit dem Bauersmann auf den Markt, um dort ein paar Waren einzutauschen gegen andere Notwendigkeiten des täglichen Lebens. Manchmal gab es Jahre, da verhungerten die dreijährigen Kinder in den harten Wintern oder starben an einer Lungenentzündung. Die Oma übrigens auch. So erklärt sich das niedrige statistische Durchschnittsalter um 1870 von neununddreißig Lebensjahren.

Die Ur-Ur-Bauers lebten von der Hand in den Mund. Die Bauersfrau war dünn und ausgezehrt, sie verzichtete nicht selten zugunsten der Kinder auf ihre Mahlzeit, und der Bauersmann war oft am Ende seiner Kräfte, wenn er aus Angst um seine Familie bis spät in die Nacht arbeitete. Kinder waren damals kein Bestandteil des »Projekts Elternschaft«, sondern ein existenzieller Bestandteil des Lebensentwurfes »Überleben«. Obwohl viele Kinder erst einmal weitere Mäuler waren, die gestopft werden mussten, rechnete sich das Konzept. Sobald sie alt genug waren, um auf dem Hof mit anzupacken, waren sie eine echte Hilfe. Wenn die Eltern zu alt waren, um auf dem Feld mit anzupacken, übernahmen die Kinder die Arbeit ganz. Ohne die Unterstützung ihrer Kinder wären sie aufgeschmissen gewesen. Es gab weder Renten noch Altersheime, weder Sozialhilfe noch Kranken- oder Pflegekassen. Familie zu haben war vor 150 Jahren und bis 1957 die sicherste und einzige Altersvorsorge für diejenigen, die sich aus finanziellen Gründen keine Knechte und Mägde, die privaten Altenpfleger und Putzfrauen von damals, leisten konnten.

Die besten Freunde der Bauersleute waren die Müllers am Ort. Die junge Müllerin und der fesche Müller betrieben eine Getreidemühle unweit des Hofes der Bauersleute. Die Mühle war halbwegs ertragreich, die beiden lebten ein solides Leben.

Wenn es Feste zu feiern gab, luden sich die Freunde gegenseitig ein, und so manchen Sonntag verbrachten sie in den Stuben, um sich über ihr Leben auszutauschen. Als die Schwiegermutter der Müllerin als Letzte der Müller-Eltern verstorben war, betranken sich die Müllerin und ihre Freundin, die Bäuerin, nach der Beerdigung gemeinsam mit einer Flasche Korn. Nach den ersten vier Schnäpsen stießen sie darauf an, dass die Müllerin nun niemanden mehr pflegen musste und dadurch eine Pflicht weniger auf dem Zettel hatte. Vier Schnäpse später, das war auch vor 150 Jahren nicht anders, ging dann die ganze emotionale Kiste zwischen den Freundinnen los. Die Müllerin fing bitterlich an zu weinen und erzählte ihrer Freundin von ihrer verzweifelten Hoffnung, endlich schwanger zu werden. Wer sollte sie und ihren Mann ernähren und pflegen, wenn sie alt sind? Wer sollte die Mühle weiter bewirtschaften? Einen bezahlbaren Knecht zu finden, der alleine die Mühle betreiben konnte und den alten Müllersleuten eine Bettpfanne und Nahrung bringen würde, war utopisch. Die Jungen ohne Familien wanderten alle in die Städte ab und arbeiteten in den neuen Fabriken. Alles verkaufen? An wen denn? Und wo sollten sie dann leben? Wem konnten sie vertrauen? Wer pflegte sie? Andere Familienmitglieder gab es nicht, denn die Geschwister der beiden Müllerleute waren früh und kinderlos (an irgendeiner von der Pharmaindustrie erfundenen) Krankheit verstorben.

Die Bäuerin umarmte ihre schluchzende, kinderlose Freundin und versprach, ihr zu helfen, wenn es mal so weit sei. Eines ihrer Kinder werde sich um sie kümmern, oder sie werde ihre Freunde zu sich auf den Hof nehmen. Ehrenwort. Dann schluchzten natürlich beide und schworen sich ewige Freundschaft bis zum Tag ihres Todes und noch länger. Ihr kennt das ja alle. Sie tranken noch einen Schnaps, redeten über schlechten Sex, lästerten über die Schneiders von nebenan, grölten aktuelle Volkslieder im Duett, und als die Müllerin sich dann auf dem Plumpsklo übergeben musste, hielt ihr die Bäuerin die Haare aus dem Gesicht.

Die beiden hatten an diesem Abend etwas erfunden, was der Reichskanzler Otto von Bismarck einige Jahre später, nämlich 1889, dann auch kapiert hatte. Menschen müssen füreinander einstehen, wenn sie sich eine Gemeinschaft nennen wollen. Wer sich nicht auf eigene Kinder, das Geld der Eltern oder auf eine stabile Familie verlassen kann, die sie im Alter beschützt, pflegt und ernährt, braucht Hilfe von den anderen. Bismarck nannte das etwas sperrig »Gesetz betreffend die Invaliditäts- und Altersversicherung«, und Bundeskanzler Konrad Adenauer machte 1957 die »große Rentenreform« daraus, die wir bis heute auslöffeln.

Wie ging es aber nach dem fiesen Korn-Kater am übernächsten Tag bei den Ur-Ur-Bauers und Müllers weiter? Am Ende des Jahres hatten die Müllers nach einem guten Erntejahr zum ersten Mal ein paar Taler übrig. Die Großeltern und Eltern mussten ja nicht mehr durchgefüttert werden. Eigene Kinder hatten sie nicht und mussten sie nicht von dem erwirtschafteten Geld ernähren. Die Müllerin hatte Zeit, um zu arbeiten. Sie konnte sich mehr in der Mühlenarbeit einbringen und ein zweites Standbein als Schnapsbrennerin aufbauen. Die Finanzlage der beiden besserte sich dadurch noch mehr, und so wurde es möglich, zwei Knechte und Mägde zu beschäftigen, die den beiden Müllersleuten die lästigen Arbeiten abnahmen. Außerdem konnten sie sich voll und ganz auf die Geschäfte konzentrieren, ohne auf Elternabenden in der Dorfschule abzuhängen, Kinder zum Dorffest zu fahren oder für das Heimat- und Sachkunde-Referat zu recherchieren. Die Müllers finanzierten in der Folgezeit eine Zweitmühle mithilfe der örtlichen Bank, und nach ein paar Jahren war die Zweitmühle abbezahlt und trug sich selbst.

Der Müllersmann kaufte sich zur Feier des Tages eine

schneidige Hybrid-Kutsche mit ordentlich viel PS unter der Haube und fegte damit sofort zu seinem Kumpel auf den Bauernhof. Kaufmännisch hatte er einiges dazugelernt, und er wollte seinen Bauernfreund an seinen Erkenntnissen teilhaben lassen. Auch sein Freund der Bauer sollte sich dringend absichern für den Fall, dass seine Kinder nicht für ihn sorgen würden. Man konnte ja nie wissen. Was, wenn die Bauernkinder in die tolle neue Fabrik nach Berlin abhauen und nicht ihre alten Eltern durchfüttern wollen? Ein guter Bekannter des Müllers, der alte Herr Riester aus Berlin, hatte ihm da neulich die Augen geöffnet.

Der Müller schlug seinem Freund, dem Bauern, also ein Geschäftsmodell vor. Der Bauer sollte seine beiden Mühlen exklusiv mit seinen Bioprodukten beliefern, so wäre ein ständiger Absatzmarkt für seine Waren gesichert, und stabile Preise für sein Getreide garantierte er ihm auch. Leider scheiterte der Plan daran, dass die Bauersfamilie nicht genügend Waren übrig hatte, um überhaupt etwas zu verkaufen. Geschweige denn irgendwo in irgendetwas zu investieren. Da das sechste Kind gerade abgestillt worden war, brauchten sie jede Pastinake selbst. Sie konnten nichts zurücklegen oder gar Handel treiben, um sich etwas anderes aufzubauen.

Verständnisvoll umarmte der Müller seinen guten Freund und bot ihm an, ab jetzt in seiner Mühle das Korn umsonst mahlen zu dürfen. So eine Art »Kinderbonus« als kleinen Ausgleich für das Versprechen, dass ihn später einmal ein Bauerskind im Alter unterstützen wird. Der Bauer nahm das gerne an, denn die Ausgaben für seine Familie waren enorm. Er war mit seinen sechs starken Kindern allerdings gut vorbereitet und mit dem Wichtigsten abgesichert. Die beiden Männer hatten somit einen wunderbaren Deal verhandelt. Ein Kind des Bauern hilft dem Müller, wenn er alt ist und nicht mehr arbeiten kann. Umsonst. Dafür unterstützt der Müller den Bauern jetzt finanziell bei der Aufzucht und schulischen Ausbildung dieses einen Kindes. Fair bleibt fair. Der Bro-Code klappte auch schon 1870.

Gemeinsam wurden die Müllers und die Bauers alt. Als es dann so weit war, dass keiner mehr einen Pflug führen oder einen Mehlsack schleppen konnte, trafen sie sich am Küchentisch, um Nägel mit Köpfen zu machen: Eine der Töchter der Bauers zog zu den Müllers und versorgte sie. Die Müllers hatten für das Alter etwas Geld zurücklegen können, um sich weitere Hilfe zu holen. Außerdem flossen die Gelder aus der abbezahlten Zweitmühle noch weiter, so dass auch dort eine gewisse Sicherheit bestand, sollte die Bauerstochter plötzlich sterben oder die finanziellen Rücklagen aufgebraucht sein. Die übrigen fünf Kinder der Bauers blieben bei ihren Eltern und hielten deren Betrieb aufrecht.

Als der Bauer dann, gezeichnet von einem harten Leben voller Entbehrungen, als Erstes starb, trauerten seine Freunde aus der Mühle genauso um ihn wie seine Frau, die Bäuerin. Die Bäuerin folgte ihrem Mann erst zehn Jahre später. Bis zu ihrem Tode wurde sie aber von ihren fünf Kindern, die sie großgezogen hatte, liebevoll und ausreichend umsorgt, und auch die beiden alten Freunde, die Müllers, alterten in Würde und ohne Angst, obwohl sie keine eigenen Kinder hatten.

Und da sie ja gestorben sind, leben sie heute nicht mehr.

Ende.

Denkste.

Ich möchte die Geschichte noch einmal erzählen. So wie sie sich heute abspielen würde. Das illustriert, warum das derzeitige Sozialsystem in Deutschland ein dicker, fetter Schlag ins Gesicht meiner Generation ist und die schöne und verantwortungsvolle und freundschaftliche Grundidee unserer Urgroßelterngeneration nichts mehr damit zu tun hat, was sie einst so wertvoll machte.

Denn was würde mit der Bäuerin und der Müllerin passieren, wenn sie in unserem aktuellen Rentensystems leben würden, sobald sie das Rentenalter erreicht hätten?

Gemeinsam wurden die Müllers und die Bauers alt. Als es dann so weit war, dass keiner mehr einen Pflug führen oder einen Mehlsack schleppen konnte, trafen sie sich am Küchentisch, um Nägel mit Köpfen zu machen: Die Müllers und die Bauers stießen auf das Alter an. Nur nicht mehr mit Korn. An dem konnten die Frauen seit der Plumpsklo-Sache nicht mal mehr riechen. Bei der Verabschiedung nahmen die Müllers aber nicht nur die älteste Tochter als Versorgerin mit, sondern einfach fünf der sechs Kinder. Sie fuhren mit ihnen zur Mühle und riefen den Bauers beim Abschied zu: »Wir haben ein Leben lang hart dafür gearbeitet, dass wir uns das jetzt leisten können! Nun möchten wir auch was raushaben.« Und weg waren sie.

In der schmucken Mühle wurden die Müllers von den fünf Bauerskindern umsorgt und bei Krankheiten gesund gepflegt. Die angesparten Rücklagen ließen es zu, dass sie das Alter sogar ein wenig genießen konnten. Sie unternahmen ein paar Reisen und widmeten sich den Hobbys, die sie wegen der vielen Arbeit vorher nicht hatten ausüben können. Durch die Leistungen der fünf Bauerskinder hatten sie keine größeren finanziellen Sorgen, und auch die Zweitmühle schaffte Sicherheit.

Die alten Bauers aber blieben mit nur einem ihrer Kinder zurück und winkten den anderen etwas konfus und traurig hinterher. Sie hatten diese Kinder finanziert und ernährt. Jetzt aber versorgten fünf ihrer sechs Zöglinge andere Menschen und nicht sie selbst. Auch die Bauers haben ein ganzes Leben lang auf dem Hof gearbeitet, so wie die Müllers in ihren Mühlen. Der Bauersmann auf dem Feld und die Bauersfrau bei den Kindern, Tieren und den Eltern. Vierundzwanzig Stunden am Tag. Die Kinder wurden nicht einmal gefragt, ob sie sich lieber um ihre Eltern kümmern möchten. Den Bauereltern hatte man ständig gesagt, dass Kinder und Arbeit wichtig für die Altersvorsorge seien. Dass die Kinder im Grunde die Stütze des ganzen Systems seien. Dass sie viele Kinder bekommen sollen, die sie im Alter unterstützen würden. Aber warum unterstützen sie nun die Müllers viel besser?

Die Bauerskinder kamen oft zu Besuch, sie feierten zusammen mit ihren Eltern Weihnachten. Es fehlte nicht an Liebe und Zuneigung – aber an allem anderen. Geld konnten die Bauerskinder nicht bei ihren Eltern lassen, denn sie verdienten selbst nicht genug.

Den Schneiders von nebenan allerdings, über die die Müllerin und die Bäuerin einst so gelästert hatten, waren etwas besser dran. Das Paar hatte nur einen Sohn bekommen, der früh von zu Hause auszog, um in einer Fabrik zu arbeiten. Der Sohn schickte monatlich ein paar Taler an seine Eltern, es reichte für eine Haushaltshilfe. Die Schneiderin und ihr Schneidermann hatten aber durch die wenigen Kinder mehr Geld und Zeit übrig gehabt, um viel zu arbeiten und zumindest etwas für das Alter zurückzulegen. Die Schneiderin lebte zwar nicht so komfortabel wie die Müllerin, aber sie kam deutlich besser über die Runden als die Bäuerin.

Die Müllers aber waren von allen am besten dran. Sie wurden von ihren Patenkindern heiß geliebt, sie hatten Geld, nun auch die Versorgung und dazu die Zweitmühle als Sicherheit. Sollten die fünf Kinder der Bauers plötzlich reihum durch eine Impfung (oder eine ähnlich lebensbedrohende Maßnahme) dahinsiechen und als Versorger wegbrechen, so hatten sie mit der Zweitmühle noch zusätzlich privat für das Alter vorgesorgt. Sie würden das Altern also auch ohne die Kinder der Bauers überleben. Die Bauers nicht. Rücklagen waren den Bauers zu Erwerbszeiten schlicht nicht möglich gewesen. Alles, was sie während ihres Lebens erwirtschaftet hatten, war gleich wieder in die hungrigen Münder der Kinder geflossen. Noch mehr arbeiten ging nicht. Den Bauers blieb also nichts anderes übrig, als viel länger zu arbeiten als die Müllers, denn nun war ihre Altersvorsorge weggebrochen und zu jemand anderem gewandert. Sie waren ärmer als je zuvor.

Als der Bauer dann, gezeichnet von einem harten Leben voller Entbehrungen, auf dem Feld tot vom Esel fiel, trauerten seine Freunde aus der Mühle sehr um ihn. Der Müller schickte eines der Bauerskinder zurück auf den Hof. Für die Witwe als Ausgleich für den frühen Tod ihres Ehemannes, eine Art Witwenrente. Als kurz darauf jedoch der Müller selbst verstarb, kam die Müllerin auf den Bauernhof und nahm jetzt beide Kinder der Bauersfrau mit. Auch sie war nun eine Witwe, die versorgt werden musste, und sie hatte eindeutig die bessere Vorsorge getroffen. Die Bauerswitwe musste sich bis zu ihrem Tode das Nötigste bei Freunden, die etwas übrig hatten, erbetteln. Eine Grundsicherung im Alter, mehr nicht. Sie bekam Almosen von ihren eigenen Kindern und den Kindern anderer in ihrem Umfeld. Die Ur-Ur-Bauers verstarben komplett verarmt.

Die fünf Bauerskinder sahen das Schicksal ihrer Eltern und zogen daraus eine Lehre, ein solches Schicksal sollte ihnen erspart bleiben: »Bloß keine eigenen Kinder! Die Kinder anderer Menschen sorgen viel besser für mich, als es die eigenen je könnten. Selbst wenn sie wollten.« Die Rechnung mit den eigenen Kindern und dem Alter geht nicht nur nicht auf, sie schadet sogar. Ein bisschen lächelten die Bauerskinder über die Naivität ihrer Eltern, wenn die sich damals ein paar Enkelkinder gewünscht hatten. Von ihrem Lohn in der Mühle wäre ein Kind, geschweige denn mehrere, kaum zu bezahlen. Sollten die fünf Bauerskinder selbst einmal alt sein, so hofften sie auf die drei Kinder in der Nachbarschaft, die sie versorgen würden. Doch manchmal, nachts, wenn sie nicht schlafen konnten, dämmerte es ihnen, dass drei Nachbarskinder für fünf alte Menschen zu wenig sind, und wie sehr sie sich eigentlich eigene Kinder wünschten.

Existenzangst ist ein starker Motor. Umso wichtiger war es, die bizarren Rufe der Großelterngeneration nach Enkelkindern zu ignorieren. Die Aufforderung, »die Aufgabe mit dem Kinderkriegen nun bitteschön ebenso zu erfüllen wie wir Eltern es getan haben«, konnte eigentlich niemand ernst meinen, wenn man sich die Lage genau betrachtete. Jedenfalls nicht, solange Kinder die schwächste Säule für die eigene Altersvorsorge darstellten und Berufstätigkeit die einzig sinnvolle.

Und wenn sie nicht gestorben sind, dann leben sie noch heute.

Skandal, mag man da laut rufen! Schlimm! Das kann ja wohl nicht angehen, das waren Freunde, die Müllers und die Bauers! Verrat! Die haben sich doch was versprochen!

Der Skandal ist für die Familien meiner Generation, so wie auch schon für die Generation vor uns, aber bittere Realität und derzeitiger Status quo. Die Müllers 2016 können gar nichts dafür. Sie haben, ob nun gewollt oder ungewollt, durch ihre Kinderlosigkeit genau die Konsequenzen gezogen, die unser System ihnen vorgibt. Die Müllers meiner Generation müssen aber trotzdem eines verstehen: Sie sitzen mittlerweile im selben Boot mit allen Eltern, die 1975 und später geboren wurden. Wenn wir uns nicht gemeinsam politisch darum kümmern, dass wir alle im Jahre 2045 noch Kinder vorfinden, die unsere Krankenkassen mit Geld füttern, unsere Altenheime betreiben und Beiträge für die staatliche Rente an uns auszahlen, dann wird das Alt-Sein für uns alle so hart, wie seit hundert Jahren nicht.

Meine Generation sitzt, ob nun als Eltern oder Nicht-Eltern, vereint in einem sinkenden Kanu, das von den umherschippernden alten politischen Schlachtschiffen einfach nicht gerettet werden will. Nicht aus Bosheit oder weil sie uns nicht leiden können. Sie brauchen uns. Nur Enkelkinder, die brauchen die jetzigen Wähler nicht. Die jetzigen Wähler (und damit die Politik) handeln aus dem verständlichen Motiv heraus, die eigene Haut noch möglichst sicher in den Hafen zu steuern. Damit es auf den Schlachtschiffen nicht noch unkomfortabler wird, als es nach sechzig Jahren in diesem Rentensystem ohnehin schon für viele Menschen heute ist, wenn man sich deren aktuellen Rentenzettel und die Altersarmut so anschaut.

Für (zu) viele der heutigen und demnächst in Rente gehenden Passagiere ist es aber im Verhältnis zu dem, was meine Generation erwartet, sogar noch sehr gemütlich an Bord. Wer gibt schon freiwillig Gemütlichkeit auf? Die derzeitige Politik ist einseitig auf Absicherung des Status quo gerichtet, obwohl das System 1957, als Konrad Adenauer es in dieser Form durchsetzte, schon sehr hirnrissig war. Eine von Anfang an schlechte Idee wird nicht besser, wenn man sie erst aufgibt, wenn sie einem selbst nicht mehr schaden kann. Das machen wir jetzt seit sechzig Jahren so.

Schluss damit.

Die Renten sind 2016 so stark erhöht worden, wie in den letzten zwanzig Jahren nicht mehr. Noch dazu soll die bestehende Rentenformel zulasten meiner Generation und zugunsten der heute älteren Generation so verändert werden, dass bis 2040 Kosten von rund 600 Milliarden Euro für die Stabilisierung des Rentenniveaus anfallen. Das zahlen wir Jungen von unseren Monatslöhnen in den nächsten vierzig Jahren. 2040 werde ich sechzig sein. Danach kommt mit großen Schritten die Sintflut, und die trifft mich und meine Freunde, die Müllers, Schneiders und am allermeisten die Bauers mit den vielen Kindern.

Wäre die Prognose umgekehrt und es träfe die Bauers am wenigsten, hätte meine Generation noch eine kleine Chance. Dann wären für uns selbst wieder ein paar Kinder da, ob nun eigene oder fremde, und hoffentlich auch für die nachfolgende Generation unserer Enkel. Stattdessen sollen wir unser Gehalt bis 2040 aber zu einem immer größeren Teil für die Renten der Älteren ausgeben. Es ist bereits beschlossene Sache, dass die Rentenbeiträge, die wir zahlen müssen, enorm steigen werden, bis wir selbst in Rente gehen. Gleichzeitig werden unsere eigenen Renten enorm sinken. Wer stetig mehr Gehalt für die Renten der Älteren hergeben muss, weil die Politik das so beschlossen hat, der hat heute und auch morgen kein Geld für ein drittes Kind. Ganz einfach. »Kriegt halt Kinder und hört auf zu jammern. Früher ging es ja auch«, hört man pauschal und oft aus vielen Mündern. Stimmt doch gar nicht! Es ging auch damals nicht, wie man an den Renten dieser Mütter schon heute sieht. Diejenigen Frauen, die ein auskömmliches Leben trotz vieler Kinder haben, leben von den Rentenzetteln ihrer Männer. Gibt es den nicht oder hatte der auch nicht viel, sind sie arm. Wir haben heute daraus gelernt. Wir jammern nicht. Wir rufen um Hilfe, die nicht kommt, und deswegen kommen auch keine Kinder.

Welche Lösungswege gibt es also? Um zu verstehen, an welchen Stellschrauben wir warum drehen könnten, muss man das Rentensystem und seine Geschichte verstehen. Gehen wir dafür noch mal zurück in die Zeiten der Ur-Ur-Bauers. Um 1850 löste sich das Problem der Altersvorsorge weitgehend dadurch, dass die Menschen einfach rechtzeitig tot umfielen. Die medizinische Versorgung und die Lebensumstände besserten sich aber so schnell und so sehr, dass um 1900 die Lebenserwartung zehn Jahre höher lag als noch 1870, nämlich bei zirka fünfzig Jahren, und seitdem steigt sie weiter konstant an.

Bismarck führte 1889 ein Gesetz ein, das dem Problem Rechnung trug, dass immer mehr Menschen in Fabriken arbeiteten, immer älter wurden und sich nicht auf ihre Familien verlassen konnten. Er sicherte jedoch nicht alle ab, sondern nur diejenigen mit den ganz niedrigen Einkommen, und auch nur dann, wenn sie invalide waren. Eine Alterssicherung ohne schwere Krankheit, wie wir sie heute als »Rente« kennen, gab es zwar auch, aber das war nur Wähler-Kosmetik. Das Renteneintrittsalter hatte der schlaue Otto nämlich auf siebzig Jahre festgelegt. Sehr lustig. Das war bei der damaligen Durchschnittslebenserwartung von fünfzig Jahren ein bittersüßer Taschenspielertrick und illustriert, dass Recht und Politik damals schon genauso funktionierten wie heute.

Unser heutiges gesetzliches Rentensystem von 1957 basiert auf der Geschichte der Ur-Ur-Bauers und Müllers, das ist nämlich die Geschichte des »Generationenvertrags«. Die mittlere Generation versorgt zugleich die Älteren und die Jüngeren, und so geht es immer weiter auf der Lebensleiter. Adenauer soll damals zu seinen Kritikern, von denen es eine Menge gab, gesagt haben: »Kinder bekommen die Leute immer.«

Das war ganz großer Bullshit. Schon 1957. Wenn ausschließlich die Berufstätigkeit die eigene Altersvorsorge sichert, dann machen die Menschen natürlich auch genau das: Sie sind möglichst umfangreich berufstätig, und Kinder sind da bekanntlich der größte Hemmschuh. Dazu noch ein ziemlich teurer, wenn man sich die Kinderschuhpreise anschaut. Das war dem Konrad aber egal, denn es war süßlich duftende Wirtschaftswunderzeit. Und Adenauer und seine Unterstützer mussten das, was sie da geschaffen haben, schließlich auch nicht selbst ausbaden.

Die Ersten, die gerade über Bord gehen, sind die Töchter, die nach diesem grandiosen Fehlentwurf auf die Welt kamen, nämlich die Babyboom-Generationsmütter aus den Jahrgängen 1955 bis 1965. Da sind schon ein paar Seelen in akuter Seenot. Spätestens ab der Generation 1975 ist aber ab 2040 im Alter Schicht im Schacht, egal ob Mutter oder Vater. Da ist die Havarie allgegenwärtig. Diejenigen unter uns, die nicht genug erben werden, um davon im Alter leben zu können, können sich also bei Konrad Adenauer und seinem sinnwidrigen Rentensystem bedanken.

Damit man dieser Wahrheit nicht ins Auge sehen muss, werden Scheindiskussionen aufgemacht. Selbst unter den heutigen jungen Eltern. Alle beklagen die sinkende Bereitschaft, Kinder aufzuziehen. Diejenigen, die welche bekommen haben, werden emotional diskreditiert, in ihrer Elternliebe attackiert und als Generation bezeichnet, die ihre Kinder »loswerden will«, wenn sie vom Staat Kindergartenplätze und Ganztagsschulen fordern, damit sie weiterhin berufstätig sein können, um Geld zu verdienen. Neben der mangelnden Familienmoral wird Eltern vorgeworfen, die Betreuungsplätze seien teuer und aus fremden Steuergeldern finanziert. Menschen mit Kindern werden zu »Nutznießern« erklärt, dabei ist es genau umkehrt: Nur sie füttern das System. Damit aber nicht genug. Macht man es den einen recht und nutzt die teuren Kindergartenplätze oder Ganztagsschulen nicht und bleibt bei den Kindern, kommt eine nächste Front angelaufen, die uns darüber aufklärt, dass wir berufstätig sein müssen und nicht zu Hause bei den Kindern hocken sollten, das bringe keine Steuern, Rentenbeiträge und eigene Renten und sei verantwortungslos, faul, asozial und kurzsichtig. So wird unsere Hilflosigkeit mollig und weich versteckt, so wird uns die Schuld für die Sackgasse in die Schuhe geschoben, in der wir heute stecken.

Die Frau Bauer, meine Nachbarin aus 2016, wird keine erwähnenswerte Rente erhalten, wenn sie das Rentenalter 2050 erreicht haben wird. Sie wird noch ärmer sein als die Mütter vor ihr, obwohl sie und ihr Mann die Eltern von vier gut ausgebildeten Kindern sind, die unser aller Renten bezahlen werden. Die beiden werden im Alter nicht einsam sein, schon klar, die Kinder besuchen sie, und sie bringen mal einen Kuchen vorbei und auch mal einen Kuss. Aber von Liebe allein, und möge dies bitte unbedingt immer der Hauptgrund für uns alle sein, um Kinder in die Welt zu setzen, kann man trotzdem keine Rechnungen bezahlen, Brot kaufen oder ein Busticket.

Und die beiden Müllers von heute? Die werden zwar keinen Besuch von eigenen Kindern bekommen, allerdings, im Gegensatz zu den Bauers, nicht arm sein. Ihnen wird monatlich deutlich mehr Rente von der deutschen Rentenversicherung überwiesen als ihren Nachbarn. Ihre staatlichen Renten bezahlen aber ausschließlich fremde Kinder, nämlich die berufstätigen und gut ausgebildeten Kinder der Bauers. Die Müllers haben ja selbst keine und haben für sie weder einen Kindergartenplatz finanziert, noch Schuhe, Schneeanzüge, Schulmaterialien oder Kinderfahrräder gekauft. Die Renten, die beide Müllers vom Staat erhalten, haben sie sich also gerade nicht mit zwei Gehältern selbst »erarbeitet«, während die Bauers in der Nase gebohrt haben. Andersherum wird ein Schuh draus. Die Müllers haben einfach nur einen Teil statt der eigentlich geforderten zwei Teile des Generationenvertrags erfüllt, bis sie selbst in Rente gegangen sind: Sie versorgten mit ihren Beiträgen die eigenen Eltern. Das taten die Bauers aber auch. Den anderen, ebenso wichtigen Teil des Vertrags haben die Müllers aber ausgelassen, denn sie versorgten nicht zeitgleich eigene Kinder. Der Vertragsbruch, ob nun gewollt oder ungewollt, wird ihnen im Alter aber nicht etwa Probleme machen, wie man eigentlich denken müsste, wenn man die Grundsätze des Systems betrachtet, sondern sie werden dadurch deutlich weniger Schwierigkeiten haben. Herrgott noch mal, wieso sollte da jemand die Bauers sein wollen, wenn er noch alle Sinne beieinander hat? Dummerweise brauchen aber die Müllers die Kinder genauso wie die Bauers, also ist es für alle Mitglieder meiner Generation extrem fatal, wenn die Bauers die dünnsten Kartoffeln haben.

Hierbei ist wichtig zu verstehen, dass die Müllers 2045 die Kinder der Bauers dringender brauchen als jemals eine Generation zuvor. Meine Generation unterscheidet das massiv von den älteren: Wir gehen alle gemeinsam unter, wenn Kinderhaben weiterhin bestraft wird.

Seit sechzig Jahren läuft das jetzt so. Das ist derart schwachsinnig, das kann man gar nicht glauben. Schlaue Leute rechneten dem Adenauer das schon 1957 vor und unterbreiteten Alternativen, die Rentensprüche an die Kinderanzahl koppeln sollten. Fand er nicht so gut. Dafür finde ich den Konrad heute nicht so gut.

Unser Rentensystem basiert also auf genau dem, was 1850 für die Ur-Ur-Bauers die Lösung des Altersproblems war und die im Grunde auch sehr gut ist: Die Jungen sorgen für die Alten. Das zu verstehen ist wichtig. Derzeit zahlen wir 18,7 Prozent unseres Gehalts an unsere Eltern aus. Die Hälfte trägt der Arbeitgeber, wenn wir denn einen haben. Mit diesen Beiträgen an die Rentenversicherung sorgen wir also nicht direkt für uns selbst vor, sondern finanzieren die berechtigten Ansprüche unserer Eltern. Die deutschen Arbeitnehmer zahlen somit nicht auf ein eigenes »Rentenkonto« ein und heben dann etwas davon ab, wenn sie alt sind. Wenn Andrea Nahles, die derzeitige Bundesministerin für Soziales und Arbeit, sagt: »Wer viel in die Rente einzahlt, bekommt auch viel heraus«, dann ist das, ich vermute sogar bewusst, irreführend. Diese Ausdrucksweise provoziert das beliebte Missverständnis und die Anspruchshaltung von vielen, oft gerade von denjenigen, die nur den einen Teil des Vertrags einhielten: »Ich habe so viele Jahre so hohe Beiträge von meinem Gehalt in meine Rente eingezahlt, jetzt will ich auch etwas raus haben.«

Wir zahlen alle nichts *ein*. Die Rentenversicherung ist auch keine »Versicherung«. Selbst dieser Begriff ist trügerisch. Eine Versicherung versichert den Ausnahmefall. Wenn ein Haus versehentlich abbrennt oder ein Nachbarskind den Laptop mit Edding bemalt. Die Rente ist aber kein Ausnahmefall, sondern der Regelfall. Arbeitnehmer machen ihr ganzes Erwerbsleben lang in Wirklichkeit nur eine einzige Sache: Sie zahlen Beiträge *aus* an diejenigen, die uns freundlicherweise in die Welt gesetzt haben. Jedoch hat nicht jeder der heutigen Rentner auch einen

Arbeitnehmer in die Welt gesetzt. Doch auch deren Rente zahlen wir mit.

Während wir die Ansprüche unserer Eltern erfüllen, erwerben wir lediglich einen neuen Anspruch gegen die heutigen kleinen Kinder in den Kindergärten der Republik und nicht »gegen den Staat« oder eine »Rentenkasse«, die ein Konto für uns hat. Diese Ansprüche, die wir erwerben, heißen »Rentenpunkte«. Daran muss ich immer denken, wenn ich meinen Kindern Punkte für »Staubsaugen« oder »Gartenarbeit« verteile, die sie dann mit viel Brimborium in Form von Glitzerstickern auf buntes Tonpapier kleben. Ich sollte vom Rentensystem lernen und meine Kinder zukünftig an meine Enkelkinder verweisen, wenn sie diese Punkte gegen Eis oder Panini-Sammelkarten einlösen wollen. Dann würden die ganz schnell begreifen, was das Stündlein geschlagen hat, und bekommen ganz viele Kinder. Sonst kriegen die das Sammelalbum zur Fußball-WM ja nie voll. Wenn ich es ihnen aber extra schwermache, viele eigene Kinder zu bekommen, damit sie möglichst lange mehr Gartenarbeit für mich machen können, dann ist das eines: »Voll krass unfair, Mama.«

Um zu verstehen, dass die vielbeschworenen »gutgeschriebenen Rentenpunkte für Erziehungszeiten« alles andere als ein Ausgleich für Eltern sind, muss man sich den Wert des Punkts ansehen, aus dem sich Renten berechnen. Ein durchschnittlicher Rentenpunkt (Stand 2015) ist im Westen der Republik 29,21 Euro wert, im Osten 27,05 Euro. Der Wert dieses Punkts stammt vom sogenannten Eckrentner, den sich die Rentenversicherung ausgedacht hat und der sich auch immer mal gern in Form und Gestalt verändern darf. Ich stelle ihn mir als einen dicklichen Herrn mit Schnurrbart und Blaumann vor. Er ist also ein fiktiver Durchschnittsdeutscher, der nach fünfundvierzig Arbeitsjahren zu Hause Bilanz zieht. Er stellt fest, dass er fünfundvierzig Jahre lang im Schnitt 35 000 Euro im Jahr verdient hat. Wie gesagt: An diesem Typen orientiert sich die deutsche Rentenversicherung, wenn es um unser aller Rente geht. Teilt man diese 35 000 Euro durch die fünfundvierzig Beitragsjahre, kommt der 2015er Wert eines Rentenpunkts raus: 29,21 Euro. Der Eckrentner bekommt fünfundvierzig Rentenpunkte im Monat im Wert von 29,21 Euro ausbezahlt. Das sind 1314 Euro Rente brutto im Monat, bis er tot in seiner Eckrentnerecke liegt.

Wenn wir also für unsere Geschichte davon ausgehen, dass die Müllers und Bauers alle »Eckrentner 2015« mit dem Jahrgang 1980 sind und seit ihrem zwanzigsten Geburtstag jährlich im Schnitt 35 000 Euro verdient haben, bis sie 2045 in Rente gehen, sieht es im derzeitigen System für die Bauers und Müllers, anschaulich berechnet, wie folgt aus:

Frau Bauer hat, seit sie zwanzig war, vier Kinder bekommen. Bei der Geburt des vierten Kindes ist sie zweiunddreißig. Bis das vierte Kind stabil in die Schule geht, ist sie vierzig und hat keinerlei Berufserfahrung gesammelt, weil sie unbezahlt das geleistet hat, für das alle anderen Menschen, die Kinder betreuen, ganz selbstverständlich bezahlt werden. Frau Bauer erhält für jedes ihrer vier Kinder lächerliche drei Rentenpunkte im Wert von 29,21 Euro »gutgeschrieben«. Für die Erziehungszeiten. Das sind 350 Euro Rente im Monat. Mehr nicht. In Wahrheit wird dieser Rentenpunkt übrigens 2045 noch viel weniger als 29,21 Euro wert sein. Wenn Frau Bauer sich dann noch um die pflegebedürftige Oma kümmert, wie im Generationenvertrag schließlich vorgesehen, gibt man ihr dafür aber nur dann ein paar Rentenpunkte, wenn sie gleichzeitig nicht mehr als dreißig Stunden nebenher berufstätig ist und deswegen aus ihrer Berufstätigkeit weniger Rente bekommt als in einer Vollzeitstelle. Ein Taschenspielertrick zu Lasten der Menschen, die berufstätig sind und gleichzeitig die Mama pflegen. Umsonst.

Auch hier sieht man, dass nur die Berufstätigkeit Meter macht und die Doppelbelastung gar nicht gewollt ist. Sollte Frau Bauer selbst ohne pflegebedürftige Oma mit vierzig und vier minderjährigen Kindern unter sechzehn noch irgendeinen ominösen Teilzeit-Wunderjob für die nächsten zwanzig Jahre für eckrentnerische 17 500 Euro Jahresgehalt finden, dann (und nur dann) bekommt sie zwanzig halbe (da Teilzeit-)Rentenpunkte dazu. Frau Bauer mit den vier Kindern hätte dann in fünfundvierzig Jahren also zweiundzwanzig Punkte erspielt mit einem monatlichen Wert von 642 Euro. Zur Erinnerung: Herr Bauer hat als Eckrentner parallel dazu fünfundvierzig Punkte erspielt, die ihm 1314 Euro Rente brutto im Monat bescheren.

Die vier mittlerweile großgezogenen und erwerbstätigen Bauerkinder zahlen ihren eigenen Eltern also jedes Jahr insgesamt siebenundsechzig Rentenpunkte im Wert von 29,21 Euro aus, dementsprechend also zusammen 1957,00 Euro. Davon gehen aber noch Krankenversicherung, Pflegeversicherung und ein bisschen Steuern ab. Mehr als ein Leben knapp über dem Existenzminimum von 17 500 Euro im Jahr wird da nicht bleiben.

Die sogenannten Millennials, das sind die Leute mit den Jahrgängen 1975 und jünger, müssen im Jahr 2040 ihre Rente übrigens nicht nur zum Teil, sondern zu 100 Prozent versteuern, bis zum dann geltenden Existenzminimum. Man stelle sich kurz mal vor, die Einkommen aus Vermietung und Rente von jemanden, der heute bereits alt und 4000 Euro und mehr im Monat zur Verfügung hat, würden schon jetzt zu 100 Prozent versteuert werden? 63 Prozent der Rentner 2008, die mehr als 2000 Euro Rente erhielten, haben noch zusätzlich Immobilienbesitz. Nicht auszudenken, was man damit Schönes für die heutige Familienpolitik tun könnte, die wir so dringend brauchen! Aber Familienpolitik für uns wählen die überwiegend älteren und vergleichsweise wohlhabenden Wähler nicht gerne, also macht die Politik das mit der Steuer für »reiche« Rentner lieber erst ab 2040. Wenn wir so weit sind.

Kommen wir zu den Müllers.

Die Müllers haben in dieser Zeit gemeinsam nicht nur siebenundsechzig, sondern neunzig Rentenpunkte gesammelt. Sie bekommen von den vier Kindern der Bauers dementsprechend deutlich mehr als 1957,00 Euro ausbezahlt, nämlich 2630,00 Euro monatlich. Bei identischem Gehalt der beiden Familien und ohne jemals einen Cent für einen Kindergarten oder ein Kinderzimmer bezahlt zu haben. Die Wahrscheinlichkeit, dass die Müllers aber in der Realität mehr als 35 000 Euro im Schnitt verdient haben könnten, liegt deutlich höher als bei den Bauers. Veranlassung, wegen Kinderbetreuung in Teilzeit zu arbeiten, hatten die beiden Müllers nämlich nicht, und irgendwelche Stolpersteine durch »Mutter-im-Job-Diskriminierungs-Kacke« gab es bei ihnen ebenfalls nicht. Aber der Einfachheit halber tun wir trotzdem so, als wären die Müllers zwei Eckrentner geblieben. 2630,00 Euro Rente im Monat sind wahrlich nicht viel zu zweit, aber die Müllers besaßen einen immensen Vorteil, den die Bauers nicht hatten. Sie bezogen fünfundvierzig Jahre lang das Geld aus zwei Gehältern. 70 000 Euro im Jahr. Bei den Bauers ging ein großer Teil ihres Gehalts automatisch für die Kinder drauf. Die Müllers aber konnten diesen Teil in die Finanzierung einer kleinen Eigentumswohnung, der Zweitmühle 1880, stecken. Die ist jetzt vermietet und wirft im Alter monatlich ein paar hundert Euro zusätzlich ab. Das – oder andere Anlagemöglichkeiten – nennt man »private Altersvorsorge«. Der Herr Müller hat das auch mal dem Herrn Bauer vorgeschlagen, da hat der Herr Bauer aber laut gelacht. Privat vorsorgen? Geld beiseitelegen? Wovon denn? Im Schnitt kostet ein Kind bis zu seiner Volljährigkeit 584 Euro im Monat. Ich tippe sogar auf mehr. Unsere städtische Kita für zwei Kinder kostet schon so viel.

Es steht also ein Modellpaar mit vier Kindern so offensichtlich nackt in den Erbsen, dass man sich nicht wundern muss, wenn die Geburtenrate nirgendwo auf der Welt niedriger ist als in Deutschland. Wir haben nach dem Zweiten Weltkrieg einen hohen Lebensstandard geschaffen? Stimmt. Aber auf Kosten der Familien.

Die Politik, die unsere Eltern und Großeltern wählten, hat es in den letzten fünfzig Jahren geschafft, die Geburtenzahlen zu halbieren und dabei gleichzeitig die Kinderarmut, die letztlich eine Familienarmut ist, um das Sechzehnfache in die Höhe zu schrauben. Applaus für diese Bilanz und fetter Respekt, Bros! Da muss man reagieren. Das tut die Politik auch. Aber nicht für junge Leute. Sie schraubt die Beiträge, die wir nun vierzig Jahre lang an Eltern und kinderlose Rentner leisten müssen, konstant nach oben und gleichzeitig unsere eigenen Ansprüche für die Zeit danach auf Armutsniveau herunter. Noch mal fetter Respekt, Bros!

Neben den Bauers und Müllers der heutigen Rentner stehen aber die Müllers meiner Generation 2040 ähnlich dürftig bekleidet daneben. Denn sie werden allein auf ihre private Altersvorsorge zurückgeworfen sein, ohne die staatliche Rente von vielen Kindern, die es mit dieser Familienpolitik nicht geben wird. Dazu kommt, dass viele Kinderlose meiner Generation eben nicht genug Geld haben, um privat vorzusorgen. Deswegen kriegen sie ja auch keine Kinder. Auch die kinderlosen Millennials schultern die hohen Beiträge für ihre Eltern für die nächsten vierzig Jahre. Die Bauers 2040 haben beides nicht, weder Rente noch private Vorsorge. Ich weiß, dass viele Müllers 2016 gerne Kinder haben wollen und viele Bauers gerne mehr als eins oder zwei. Die politische Lage lässt sie nur nicht. »Das ist voll krass unfair, Mama.«

Die Politik ruft uns scheinheilig zu: »Macht nicht den Fehler eurer Mütter. Seid berufstätig! Tut es für eure Rente« – und schwindelt uns damit so dreist an, dass es mich schüttelt. *Wir* brauchen im ersten Schritt Kinder, die *unsere* Renten bezahlen können. Die Älteren sind es, die im ersten Schritt *unsere* Berufstätigkeit für *ihre* heutigen Renten brauchen, nicht wir. Wenn wir aber nicht einmal eigene Kinder bekommen (können), wird das mit der Rente für meine Generation nichts, egal wie viel wir angeblich »für unsere Rente« arbeiten.

Aus diesem Grund wird politisch ausschließlich die möglichst umfangreiche Berufstätigkeit von Eltern gefördert und nicht das möglichst umfangreiche Eltern-Werden unter den Berufstätigen. Das ist ein riesengroßer Unterschied zum Nachteil für meine Generation und zugunsten der Älteren.

Die Tatsache, dass es für meine Generation ohne private Altersvorsorge und Sparen, wo es nur geht, keinesfalls mehr laufen wird, ist allgemein anerkannt und wird überall proklamiert. »Wenn ihr nicht vorsorgt, seid ihr bettelarm im Alter.« Diese absolute Notwendigkeit hat sich in den letzten dreißig Jahren deutlich verschärft. Niemand behauptet etwas anderes. Aber, liebe Damen und Herren, dieses Geld muss doch auch irgendwo herkommen! Das Geld müssen wir von unserem Gehalt übrig haben. Die immer höheren Beiträge an die Rentenversicherung, die von unseren Gehältern zugunsten der Älteren abgezogen werden, führen logischerweise nicht zu mehr, sondern zu weniger Kohle auf dem Konto. Und dann noch dazu das Geld, das eigene Kinder verschlingen würden? Wie soll das mit einer zusätzlichen privaten Vorsorge zusammengehen? Sagt es uns!

Wir verdienen nicht mehr als früher, sondern sogar weniger. Das verfügbare Einkommen der Millennials ist in den letzten Jahren um fünf Prozent gesunken, während aber das verfügbare Geld im Monat der Fünfundsechzig- bis Neunundsiebzigjährigen um sieben Prozent gestiegen ist. Die Mieten ziehen stetig an, und die Vermieter sind nicht wir. Das sind die

Älteren. Die Reallöhne (das was man sich wirklich kaufen kann von dem was man verdient) sinken in den allermeisten Branchen seit dreißig Jahren. Erbengeneration? Sehr lustig. Dafür braucht man wirklich sehr reiche Eltern, die so viel zu vererben haben, dass man davon fünfzehn bis zwanzig Jahre leben kann, bis wir tot umfallen.

Wir Millennials brauchen das Geld, das Kinder verschlingen würden, mehr als jemals eine Generation zuvor. Wir sind die erste Generation seit Gründung der Bundesrepublik, der es trotz steigenden Wohlstands finanziell schlechter geht als der vorangegangenen. In den letzten sechzehn Jahren stieg das allgemeine Armutsrisiko um zwölf Prozent, nämlich auf unfassbare 39 Prozent bei den unter fünfunddreißigjährigen Alleinlebenden. 39 Prozent! Die Arbeitslosigkeit ist gering. Trotzdem werden die Jungen immer ärmer. Das Armutsrisiko der alleinlebenden Menschen über sechzig stieg parallel dazu nur ganz gering, um 1,7 Prozent, auf insgesamt 20 Prozent. 20 Prozent Armutsrisiko in der Generation unserer Eltern sind viel, aber bei aller Zahlenakrobatik: Es ist nur die Hälfte im Vergleich zu den 39 Prozent der jüngeren Generation. Da muss man doch auch mal hinschauen und nicht nur auf die eigenen Taschen.

Wir jammern also nicht, wir rufen um Hilfe. So viel Korn kann ich gar nicht trinken, dass man mir das noch länger als Klage auf hohem Niveau verkaufen kann, nur weil man heute ein paar Kindergärten baut, »von unseren Steuergeldern«. Auch Eltern zahlen Steuern. Eine Menge sogar. Und besonders die, die dazu noch berufstätig sind. Dafür brauchen sie die Betreuung.

Was die Rente betrifft, hilft uns das politisch ständig vorgerechnete Modell der »modernen Teilzeit-Eltern« übrigens nicht weiter, denn dabei sammeln beide Elternteile trotzdem viel weniger Rentenansprüche an als zwei kinderlose Menschen in Vollzeit. Teilzeitelternschaft löst nur die akuten Probleme der heutigen Rentner in den nächsten zwanzig Jahren. Nicht unsere eigenen und schon gar nicht die der Familien. Möchte man Familienpolitik und Teilzeitelternschaft wirklich »für Familien« machen, dann muss man Eltern gleichzeitig finanziell absichern und nicht – wie bisher – finanziell bestrafen.

»Hier kämpft Jung gegen Alt«, ist meist das Fazit der Debatte um unsere Rente, und dann werden die Aktendeckel geschlossen. Es ist aber kein Kampf Jung gegen Alt. Niemand will den Älteren etwas wegnehmen. Wir wollen nur nicht dieselben Probleme, die sie haben im ungekürzten Director's Cut »Noch viel schlimmer«. Das nennt man »dazulernen«. Wir wollen nur eins: alt werden und jemanden haben, der uns versorgt. Ich denke, das ist ein politisch legitimes Ziel, das durchaus neben einer Politik für die Älteren stehen kann und nicht stattdessen.

Was aber machen wir mit der Familienpolitik und all diesen Erkenntnissen der letzten Zeilen?

Wir brauchen im ersten Schritt eine Änderung des Wahlrechts. Spätestens 2021 und nicht erst 2040.

Politik kann man nur beeinflussen, wenn man sich informiert und wählen geht. »Wenn es euch nicht passt, dann geht halt wählen«, tönt es lapidar aus allen Ecken. Das ist aber nur dann halbwegs legitim, wenn die Stimmen der Jungen nicht schon von denen der Älteren rein zahlenmäßig an die Wand gespielt werden. Deutschland hat die zweitälteste Bevölkerung der Welt. Noch einmal: der WELT. Nur die Japaner sind noch ein halbes Jahr älter. Der Gruppe der jungen Wähler steht in den nächsten zwanzig Jahren eine immer größer werdende Gruppe an Wählern gegenüber, die alt ist oder zumindest kurz davor steht, alt zu sein. Die Gruppe der Ü-60-Wähler ist schon jetzt größer als die der U-35-Wähler. Da muss man kein Politologe sein, um sich auszurechnen, wem ein Parteiprogramm gefallen muss, um damit erfolgreich zu ein. Und natürlich will keine Partei eine wirkliche Junge-Leute-Partei sein. Die wählt ja keiner. Darum muss man dafür sorgen, dass junge Familien und Paare endlich eine Stimme bekommen, die nicht schleichend immer wertloser wird.

Lassen wir also die Sechszehnjährigen mitwählen. Wer denkt, dass Sechzehnjährige nicht vernünftig wählen, weil sie dafür zu doof sind, der schaue sich die Wahlergebnisse der letzten Landtagswahlen oder die US-Wahl 2016 an und stelle fest, dass alte Leute auch nicht automatisch vernünftig wählen, nur weil sie wählen dürfen. Wer bestimmt denn, was »vernünftig« ist? Es liegt in der Natur der Sache, dass die Älteren die Bedürfnisse der Jüngeren unvernünftig finden, aber das ist doch bitteschön nicht objektiv. Wenn man jungen Menschen gescheite Vorschläge macht, können sie sehr gut entscheiden, was vernünftig für sie ist. Abgesehen davon ist es paradox, dass wir für unsere Kinder das G8-Schulsystem beschließen, so dass sie mit siebzehn Jahren Abitur machen und sich damit sehr früh für einen Berufsweg entscheiden müssen. Gleichzeitig sprechen wir ihnen die Vernunft zum Wählen ab. Ernsthaft?

Das reicht aber nicht. Ich bin eine große Befürworterin des Familienwahlrechts, das jedem Kind eine Stimme gibt. Wahrgenommen von seinen Eltern, bis es achtzehn ist. Ich halte so ein Familienwahlrecht für eine der effektivsten Möglichkeiten, dass Kinder wieder für die Politik interessant werden. Davon profitieren Menschen ohne Kinder genauso. Die brauchen ja die Kinder anderer Menschen, die ihnen im Alter die Krankenversicherung bezahlen.

Namhafte Politiker wie Jens Spahn (CDU) oder Manuela Schwesig (SPD) bringen ein Familienwahlrecht seit Jahren auf die Agenda. Trotzdem werde ich mich aber nicht dafür aussprechen. Aus reinem Realitätspessimismus. Einem solchen Familienwahlrecht stehen unter Umständen gewichtige verfassungsrechtliche Bedenken gegenüber. Jede Stimme muss gleich viel wert sein. Wir haben die Gleichheit des Wahlrechts in Art. 20 GG so zementiert, dass wir es nicht einmal mit einer Zweidrittelmehrheit ändern könnten. Ich sehe die Verfassungsrechtler, die dagegen sind, schon die Spikes an ihre Turnschuhe schrauben, bereit zum jahrelangen Sturm auf das Bundesverfassungsgericht. Eine Debatte über ein Familienwahlrecht wird also nicht mehr bringen als ein endloses politisches Schattentheater ohne ein Ergebnis. Die Zeit dafür haben wir nicht.

Führen wir stattdessen und zusätzlich zum Jugendwahlrecht ab sechzehn eine U-35-Quote für junge Politiker im Bundestag und in den Landtagen ein. Da haben wir kein Verfassungsproblem mit dem Wahlrecht und Eltern, die sich nicht einig sind, welche Stimme für das Kind zählen soll, wenn Papa die Grünen für sein Kind wählen will und Mama die CDU.

Nur einunddreißig der derzeit 631 Bundestagsabgeordneten sind unter fünfunddreißig. Fünf Prozent. Nicht weil es keine jungen Politiker gäbe oder junge Menschen nicht aktiv wären. Sie werden von den Parteimitgliedern, die ebenfalls immer älter werden, nicht auf die Wahllisten gesetzt. Vom übrigen Volk kann aber nur der gewählt werden, der auf diesen Listen steht. Die Politiker auf den Listen ziehen je nach Wahlergebnis nacheinander in den Landtag oder in den Bundestag ein. 20 bis 25 Prozent der Personen auf den jeweiligen Listen sollten folglich verpflichtend unter fünfunddreißig Jahre sein. Nur so bekommen wir überhaupt junge Generationen an die Entscheidungstische in Bund und Ländern. Eine derartige Reform bedarf jedoch derzeitiger Politiker, die sie durchsetzen. Leider fürchten die um ihren eigenen Stuhl und werden laut lästern, das habe nichts mit Demokratie zu tun. *Mimimi* Das hat das Stimmenverhältnis irgendwie auch nicht mehr. Es war noch nie populär, alte Zöpfe anzuschneiden. Mit Blick auf das durchschnittliche Wähler- und Politikeralter muss sich ein jeder trotzdem fragen, ob es demokratisch ist, einfach so weiterzumachen.

Falls wir also überhaupt eine Chance haben, politisch gehört zu werden, stellt sich die Frage: Wo packen wir dieses verkorkste System an?

Oder: Was ändern wir an der Rente?

Nichts. Ich bin ein Fan von Jung sorgt für Alt. Muss bleiben. Gute Sache. Lassen wir so. Die Diskussion um eine notwendige junge Familienpolitik wird viel zu gerne holzhammermäßig »Jung gegen Alt« heruntergebrochen. Hier werden Ressentiments gesät, wo keine sind, um nach alten Wählerstimmen zu fischen. Eine Familienpolitik für die Zukunft meiner Generation ist nicht »gegen Alt«. Wer »für Jung« eintritt, ist nicht »gegen Alt«, und wer alt ist, kann ganz einfach jung wählen, ohne sich selbst eine Grube zu graben. Versprochen. Die Rente reformieren, damit sie der jungen Generation nicht schadet? Daran beißt sich die Politik die Zähne aus und schafft es nicht. Damit lassen sie es dann gut sein, anstatt sich zu überlegen, wie man es anderweitig, außerhalb der Rente, hinbekommen könnte, dass Eltern privat vorsorgen können und gleichzeitig die Renten der alten Menschen bezahlen können.

Ich sehe ein, dass wir länger arbeiten müssen, weil wir älter werden. Ich sehe auch ein, dass das Rentenniveau, also das, was wir von der Rentenkasse bekommen können, sinken muss, weil wir jetzt schon zu wenige sind.

Ich sehe aber nicht ein, dass Mütter und Väter meiner Generation auf absolut absehbare Probleme noch schlechter reagieren können als Menschen ohne Kinder. Die Kosten für Kinder müssen endlich ausgeglichen werden. Ich finde es inakzeptabel, dass Paare ohne Kinder mit einem Durchschnittseinkommen eher Geld fürs Alter auf die Seite legen können als Eltern, die dieses für ein Kinderzimmer ausgeben müssen. Kinder sind derzeit einfach nur »da«. Sie verursachen hohe Kosten, und als wäre das nicht schon genug, beeinträchtigen sie auch noch die Rentenpunktesammelei, weil Eltern – rein faktisch betrachtet – daran gehindert werden, gleichberechtigt jede Woche vierzig Stunden im Büro durchzuarbeiten. Eltern, die es trotzdem tun, haben einen Kostenapparat an Betreuung zu stemmen, der nicht im Verhältnis steht zu der doppelten Belastung und dem, was an Geld tatsächlich übrig bleibt.

Geld auszugeben für Betreuung, um Geld verdienen zu können, nur weil man Kinder hat? Da muss man sich nicht wundern, wenn meine Generation Bauchschmerzen kriegt.

Wie lösen wir das auf?

In einem ersten Schritt müssen wir an die Mehrausgaben durch Kinder ran, um die Kosten zu verteilen. Erst in einem zweiten Schritt wird die Vereinbarkeit wichtig. Zumindest für die Zukunft meiner Generation. Eltern sollen berufstätig sein können und damit die Renten der Älteren auch weiter mitbezahlen. Ganz klar. Aber die Tatsache, dass nur Eltern auch gleichzeitig für die Jüngeren sorgen, muss zumindest ausgeglichen werden. Derzeit ist es ausschließlich eine Belastung.

Ausgeglichen werden all die Mehrausgaben, die Kinder mit sich bringen, nämlich nicht, auch wenn das immer wieder behauptet wird. Weder durch Leistungen für Familien aus unser aller Steuergeldern noch bei der Rente. Natürlich werden Steuergelder für Familienleistungen ausgegeben. Wer keine Kinder hat, denkt leicht, er leiste »mehr«, obwohl er weder eine Kita braucht noch eine Schule. Die Frage aber, wer stärker durch Abgaben an den Staat belastet wird und wer letzten Endes vom Sozialstaat profitiert, geht ganz klar zu Gunsten der Menschen aus, die sich gegen Kinder entschieden haben. Dazu gibt es mehr als eine Studie. Menschen ohne Kinder ziehen mehr Vorteile aus staatlichen Leistungen der Kranken-, Pflege- und Rentenkassen, als sie durch ihre Steuerzahlungen investieren müssen. Bei Eltern ist es genau umgekehrt. Zu diesem Ergebnis kommt nicht nur eine Studie der Bertelsmann Stiftung. Wer aufs Geld schauen muss, rechnet Kinder oftmals im Lichte dessen dementsprechend durch.

Ein durchschnittliches Kind beschert unserem Sozialsystem, also allen sozialen Kassen, im Laufe seines Lebens keine finanzielle Einbuße, sondern einen Überschuss von deutlich mehr als 50 000 Euro. Die Eltern tragen aber nahezu die gesamte finanzielle Last, um diese Kinder aufzuziehen, alleine. Nur für Windeln geben deutsche Eltern pro Jahr 700 Millionen Euro aus. Bei einem geltenden Mehrwertsteuersatz von 19 Prozent zahlen sie dadurch 133 Millionen Euro an Steuern, die der Staat ohne die kackenden Wonneproppen nicht zur Verfügung hätte. Davon kann man einige Spielplätze bauen. Windeln sind mit 19 Prozent Mehrwertsteuer belegt. Ein Reitpferd, das sich nur ein wohlhabender Mensch leisten kann, aber nur mit 7 Prozent. Wer sich ein Aktienpaket über mehrere Millionen Euro leisten kann, zahlt darauf gar keine Mehrwertsteuer.

Der Mainzer Physiker Hermann Adrian rechnete aus, dass eine Familie mit zwei Kindern für diese im Laufe ihres Lebens ungefähr 600 000 Euro ausgibt. Und diese Kosten werden eben nicht, und zwar nicht mal ansatzweise, durch steuerfinanzierte Leistungen ausgeglichen, um damit diejenigen, die beide Teile des Generationenvertrags wahrnehmen, aufzufangen. Weder durch Kindergeld, Kinderfreibetrag, Kinderzuschlag oder Ehegattensplitting, noch durch eine kostenlose Mitversicherung von Kindern in der Krankenkasse und schon gar nicht durch kostenlose Schulbesuche.

Dazu kommt, dass die 156 staatlichen Leistungen für Familien, die angeblich jährlich rund 220 Milliarden Euro Steuern im Jahr verschlingen, zwar erst einmal nach einer Menge Holz klingen, jedoch auch nicht halten, was sie versprechen. Betrachtet man nämlich genauer, was in diesen Leistungen einberechnet ist, schrumpft diese hohe Summe beträchtlich zusammen. Nahezu alles Mögliche, was entfernt nach »Familie« oder »Kind« klingt, wird dort einberechnet. Selbst Leistungen, die rein an eine Ehe anknüpfen, ob nun Kinder da sind oder nicht. Da ist so viel Augenwischerei dabei, man möchte Windeln werfen.

In diesen staatlichen Leistungen von 220 Milliarden Euro, die den Eltern gern als »für sie bestimmt« vorgerechnet werden, ist beispielsweise das Ehegattensplitting mit eingerechnet, mit dem man Steuern sparen kann. Von solchen Worten wie »Ehegattensplitting« bekommt man sofort stechende Kopfschmerzen. Geht mir auch so. Nützt aber alles nichts, denn das Ehegattensplitting kommt dem Kontostand von Eltern (den Bauers) oder verheirateten Nicht-Eltern (den Müllers) nämlich steuerlich nur dann zugute, wenn einer der beiden Eheleute auf möglichst viel Gehalt und damit automatisch auch auf seine Rentenpunkte verzichtet. Aber warum muss bei einem Ehepaar ohne Kinder ein unterschiedlich hohes Einkommen steuerlich bevorteilt angerechnet werden? Das ist doch ein Anreiz für Teilzeitarbeit ohne Grund?

Ich will ein echtes Familiensplitting, dann könnt ihr das Gesplitte meinetwegen in die staatlichen Familienleistungen einrechnen. Vorher bitte nicht. Das ist geschummelt. Erst wenn Kinder im Spiel sind, entsteht heutzutage ein valider Grund für weniger Arbeitszeit wegen der Kinderbetreuung. Selbstverständlich muss das ebenso für eingetragene Lebenspartnerschaften gelten, aber auch hier nur, wenn Kinder zu versorgen sind und nicht, weil man eine eingetragene Lebenspartnerschaft ist. Dafür müssen wir also selbstverständlich Adoption für homosexuelle Paare möglich machen, das ist nur konsequent. Kinder und ihre Betreuung müssen steuerlich ausgeglichen werden – und nicht die Tatsache, dass ein homo- oder heterosexueller Ehegatte mehr Geld nach Hause bringt oder einer von beiden lieber kinderlos in Teilzeit arbeitet, bis er in Rente geht. Was soll das denn? Honoriert lieber die Altenpflegeleistungen unter Eheleuten vernünftig, wenn es mal so weit ist. Wer dann noch verheiratet ist und seine Frau bis zum Tode pflegt, darf gern eine Menge Steuern sparen. Aber erst, wenn er es tut. Nicht vierzig Jahre vorher. Das Geld brauchen wir für echte Familienförderung.

Oftmals wird den Eltern vorgerechnet, sie bekämen Kindergeld und dazu noch steuerliche Vorteile bei der Lohnsteuer, weil sie Kinder haben, den sogenannten Kinderfreibetrag. Das stimmt nicht. Eltern erhalten nur eins von beiden, und zudem ist das kein Vorteil, sondern überwiegend eine Rückerstattung. Das Kindergeld ist kein »Geldgeschenk«, sondern eine Rückzahlung für zu viel bezahlte Steuern. Eltern wird durch unser Steuersystem mehr Lohnsteuer abgezogen, als das für alle hier lebenden Menschen geltende Existenzminimum erlaubt. Da aber auch Kinder ein Minimum an Existenzsicherung benötigen, gibt man Eltern in Form von Kindergeld lediglich zu viel bezahlte Steuern zurück. Daher kommt es zu diesen popeligen Mini-Erhöhungen um zwei Euro pro Monat alle Jubeljahre, über die sich immer alle aufregen. Muss man gar nicht. Die sollen gar nicht »mehr Geld« sein, sondern sind das Ergebnis rechnerischer Anpassungen an die Existenzsicherung. Bei Kindern heißt es einfach Kindergeld, bei allen anderen heißt es nur anders, nämlich Existenzminimum.

Einberechnet in die 220 Milliarden Euro, die als Leistungen für Familien dargestellt werden, sind zum Beispiel auch Drogenberatungsstellen für Jugendliche. Find ich ganz toll, dass wir so etwas haben. Wirklich. Aber kein einziges junges Paar kann sich deswegen ein Kind leisten, weil es in Cottbus am Bahnhof eine Drogenberatungsstelle gibt.

Wer einer kinderreichen Familie in Anbetracht der Struktur unseres Sozialsystems zudem vorrechnen möchte, dass eine beitragsfreie Mitversicherung von Kindern oder dem betreuenden Ehepartner in der Krankenkasse eine staatliche »Leistung« oder ein »Vorteil« für sie sei, der hat das System nicht kapiert oder will etwas vortäuschen, was nicht da ist. Streicht auch hier die kostenlose Mitversicherung von Ehegatten ohne Kinder und steckt das Geld in die Hebammenversorgung – und das Problem ist vom Tisch. Wer verheiratet ist und keine Kinder hat, kann heutzutage gleichberechtigt berufstätig sein und im Haushalt gleichberechtigt mit anpacken. Wir haben die Hausfrauenehe abgeschafft. Ein kinderloser Ehepartner muss nicht genauso kostenlos versichert sein wie eine Mutter oder ein Vater, der zu Hause eine zusätzliche Aufgabe hat und Kinder betreut. Die mitversicherten Kinder und der sie betreuende Elternteil sind natürlich deswegen beitragsfrei, weil sie als Einzige das System tragen. Nur Familien tragen das Krankenkassensystem weiter.

Familien sind keine Bittsteller, werden aber in der öffentlichen Wahrnehmung oft so behandelt. Dabei ist das Gegenteil der Fall: Menschen ohne Kinder bitten im Alter um etwas, was sie nicht selbst finanziert haben. Zu Recht müssen auch sie versorgt werden. Aber nicht nur zu Lasten der Eltern. Auch die Krankenkasse basiert auf dem Generationenvertrag. Auch sie braucht künftige Beitragszahler für all unsere Herz-OPs. Die Alten nutzen die Leistungen der Kassen zum allergrößten Teil. Nicht die Kinder. Nicht die Schwangeren. Nicht die jungen Eltern. Fast 80 Prozent aller Krankenkassenleistungen in einem deutschen Menschenleben werden in den letzten drei Lebensjahren ausgegeben, und auch kinderlose Menschen werden alt.

Eine bestimmte Leistung, die immer eingerechnet wird, ist besonders bemerkenswert und führt uns dahin, wo ein echter Ausgleich für Kinder stattfindet. Gemeint ist der sogenannte Familienzuschlag, dabei bekommen den bei Weitem nicht alle, obwohl das längst so sein sollte.

Das Bundesverfassungsgericht entschied 1990, dass alle Beamten derselben Besoldungsstufe einen Anspruch auf einen annähernd gleichen Lebensstandard hätten. Und was beeinflusst den Lebensstandard grundsätzlich erst mal finanziell negativ?

Kinder kriegen. Sag bloß! Deswegen gibt es seit 1990 eine automatische Erhöhung des Beamtengehalts, sobald ein verbeamteter Mensch ein (weiteres) Kind bekommt. Zwischen 135 Euro und 252 Euro für das erste Kind, 116 Euro für das zweite, und für das dritte Kind erhält er 362 Euro. Das macht bei drei Kindern mindestens 613 Euro mehr im Monat. Zusätzlich zum Kindergeld, das fällt auch bei Beamten nicht weg, weil es, wie gesagt, eine Rückerstattung von Steuern ist. Ich werd bekloppt – ihr kennt das Problem und eine Lösung dafür schon seit 1990? Ihr wisst, was bei Eltern seit Jahrzehnten Sache ist und behaltet das für euch? Warum sind denn dann noch unterschiedliche Lebensstandards bei den Schraubern in der Autowerkstatt gesellschaftlich hinzunehmen, wenn es bei den Beamten sogar einen »Anspruch« auf Ausgleich der Mehrbelastungen schon seit Jahrzehnten gibt? Was rede ich hier seitenweise von den Bauers und den Müllers, wenn Bundesverfassungsrichter das argumentativ längst eingesehen haben? Nun: Bundesverfassungsrichter sind Beamte. Sie entschieden also zum eigenen Vorteil. Überraschung. Wer hätte das gedacht! Aber das heißt ja nicht, dass deswegen die Logik dahinter nicht gut für uns alle ist.

Beamte werden niemals Rentner. Sie werden Pensionäre. Ihre Pensionen richten sich nicht nach einem »Eckbeamten«, sondern nach der Höhe ihres letzten Gehalts vor der Pension. Das dürfte deutlich höher liegen als der Durchschnitt sonstiger Gehälter. Berufstätige Beamte haben außerdem keine Abzüge für ihre eigenen Oldies zu tragen, also für die pensionierten Beamten. Zumindest die älteren Beamten nicht, auch hier gilt das Prinzip der Mehrlast für die jungen Beamten. Die Jüngeren zahlen ein kleines bisschen, nämlich zwei Prozent, in einen kapitalgedeckten Fonds. Das ist aber trotzdem viel weniger als 18,7 Prozent Abzug vom Gehalt für die Renten, selbst wenn man den hälftigen Arbeitgeberanteil herausrechnet.

Das System der Beamten ist also anders. Insgesamt deutlich

stabiler, aber selbst die Millennial-Beamten tun gut daran, familienpolitisch zu denken. Pensionen werden aus unser aller Steuergeldern finanziert und nicht aus laufenden Beiträgen der noch arbeitenden Beamten. Beamte brauchen also ganz, ganz dringend neue Kinder. Einige Selbstständige und viele Freiberufler wie Anwälte oder Architekten müssen ebenfalls keine Beiträge für die Rentenversicherung zahlen, sie können sich im Einzelfall davon befreien lassen. Sie bekommen dann aber auch keine staatlich finanzierte Rente von Steuerzahlern, so wie die Beamten, wenn sie einmal alt sind. Das ist zumindest mal logisch.

Schon meine Oma sagte: »Wer nicht hören will, muss fühlen.« Diejenigen, die an unserem Rentensystem drehen, fühlen aber nicht. Deswegen hören sie auch nicht. Wenn die Bundestagsabgeordneten, von denen viele Beamte sind, unsere Rentengesetze machen. Wenn die Richter, die das Recht dazu sprechen, ausnahmslos Beamte sind. Wenn die Menschen, die in der öffentlichen Verwaltung diese Rentengesetze umsetzen, ebenfalls Beamte sind, dann sind alle Weichensteller des Rentensystems derzeit nicht selbst Teil davon. Ich möchte es vorsichtig als »suboptimal« bezeichnen, wenn von diesen Menschen keiner am eigenen Leibe erfährt, was sie da entscheiden und wie verheerend sich das auswirkt.

Was ist also zu tun?

Wir schaffen die Ungleichbehandlung endlich ab und fordern eine Art *Familienzuschlag* für alle Eltern in Deutschland. Warum soll das, was bei deutschen Beamten logisch und gerecht erscheint, für sämtliche arbeitenden Eltern mit Kindern nicht gerecht sein? Damit auch Selbstständige, und das sind heute immer öfter Mütter, davon profitieren, tun wir das aber nicht durch einen Lohnzuschlag. Sonst drehen die Arbeitgeber wieder durch und stellen nur kinderlose Menschen ein, damit sie nicht mehr bezahlen müssen. Die Lohnerhöhung durch Kinder lassen wir den Beamten. Wir müssen das Rad also gar nicht neu erfinden. Wir machen uns nur die Argumentation des Bundesverfassungsgerichts für die Beamten zu eigen und entlasten Eltern ganz gravierend bei den Steuern, die sie auf ihre Einkommen bezahlen müssen: der Einkommensteuer.

Eltern sollten in Zukunft weniger und bei vielen Kindern überhaupt keine Einkommensteuer mehr bezahlen. Das macht Sinn und ermöglicht die vielbeschworene »private Altersvorsorge«. Weniger Abzug vom Lohn beim ersten Kind. 50 Prozent weniger Lohnsteuer beim zweiten Kind und gar keine mehr beim dritten Kind. Die Franzosen machen das bereits in ähnlicher Weise, und ratet mal, wer die höchste Geburtenrate in Europa hat. Die Franzosen. 2,2 Kinder pro Frau. Genau diese Quote braucht meine Generation, damit wir, egal ob wir kinderlos waren oder nicht, halbwegs eine Chance auf Versorgung von den Jüngeren haben, wenn wir selbst zu alt sind, um noch zu arbeiten.

Die höchste Geburtenrate haben übrigens die dreißig- bis fünfunddreißigjährigen Französinnen, von ihnen sind es vor allem die gut ausgebildeten, die Babys bekommen. Das sind die Frauen, die bei uns keine oder nur ein Kind kriegen. Warum wohl? Unter anderem liegt das daran, dass französische Kinder bei den Steuern der Eltern gerecht und vernünftig berücksichtigt werden. Die Franzosen nennen das »quotient familial«. Je mehr Kinder eine Familie hat, desto weniger Lohnbeziehungsweise Einkommensteuer zahlen sie. Ab dem dritten Kind bleiben Eltern mit einem Durchschnittseinkommen de facto steuerfrei, und Kindergeld gibt es ebenfalls. Das ist eine wunderbare Lösung, auch für Deutschland. Zwar ist dann immer noch nicht für jede Familie mehr Geld für eine private Altersvorsorge im Portemonnaie, aber zumindest sind die Kosten für Kinder wenigstens berücksichtigt. Einen Nachteil weniger zu haben, ist besser als mehr Nachteile.

Die Brüllaffen, die bei jeglicher Leistung für Familien gleich angepoltert kommen und laut herumzetern »Aber was ist mit den ganzen Assis? Die Assi-Muddis versaufen das mit Tiefkühlpizza vor der Glotze«, dürfen sich wieder hinsetzen. Einkommensteuer zahlen nur die, die auch ein Einkommen haben. Deswegen profitieren von dem französischen Modell einzig und allein die Familien, in denen zumindest einer von beiden Elternteilen berufstätig ist, und auch nur die Familien, die mehrere Kinder haben. Also keine Angst. Die Armen nehmen uns nicht noch mehr Geld weg, sparen wir uns doch endlich mal den erbärmlichen Neid auf die Besitzlosen.

Dafür verzichte ich auch gerne auf das komplizierte deutsche Elterngeld und all den Kokolores. Kinder sind in den zwanzig Jahren, die auf das eine Jahr Elterngeld folgen, nämlich erst richtig teuer, und das Elterngeld hat bisher weder etwas für eine gerechte Teilzeit-Verteilung unter Paaren gebracht noch führt es dazu, dass man ein drittes Kind finanzieren kann. Das Quotient-familial-Modell würde auch den Eltern helfen, die die Kleinkindbetreuung selbst übernehmen wollen. Wahlfreiheit ist das Motto. Wir brauchen berufstätige Frauen. Ganz klar. Aber ganz bestimmt brauchen wir Frauen, die Kinder haben wollen. Staatliche Kinderbetreuung kostet den Staat sehr viel Geld. 1200 Euro pro Monat, pro Kind. Ja, da können »wir Steuerzahler« doch froh sein, wenn das jemand zu Hause übernimmt. »Aber dann geht derjenige ja nicht arbeiten?« Doch. Geht er. Zu Hause. 24/7. Für 1200 Euro im Monat.

Damit wir die Alten weiter versorgen können, was ich gut finde, machen wir parallel fein weiter mit der Vereinbarkeitsdiskussion von Kindern und Beruf. Recht auf Teilzeit? Wunderbar. Der eine zwanzig und der andere dreißig Stunden? Oder beide Eltern jeweils zwanzig Stunden? Unbedingt. Dann bleibt Zeit für die Kinder, und die braucht man, wenn man drei davon hat. Aber doch bitte mit »quotient familial«, so wie es bei den Beamten in Deutschland schon seit 1990 gang und gäbe ist.

Sonst hat man doch wegen der Teilzeit nur weniger Geld auf dem Konto und noch weniger Rentenpunkte. Mit einer deutlichen Steuersenkung zugunsten von Kindern können sich Papa und Mama nämlich Kinder und Berufstätigkeit endlich leisten. Dass so ein Plan »uns alle« Geld kosten wird, ist mir schon klar. Aber das Geld ist da. Der Wirtschaft geht es sehr gut. Den Konzernen auch. Es ist wahnsinnig viel Kapital unterwegs, das nicht so besteuert wird wie die Einkommen der Arbeitnehmer oder die Windeln, die wir kaufen. Das Aktienpaket lässt grüßen. Nehmt es euch dort – und investiert es in einen deutschen »quotient familial«. Gebt das Geld endlich mal für die Zukunft meiner Generation aus. Kapital bekommt keine Kinder. Arbeitnehmer bekommen Kinder.

Staatliche Kinderbetreuung ist euch immer noch zu teuer? Dann überlasst den großen Unternehmen die Aufgabe. Die brauchen die Arbeitnehmer schließlich auch. Wie wäre eine gesetzliche Pflicht, einen Betriebskindergarten einzurichten? Die Pflicht, einen Betriebsrat zu finanzieren, gibt es doch ebenso. Koppelt also die Pflicht, einen Kindergarten zu unterhalten, grob an die Betriebsgrößen ab fünfzig Mitarbeitern (diese Größe gilt auch für Betriebsräte), und schwuppdiwupp haben wir eine ganz tolle Lösung für die Kinderbetreuung. Dort, wo die Familien arbeiten.

Wenn wir dann noch das Recht auf Homeoffice nach dem Vorbild des Rechts auf Teilzeit gebacken kriegen, kämen viele Eltern auch eher auf eine Wochenarbeitszeit von dreißig Stunden. Keine Sorge, das Recht auf Teilzeit gibt es nämlich auch nur dann, wenn man nicht in einem Kleinbetrieb arbeitet, länger als sechs Monate dabei ist und wenn keine dringenden betrieblichen Gründe dagegen sprechen. Wir haben die Gerüste im Gesetz und die Übung bei der Umsetzung von solchen Sachen also schon – nun lasst sie uns da nutzen, wo man Geld verdienen kann, nämlich im Homeoffice, und nicht nur da, wo man wegen der Teilzeit automatisch auf Gehalt verzichten muss. Homeoffice bringt Arbeitszeit und Lohn. Teilzeit das Gegenteil.

»Jetzt wollen die noch bezahlt daheim rumhängen, die jungen Leute.« Auf die Polemik des »Rumhängens« mag ich gar nicht eingehen, aber Tatsache ist: Wer so denkt, schießt sich doch selbst ins Knie. Die jungen Eltern zahlen mit jeder Stunde, die sie mehr zu Hause arbeiten könnten, weil sie nicht zwei Stunden zusätzlich für den Arbeitsweg ins Büro benötigen, mehr Geld an die heutigen Rentner aus. Jeder heutige Rentner profitiert von einem Recht auf Homeoffice für Arbeitnehmer. Zeitgleich kann jede Familie verdiente Rentenpunkte ansammeln, die momentan im Straßenverkehr verkümmern, weil die Tagesmutter am anderen Ende der Stadt und weit weg vom Büro wohnt.

Wer Geld von Familien will, der muss sie arbeiten lassen. Vereinbarkeit in allen Ehren. Wer aber wirklich Politik für meine Generation machen will, der muss uns bitte erst einmal die Kinder bekommen lassen, die wir selbst eines Tages brauchen.

Gleiches Recht für alle. Unsere Sorgen unterscheiden sich nicht von denen, die heute alt sind oder bald in Rente gehen. Sie sind nur weiter weg. Das ist aber keine Rechtfertigung, sie politisch nicht ins Zentrum zu stellen. »Ene mene muh, und raus bist du« war mal ein populärer Abzählvers, den die Kinder heute durch »Fang mich doch, du Eierloch« ersetzt haben. Ich will, dass meine Generation, wenn sie selbst alt ist, nicht »raus« ist, weil sie weder Müllers Kuh noch die dicksten Kartoffeln des Bauern hat. Wir werden ausgezählt, egal ob wir Kinder haben oder nicht. Wir brauchen Kinder, damit wir im Alter nicht immer das Eierloch sind, vor dem die Älteren vor fünfundzwanzig Jahren schon weggelaufen sind.

EPILOG

You're never too old to need your mom.

Neulich saß ich nicht in einem Biergarten. Diesmal saß ich mit einem sehr schicken Freund in einem sehr schicken Hamburger Restaurant. Es war wieder mal Sommer. In Norddeutschland heißt das, es regnet nicht und man muss keine Daunenweste tragen. Ich trug ein weißes Kleid ohne Flecken und Lippenstift. Den zog ich auf der Toilette zweimal nach und steckte ihn wieder in meine Clutch. Diese Clutch ist schätzungsweise um das Fünfundzwanzigfache kleiner als meine normale Handtasche, in der sich mein gesamtes Leben, das der Kinder und ein ganzes Universum befinden. Ich aß sehr langsam und in Ruhe ein teures Tellergericht ohne Piratenteller, aber dafür mit Vorspeise und Dessert und musste nur einmal dem mütterlichen Reflex widerstehen, meinem Gegenüber seine Spaghetti »*aglio e olio*« in kleine, löffelbare Stückchen zu zerschneiden. Dazu tranken wir gefühlt neunzig Flaschen Weißwein, und ich berichtete von meinem neuen Parallelleben als »Schriftstellerin«. Er war maximal irritiert von meinen erkämpften Freiheiten und beendete den Abend mit einem wahren Feuerwerk an Emotionen, als er mich zum Dank für meine Offenheit eine »schlechte Mutter« nannte. Ich weinte mich in den Schlaf. Er hatte mich an meiner Urangst gepackt, all meine Selbstzweifel und all mein Scheitern ganz nach oben gespült.

Wie recht er hatte.

Bevor ich Kinder hatte, hatte ich ein sehr klar umrissenes Bild von uns als Eltern und von mir als Mutter. Immer diese flachen Schuhe, diese ungeschminkten, müden Gesichter. Muss man sich so gehen lassen, nur weil man ein Baby hat? Wo bleibt da die Selbstliebe? Was zum Teufel ist so schwer an Tagescreme, Abdeckstift, Rouge, Wimperntusche und bequemen High Heels? Steht man eben ein halbes Stündchen früher als die Kinder auf, macht sich schwuppdiwupp fertig und weckt sie dann erst. Ich dachte tatsächlich mal, dass es möglich wäre, *vor* Kindern wach zu sein. Das erheitert mich bis heute.

Ich dachte auch, dass mein Mann und ich weiterhin jeder ein eigenes Hobby haben, dem wir regelmäßig voller Elan nachgehen und zweimal im Jahr in den Urlaub fahren. Von einem Gehalt natürlich! Das muss machbar sein und machbar bleiben. Ging früher ja auch. Es ist außerdem sehr wichtig, dass man sich seine Freiräume erhält und auch die alten Freunde nicht vernachlässigt. Man trifft sich daher weiterhin sehr oft mit diesen Freunden, jeder bringt einfach die Kinder mit, und es macht einem auch gar nichts aus, wenn sie zu Hunderten durch den Garten ramentern. Den ich natürlich auch haben werde.

In diesem Garten steht eine Wäschespinne, damit ich unsere Erde und damit die Zukunft meiner Kinder nicht mit einem umweltsündigen Trockner zugrunde richten muss. Den zukünftigen Muttergarten im Vaterland bepflanze ich mit meinen Kindern gemeinsam, denn Kinder müssen ganz viel draußen sein und sollen nur während eines Blizzards oder Wüstensandsturms drinnen spielen. In einem kleinen Beet mit viel Muttererde streue ich liebevoll sortenreine Pastinaken- und Karottensamen aus, das frisch geerntete Gemüse koche ich dann zu einem Babybrei ein und bewahre ihn in schnörkelig beschrifteten Weckgläsern in meiner Vorratskammer auf. Ich war dementsprechend tief getroffen, als beide Kinder meine Kochkünste ablehnten, und das Beet war schon daran gescheitert, weil ich Gartenarbeit auch als Mutter noch genauso beschissen fand wie vorher.

Ich dachte, manche Talente und Vorlieben ändern sich automatisch, wenn man ein Kind geboren hat. Weil man dann eine Mutter ist. Und Mütter »sind so«. Mütter trinken auch kein Dosenbier. Übrigens. Warum auch immer ich das dachte.

Ich sah mich an jedem Wochenende mit all meinen eigenen und fremden Kindern singend, klatschend und lachend mit Fingerfarben unsere Fenster bemalen. Und kneten. Überhaupt ist auch ständig mit Knetmasse herumkneten total wichtig für die kindliche Entwicklung. Heute erzähle ich den Kindern, dass Knetmasse und Fingerfarbe leider weltweit nicht mehr hergestellt werden – und spendete beides dem Kindergarten. Da kneten und malen sie ununterbrochen.

Wenn unsere Freunde mit dem Einzelkind weg sind, starre ich erst mal fünfzehn Minuten fassungslos auf das Chaos, das nur drei Kinder angerichtet haben. Zwei Kinder davon waren meine. Sie entfalten gerade mit einer Mundharmonika ihre wunderbaren musikalischen Talente, die ich immer unbedingt fördern wollte. Wer zum Teufel hat die Mundharmonika eingeschleppt? Die muss schnell zu der Blechtrommel und der Knatter-Rassel auf den Dachboden und da »schlafen«, damit ich das täglich von Neuem ausbrechende anarchistische Chaos im Kinderzimmer ohne Tinnitus beenden kann.

Das Kinderzimmer? Das sollte natürlich aussehen wie in den schönen dänischen Einrichtungsmagazinen. Mit hellgrauen Wänden und gehäkelten Stoffäffchen auf einem weißen Shabby-Chic-Wandregal, unter dem ein Retro-Rutschauto aus Blech neben einer E-Gitarre aus Stoff steht. Momentan steht da ein Windeleimer mit Kackspuren am Deckel, und die Wände sind mit geifernden Dinosaurierstickern aus der Cornflakespackung beklebt. Statt der E-Gitarre steckt da ein Fön in der Steckdose am Wickeltisch. Zum Trockenfönen des Babyhinterns. Jenem Baby, das nach dem unerwarteten elften Mal wickeln an einem Tag leider nur bei Staubsaugergeräuschen einschläft. Deswegen steht da ein Staubsauger neben dem Plastik-Bobby-Car mit den ultralauten Flüsterreifen und saugt drei Stunden am Tag eine Ecke des Teppichs. »Peinlich, dieser Firlefanz, nur damit die Kinder schlafen. Hinlegen. Tür zu. Fertig«, urteilte mein kinderloses Alter Ego noch drei Jahre zuvor und zog die frisch gezupfte Augenbraue hoch.

Natürlich räume ich heute auch das Kinderzimmer alleine auf. Obwohl ich es für ein sehr wichtiges Erziehungsziel hielt, niemals den Kindern einfach hinterherzuräumen, damit sie Ordnunghalten früh lernen. Ich werde mich nicht (!) zum Sklaven meiner Kinder machen. Wie sich das alles mit meinen weiteren festen Erziehungszielen »Kinder sollen sich beim Spielen frei und kreativ entfalten« und »Kinder sollten zu selbstständigen Menschen mit eigenem Willen erzogen werden« vertragen kann, hab ich mich damals nicht gefragt. Die Kollision einzelner Erziehungsziele hatte ich schlicht nicht auf dem Schirm.

Meinen eher wenig in sich ruhenden Charakter habe ich als Nicht-Elternteil dazu auch noch komplett ausgeblendet. Ich wähnte mich allabendlich als geduldige Vorleserin vom 84. Mal »Die Raupe Nimmersatt«. Dabei wollte ich glücklich in den frischbezogenen Betten mit meinen frisch gewaschenen Kindern liegen, die sich danach selbstverständlich jedes Mal mit einem herzerwärmenden »Du bist die beste Mama! Wir lieben dich für immer, weil du so viel für uns tust!« in einen zwölfstündigen Dauerschlaf verabschieden und natürlich nachts keinesfalls ins Elternbett rüberkommen. Schon gar nicht, wenn sie älter sind als fünf und keinesfalls, ohne sich vorher vorsichtig an der Schlafzimmertür klopfend anzumelden und dann in ihrem Zimmer geduldig zu warten, bis Mama und Papa ihr ausschweifendes Liebesspiel zu Ende gebracht haben. Denn das sollte auch wirklich nie – nie – niemals durch Kinder leiden. Sexualität ist so wichtig für jede Partnerschaft, und wer das vernachlässigt, der ist praktisch schon getrennt. »Zeit zu zweit« muss regelmäßig drin sein, schon damit man weitere Kinder zeugen kann. Denn man kann wirklich nie genug Kinder haben. Ich wollte fünf. Und verachte mich noch immer ein bisschen dafür, dass ich das wohl charakterlich nicht schaffen werde.

Weitere Kinder zeugt man natürlich frisch geduscht, unbedingt mit ausreichend Folsäure im Blut und bei Kerzenschein, damit man sich noch Jahre später gegenseitig mit leuchtenden Augen vom wundersamen und tief befriedigenden Akt der Zeugung der Kinder berichten kann. Keinesfalls hält man es für möglich, dass ein überall verzweifelt gesuchtes Kondom aus dem Jahr 2001 in einer Phase reißt, in der man gerade erst abgestillt hat, sturzbetrunken um 22 Uhr von einer Party nach Hause fiel und auf dem Wohnzimmerteppich ineinandergesteckt liegenblieb bis zum nächsten Morgen. Sturzbetrunken war man vor lauter Freude, weil man die Party ausnahmsweise sogar mit dem eigenen Mann besuchen konnte. Die Großeltern haben eingehütet, die natürlich »jederzeit« bereitstehen, damit das elterliche, feierwütige Sozialleben nicht mal für kurze Zeit ins Stocken gerät, dachte mein kinderloses Ich. Man hätte auch einen der zahlreichen Babysitter anrufen können. Die leben ja immer in der Nachbarschaft, und die Kosten sind nicht der Rede wert. Am besten jedoch nimmt man als coole Eltern das Kind einfach überall mit hin. Kinder schlafen überall, das ist nur eine Frage der Konsequenz.

Ich schüttele den Kopf über mich selbst und lege heute weiter die wild aus dem Schrank gerissene Kleidung zusammen, die meine Tochter nicht anziehen will und damit meine vorkindliche Vorstellung von schöner Kindermode erbarmungslos torpediert. Ich brülle dabei laut eine Menge Sachen, die ich nie sagen wollte. Schon gar nicht in diesem ekelhaften Kasernenton meinen Kindern gegenüber: »Du kommst jetzt her und hilfst mit! Eins – zwei – … ach vergiss es.« Oder: »Ich werde das alles morgen wegwerfen. Du erstickst in Spielzeug. Du hast viel zu viel Kram, du verwöhntes Gör!« Abends schäme ich mich dann furchtbar.

Die gescheiterten Erziehungsziele vier, fünf und sechs tanzen Tango vor meinen Augen, als ich den Hello-Kitty-Roller und die Angry-Birds-Schleuder verächtlich in eine grüne Plastikkiste donnere und sie überhaupt nicht liebevoll in einen blassrosa Holzkasten wegsortiere. Viel Holzspielzeug, kein Plastikscheiß und erst recht nicht dieser debile Merchandise-Konsummüll. Das war der Plan. Wie bitte? Eine Zwille? Waffen kommen in Friedenszeiten eher nicht in ein Kinderzimmer, genauso wenig wie ein Mobiltelefon in die Nähe von Kinderhänden, bevor sie sechzehn sind. Oder dreißig.

Mein Mann beschäftigt sich währenddessen mit seinem bis zum Einzug der Kinder immer gut riechenden und penibel gestaubsaugten Auto. Mein Wagen war schon immer eine Art fahrendes Extrazimmer. Das zumindest ist ausnahmsweise mal geblieben wie erwartet. Er entfernt schätzungsweise drei volle Mahlzeiten an Essenresten aus den Ritzen der Rückbank und bricht sich fast beide Hände an der Isofix-Installation eines neuen Kindersitzes. Man muss ja auch nicht immer das Teuerste kaufen, liebe Eltern! Immer diese Hipster-Eltern. Es geht um Sicherheit, Praktikabilität sowie um Preis und Leistung.

Wir kaufen natürlich den Testsieger, der zwar tatsächlich bockhässlich ist, aber dafür testsieger-teuer. Er kostet 340 Euro. Scheiß auf die Kohle, wenn mein Kind, das freilich nie im Auto essen sollte, damit einen Unfall mit einem McDonad's-Happy-Meal auf dem Schoß überlebt. Bei ergonomisch geformten Kinderschuhen für 60 Euro alle drei Monate und Schneeanzügen für 100 Euro mit einer vernünftigen Wassersäule, damit die Kleinen bei den zahlreichen Ausflügen des Kindergartens ins winterliche Außengehege nicht frieren, ist das natürlich genauso. Kinder haben muss nicht teuer sein, ja, das dachte ich tatsächlich einmal – und überlege, ob ich die fast 700 Euro Kita-Gebühren für diesen Monat schon überwiesen habe.

Meine Kinder lecken genüsslich die Bärchenstreich-Leberwurst, die ich nie kaufen wollte, von ihrem Brot ab und fläzen am Kindertisch vor der Glotze rum. Sie schauen Comic-animierten Schwachsinn, der sie komplett kirre macht. Da verabschiedet sich Ziel 99–104 ins Nirwana. Wie war das noch mal? Fernsehen bitte nur, wenn es bildet, und maximal zehn Minuten am Wochenende. Gegessen wird ausschließlich mit der Familie am Tisch, zu festen Essenszeiten, mit Messer und Gabel, und so lange, bis alle ihr Gemüse aufgegessen haben, das ich liebevoll als kleines »Mäusegesicht« auf einem Kindertellerchen angerichtet habe. Meine Pinterest-Pinnwand verhöhnt mich täglich als Versagerin aller Dinge, die schön sind und Spaß machen.

Keinesfalls möchte ich jemals mit erhobenem Zeigefinger in der Öffentlichkeit das Kind zurechtweisen. Wie krass assi blickte ich auf diese Mütter herab. Und außerdem fand ich die alle pupslangweilig. Meine Kinder werden eines Tages auf jeden Fall mit dem Hubschrauber vor dem Supermarkteingang fahren dürfen, wenn sie das wollen, dachte ich. Mit einem Eis in der Hand. Oder mit zwei. Dieses Einkaufserlebnis wollte ich als Kind schließlich auch immer haben – und durfte es nie. Ich weiß doch, was Kinder wollen! Ich war ja selbst mal eins! Auch hier hatte ich übrigens eine weitere Kollision mit dem Mom-Vorsatz Nummer 231 nicht bedacht: kein Kristallzucker vor den bleibenden Zähnen. Aber was soll's.

Hach. So eine Mutter wollte ich werden: eine kinderwunschorientierte, spaßige, coole, geduldige und fetzige Spielplatz-Rampensau, die mit ihren Kindern täglich dort abhängt, rutscht, schaukelt und immer geschnittenes Obst und gute Laune mit dabei hat. Das Smartphone bleibt außerdem zu Hause. Diese offensichtliche Ignoranz den vollkommen versunken mit sich selbst spielenden Kindern gegenüber fand mein kinderloses Ich wirklich scheußlich und verschwendete keinen Gedanken daran, dass diese Mütter vermutlich gerade kurz online einen Kinderarzttermin absagen oder checken, ob das Kinderspaßbad morgen auf hat.

Hausaufgabenkontrolle ohne Desaster, Fragen jederzeit und immer und geduldig. Den Sinn und Zweck all dieser Maßnahmen und natürlich die ganze Welt wollte ich meinen Kindern stets ruhig und gelassen erklären und mir ganz viel Zeit nehmen, bis sie es verstehen. Das stand in allen Ratgebern, und Jesper Juul sagt das bestimmt auch. Jedes Mal, wenn ich heute Aggro-Mom bin und »Boah Maaaaaaann, weil ich es sage, Herrgott!« in ihre kleinen Kindergesichter poltere, steht dick und fett »Loser« auf meiner Stirn. So souverän und strukturiert ich im Beruf manchmal als Gewinner den Gerichtssaal verlasse, so ein mieser Verlierer bin ich, wenn ich vergessen habe, dass im Kindergarten Fasching ist und mein Kind traurig als sich selbst verkleidet zwischen dreiundzwanzig Elsa-Prinzessinnen und achtzehn Capt'n-Sharky-Piraten steht.

So geduldig mit Mandanten, so ungeduldig bin ich mit meinen Kindern nach einem Tag im Büro, in das ich einst sofort nach der letzten Wehe in Vollzeit zurückkehren wollte. Kinder müssen kein Berufskiller sein. In dieses Büro wollte ich, ebenso tief von mir überzeugt, eine Minute nachdem ich in die Augen meines Neugeborenen blickte, nie wieder einen Fuß setzen. So schnell kann das gehen. Das Kind braucht mich, und ich brauche mein Kind. Für immer und rund um die Uhr. Tja. Spätestens als ich mich zwei Jahre darauf heimlich im Wickelraum eines Tagungshotels einschließen musste, um auf dem mit meinem Blazer bedeckten Fußboden einen Mittagsschlaf in Embryonalhaltung nach einer lustigen Party an der Hotelbar zu machen, wusste ich, dass alle meine Vorsätze irgendwie einen Haken haben.

Der Haken bin ich selbst.

Meiner Mutter ist so etwas nie passiert. Dachte ich. Ich

wollte eigentlich alles einmal so machen wie meine Eltern. Das machte alles irgendwie Sinn, vor allem als ich noch keine Kinder hatte. Ich war ein sehr glückliches Kind mit glücklichen Eltern. Dummerweise prallten meine Vorbilder auf die Vorbilder anderer Menschen in meinem Alter, und die konnten innerhalb einer einzigen Generation kaum konträrer sein.

Wir sind die Mauerfall-Generation. Unser Mutterbild ist komplett zerrissen. Derzeit bekommt eine Generation in Deutschland Kinder, die ein derart uneinheitliches »Muttervorbild« hat, wie es in keinem anderen Land derzeit der Fall sein dürfte. Der junge Vater von heute wurde 1980 von seiner Wessi-Mutter zur Welt gebracht, die sinnvolle Kinderbetreuungsmöglichkeiten, abgesehen von der Oma, kaum kannte. Ihr Sohnemann saß jeden Mittag nach der Schule am heimischen Küchentisch, aß dort, machte dort Hausaufgaben und wurde danach zum Kinderturnen gefahren. Als Erwachsener schwängerte er heute 2016 eine junge Frau mit Ossi-Mutter, von der vor dreißig Jahren eine Vollzeit-Berufstätigkeit erwartet und dementsprechend ermöglicht wurde. Die vierunddreißigjährige Schwangere war als Kind also erst in der Krippe, dann im Kindergarten und schließlich, nach der Schule, im Hort. In diesen Einrichtungen nahm sie die Mahlzeiten ein und absolvierte Leibesübungen. Kein Wunder, dass sich meine Generation derart unbarmherzig gegenseitig für Rabeneltern oder Karriereschnarcher hält. Wie soll man da entscheiden, was »richtig« ist, wenn es so wenig einheitliche Leitbilder gibt?

Dabei könnte gerade das unsere große Chance sein.

Das Zerrbild von mir als Mutter, die in einem Hamsterrad aus eigenen und fremden Erwartungen atemlos vorwärtsläuft, habe ich erst endgültig und laut applaudierend begraben können, als mir eine bis dahin unbekannte Mutter auf dem Spielplatz einen Schluck Weißwein anbot, nachdem mein von mir offenbar ignoriertes Kind ein anderes mit einem Förmchen niedergeschlagen hatte. Sie war die Mutter des nun bewusstlosen Kindes und trank Weißwein getarnt in einem Coffee-to-go-Pappbecher, damit sie nicht von anderen Eltern vor Ort mit Blicken totgehasst wird. Sie gab mir ihren Becher, untersuchte seelenruhig den Kopf ihres Kindes nach lebensgefährlichen Verletzungen, gab meinem und ihrem Sohn einen selbstgeschnittenen Apfel und schickte beide Jungs energisch zu dem Spielgerät, das am weitesten von uns entfernt lag. Ich war blitzverliebt in diese Mutter und ernannte sie ein paar Jahre später zur Patentante unseres zweiten Kindes. Noch heute proste ich jedem Vater und jeder Mutter zu, die um 17:30 Uhr auf einem abgelegenen Spielplatz einen Kaffee aus einem Pappbecher trinkt, und freue mich jedes Mal, wenn sie es erwidern. Komplizenschaft unter Eltern ist eben befriedigender als jeder Ratgeber.

Wenn man wissen will, was »schlechte Eltern« sind, fragt man am besten jemanden, der keine Kinder hat. Der weiß das ganz genau. Von einer gnadenlosen Ahnungslosigkeit geschlagen, urteilte ich hart und unerbittlich, als ich noch keine Kinder hatte. Ich möchte mich dementsprechend in aller Form bei all diesen schlechten, guten Müttern und Vätern entschuldigen, die ich gnadenlos verurteilte, als ich selbst noch keine Mutter war. Es tut mir leid, ich schäme mich sehr.

Ich habe mich allerdings etwas umgehört. Alle meine Freunde mit Kindern sind ebenfalls offenbar Komplettversager. Keiner von ihnen brachte auch nur einen Bruchteil der Vorsätze ins Ziel, die sie einst hatten.

Mein schicker Freund ist noch immer mein schicker Freund. Er hat bislang keine Kinder, will aber bald welche haben, und er wird ein wunderbarer Vater sein. Seine Freundin, eine kluge, freundliche und lebenslustige Frau, wird eine wunderbare Mutter sein. Wenn ich mit ihnen spreche, so in vier bis fünf Jahren, werden sie sich selbst mit großer Wahrscheinlichkeit für die schlechtesten Eltern der Welt halten, die ihre Kinder mehr lieben, als sie jemals dachten.

Sie wissen noch nicht, dass sie deswegen wunderbare Eltern sind, weil sie wie ein Schlossgespenst vor lauter Rührung weinen werden, wenn der große Bruder die kleine Schwester auf die große Toilette hebt und ihr den Hintern abputzt. Oder bei der Einschulung, wenn ihr Kind mit stolz gereckter Brust und Schultüte auf die Bühne in der Aula hochklettert.

Sie wissen noch nicht, dass sie deswegen wunderbare Eltern sind, weil sie alle Radarfallen ignorierend mit 200 Sachen über ein Kopfsteinpflaster brettern werden, wenn der Kindergarten angerufen hat, weil »etwas nicht stimmt«. Sie wissen auch nicht, wie sehr es ihnen das Herz zerreißen wird, wenn ihr Kind weint, weil es irgendwo nicht mitspielen durfte.

Sie wissen auch noch nicht, dass sie deswegen wunderbare Eltern sind, weil sie jedes Mal ein Gefühl der Erleichterung haben werden, wenn ihr Kind unbeschadet vom Draußenspielen nach Hause kommt. Wenn es acht Mal statt dem notwendigen einen Mal an der Tür klingelt oder das Kind am Badesee klitschnass aber un-ertrunken wieder zum Badehandtuch gerannt kommt, auf dem man liegt und endlich mal in Ruhe ein Buch lesen wollte. Verdammt.

Sie wissen auch noch nicht, dass sie deswegen wunderbare Eltern sein werden, weil sie nachts um halb elf, der realistischen Schlafenszeit von Kindern (die immer früh und ohne Murren ins Bett gehen) nochmal ins Kinderzimmer schauen werden, um zuzuhören, wie sie atmen, weil es so schön ist. Und dabei zugleich sehr, sehr große Angst haben, sie aus Versehen wieder aufzuwecken.

Sie wissen zu diesem Zeitpunkt vielleicht, dass alle Ängste und all die teilweise ungerechten Dinge, die in diesem Buch stehen, berechtigt sind und all die Hürden, die sie bereits nehmen mussten und noch nehmen müssen, zum Teil viel zu hart sind und dringend von uns allen, von der Politik und von der Justiz angepackt werden müssen. Weil ein »Kinderlachen« als Entschädigung manchmal einfach nicht ausreicht. Sie wissen aber nicht, dass sie wunderbare Eltern sind, weil sie aus tiefstem Herzen davon überzeugt sein werden, dass es sich lohnt, etwas dagegen zu tun. Eltern sein ist etwas Gemeinsames, und dem gemeinsamen Elternsein wohnt eine Kraft inne, die gebündelt eine ganze Menge bewegen kann.

Und sie wissen auch noch nicht, dass sie deswegen wunderbare Eltern sind, weil sie vor lauter Erschütterung nicht schlafen können, weil ihnen ein anderer gesagt hat, dass sie es nicht sind.

Was für ein unerwartet selbsttherapeutisches Ende eines Buches voller Recht und Politik und Gebrüll und zotiger Wortschleuderei. Man möge es mir nachsehen oder sich selbst wiederfinden und das »in sich stimmige Weltbild ohne Therapeuten« frei nach den dicken Pinguinen weiter vorantreiben.

Wer bis hierher gekommen ist, dem sei mein Respekt und meine Anerkennung für alle Zeit sicher. So wie jedem, der sich für Kinder entschieden hat. Oder auch dagegen. Und mein Herz fliegt denen zu, die dafür vergeblich gekämpft haben.

Unsere Kinder und die der anderen vereinen uns alle in einer Gesellschaft, die füreinander sorgen muss, denn eine Sache dürfte nach 299 Seiten zumindest rübergekommen sein:

Keine Kinder sind halt, verdammtefuckkackeierscheißenochmal*, auch keine Lösung.

---

* Wenn mir meine Lektorin das nicht streicht, hab ich's geschafft.

DANKE

Mein Lieblingslied in der Kinderkirche war schon immer »Danke« von Martin Gotthard Schneider. Ich zwang alle Gäste dazu, es bei meiner Hochzeit zu singen, und freute mich schon als Fünfjährige am meisten über die Textzeile »Danke für meine Arbeitsstelle.«. Dieses Buch beschäftigt sich sehr viel mit Arbeitsstellen im Allgemeinen und im Speziellen und war auch meine Arbeit für viele Monate. Ich möchte also, zum Leidwesen aller Kenner meiner musikalischen Begabungen, begleitet von einer gedanklichen Gitarre, noch einmal anstimmen:

Danke an alle meine Freundinnen und Freunde für ihre Geschichten, Abenteuer und Katastrophenberichte, die ich rücksichtslos hier verwurstet habe. Den beiden ganz besonderen unter ihnen, die voll kluger Kritik meine Texte lasen, bevor ich mich traute sie meiner wunderbaren Lektorin weiterzuleiten, schwöre ich ewige Liebe. Unvergessen bleiben die zahllosen Weine am Küchentisch und die langen Nächte voller Diskussionen und Friedenspfeifen. Danke an meine Kollegen, die ich ergänzend immer wieder fragen durfte, wenn ich fachlichen Beistand für Klugscheißen auf hohem Niveau brauchte. Danke an all die großartigen Blogger*innen im von mir so hassgeliebten Internet für ihr offenes Netzwerk und die klugen Gedanken und tatsächlich auch »Danke« an den pöbelnden Herrn aus dem Biergarten vor zwei Jahren, den ich tatsächlich noch positiver zitiert habe, als er in Wirklichkeit rüberkam. Sie, mein Herr, waren eine wahre Inspiration. Das hat Spaß gemacht!

Wie ist eigentlich dein Vorname, Mama?

Patricia Cammarata
SEHR GERNE, MAMA,
DU ARSCHBOMBE
Tiefenentspannt durch
die Kinderjahre
240 Seiten
ISBN 978-3-404-60840-9

Bastelmuttihölle, Erledigungen, die vier Stunden mit Kind statt eine Stunde ohne dauern, die Fensterbank voller Raupenkacke und das Wort »Arschbombe« 100-mal am Tag - das Leben mit Kindern kann ganz schön anstrengend oder nervig sein. Wie man trotz allem den Humor nicht verliert und eine entspannte Haltung im Leben mit Kindern behält, verrät Patricia Cammarata warmherzig mit viel Selbstironie.

Bastei Lübbe

Ein Aufschrei aus dem gesellschaftlichen Abseits

Christine Finke
ALLEIN, ALLEINER,
ALLEINERZIEHEND
Wie die Gesellschaft uns
verrät und unsere Kinder
im Stich lässt
240 Seiten
ISBN 978-3-7857-2559-7

Das Geld ist immer knapp, der Alltag hektisch, und für die Kinder bleibt wenig Zeit. Alleinerziehende befinden sich nicht nur am Rande der Belastbarkeit, auch von Gesellschaft und Politik werden sie benachteiligt: besteuert nahezu wie Singles, auf dem Arbeitsmarkt diskriminiert und von der Gesellschaft missachtet – obwohl ihre Kinder unsere Zukunft sichern. Christine Finke ist alleinerziehende Mutter von drei Kindern und weiß genau, wovon sie spricht. Sie benennt Ungerechtigkeiten und sagt, was sich dringend ändern muss, damit ein Teil unserer Gesellschaft nicht länger alleine dasteht.

Bastei Lübbe